I GING

Über den Autor

Frits Blok wurde 1947 in Amsterdam geboren. Seine lange Reise durch die Welt der Mystik führte ihn von den verborgenen Inhalten der hebräischen Urfassung der Bibel bis zur ausgefeilten Schönheit des I Ging. Unterwegs zog er ein Kind auf, pflanzte einen Baum und baute ein Haus. Er ist der Erfinder der I Ging-Stäbchen.

☶	☴	☲	☱	
26	9	14	43	☰
23	20	35	45	☷
27	42	21	17	☳
4	59	64	47	☵
52	53	56	31	☶
18	57	50	28	☴
22	37	30	49	☲
41	61	38	58	☱
☶	☴	☲	☱	

I GING

Neu verfaßt von

Frits Blok

DUMONT

Die Deutsche Bibliothek – CIP-Einheitsaufnahme

Blok, Frits: I Ging / Frits Blok.
[Aus dem Engl. von Arnd Kösling].
Köln: DuMont, 1997
Einheitssacht.: I Ching <dt.>
ISBN 3-7701-4075-3

Titel der englischen Ausgabe:
I Ching, A Spiritual Guide
A Joost Elffers/Andreas Landshoff Production

Gestaltung des Buchumschlags und der Geschenkbox
von Erik Thé
Aus dem Englischen von Arnd Kösling
Redaktion der deutschen Ausgabe: Diethelm Kaiser
Satz der deutschen Ausgabe: Books & Bagels

Printed in Hong Kong
ISBN 3-7701-4075-3

Mit Dank an Jan van Halm

EINFÜHRUNG

Was ist das I Ging?

Texten, die tiefe Weisheit in sich bergen, ist ein langes Leben sicher. So hat auch das I Ging, das Buch des Wandels, die Zeiten erfolgreich überdauert. Der Legende nach wurde seine mathematisch wie symbolisch vollkommene Struktur vor rund 5000 Jahren von dem chinesischen Herrscher Fuxi festgelegt. Zwei Jahrtausende später fügten König Wen und sein Sohn, der Herzog von Zhou, diesem Kernbestand eine Kommentierung hinzu. Auf ihr beruht die hier vorgelegte Interpretation, die freilich von der unerschöpflichen Weisheit des I Ging nur einen ersten Eindruck vermitteln kann.

Das I Ging (gesprochen: I Djing) basiert auf 64 Hexagrammen, Figuren aus sechs geteilten oder ungeteilten horizontalen Linien. Jedes der Hexagramme steht für eine Situation, die sich seit Beginn der Schöpfung immer wieder ergeben hat und weiter auftreten wird bis ans Ende der Zeit. Keine Situation ist dauerhaft, das gesamte Leben besteht aus einer nie endenden Kette von Veränderungen. Darum beschreibt ein Hexagramm nicht nur die aktuelle Situation, sondern verweist auch auf die nächste, daraus folgende Wandlungsphase. Jedes Hexagramm besteht aus zwei von acht Trigrammen (Figuren aus jeweils drei Linien), welche die Urkräfte der Schöpfung symbolisieren. Aus allen möglichen Kombinationen von jeweils zweien dieser Trigramme ergeben sich insgesamt 64 verschiedene Hexagramme.

Das I Ging ist ein philosophisches System, das man zwar nicht, wie oft behauptet, als Wahrsageorakel, wohl aber als Ratgeber bei großen und kleinen Problemen des Lebens verwenden kann.

Je häufiger man es zu Rate zieht, desto tiefer wird man in seine komplexe Struktur und seine Weisheit eindringen.

Die sich wandelnden Linien

Da sich das Universum in immerwährender Veränderung befindet, verändert sich früher oder später auch jedes seiner Bestandteile. Ein Hexagramm besteht, wie erwähnt, aus sechs ungeteilten oder geteilten Linien. Eine ungeteilte »starke« Linie nennt man Yang-Linie; eine geteilte »schwache« Linie ist eine Yin-Linie. Ein Grundgedanke des I Ging liegt in der Vorstellung, daß die Linien sich in den Hexagrammen entwickeln, sich »bewegen«. Hat eine Yang-Linie ihre Entwicklung ganz durchlaufen, dann wird sie zu einer Yin-Linie; ist eine Yin-Linie am Ende ihrer Bewegung angekommen, dann verwandelt sie sich in eine Yang-Linie. Diese Verwandlung wird im Fall einer Yang-Linie durch einen kleinen Kreis in der Mitte der Linie angedeutet –θ–, bei einer sich wandelnden Yin-Linie durch ein kleines Kreuz –×–.

Wie man das I Ging befragt

Es gibt verschiedene Methoden, um ein Hexagramm zu erzielen. Hier beschäftigen wir uns ausschließlich mit dem Verfahren, das sich der I Ging-Stäbchen bedient und die praktikabelste dieser Methoden darstellt.

Man nimmt die sechs Stäbchen in die Hand und formuliert eine Frage. Je klarer die Frage ist, desto klarer wird auch die Antwort lauten – und umgekehrt: je diffuser die Frage, desto verwirrender die Antwort. Auf eine Frage wie: »Ist es vorteilhaft, wenn ich jetzt soundso handle?« wird man eine deutlichere Antwort bekommen als auf ein vages: »Wie läuft's nächste Woche?« Hat man die Frage formuliert, rollt man die Stäbchen zwischen den Handflächen hin und her, wie wenn man sich die Hände reibt. In dem Augenblick, den man instinktiv als den richtigen erkennt, legt man die Stäbchen mit einer einzigen Umkehrbewegung der flachen Hand auf den Tisch. Das Hexagramm, welches man gelegt hat, läßt sich in der Übersicht am Ende dieses Buchs auffinden. Stellen beispielsweise die drei

oberen Linien das Trigramm ☱ (Marschland, See) und die drei unteren das Trigramm ☴ (Luft, Wind) dar, dann hat man das Hexagramm erhalten, dessen Nummer im Schnittfeld der beiden Trigramme aufgeführt ist, also Hexagramm 28 (Kühner Geist). Seine Bedeutung schlägt man dann im Hauptteil dieses Buches nach: Man liest die Beschreibung des Hexagramms und die Erläuterung zu den sich wandelnden Linien, die beim Wurf auftraten – ihre Zahl kann zwischen null und sechs liegen. Anschließend verkehrt man die sich wandelnden Linien in ihr Gegenteil – eine schwache Linie wird stark und umgekehrt – und erhält damit das Endhexagramm, dessen Ausdeutung man ebenfalls im Hauptteil nachliest. Der Text zum ersten Hexagramm beschreibt die Situation in bezug auf die gestellte Frage; der Text zu den sich wandelnden Linien gibt Hinweise zur Verbesserung dieser Situation. Die Erläuterung zum Endhexagramm schließlich umreißt die Situation, die sich durch die Veränderung ergeben hat, und deutet damit an, was vor einem liegt.
Zu beachten ist: Um die exakte Wahrscheinlichkeit für das Auftreten von sich wandelnden Linien zu erhalten, ist eine Linie nur dann als »sich wandelnd« zu werten, wenn das Zeichen dafür (—o— oder —×—) sowohl oben als auch auf der dem Betrachter zugewandten Seite des Stäbchens sichtbar ist. Darüber hinaus sollte man, um starken und schwachen Linien die gleichen Chancen auf »Wandlung« einzuräumen, die Stäbchen zuvor so »mischen«, daß sie sich auch um ihre Längsachse drehen können.

Das Kernhexagramm

Im Anschluß an die Erläuterungen zu den sich wandelnden Linien steht jedesmal ein Hinweis auf das »nächste« Hexagramm; von Hexagramm 28 wird man zum Beispiel auf Hexagramm 1 verwiesen. Grundlage dafür ist, daß jedes Hexagramm noch ein weiteres, das innere oder Kernhexagramm enthält; es setzt sich aus den Linien zwei bis fünf (immer von unten zählen) zusammen: Die Linien zwei, drei und vier (in unserem Beispiel ☰) bilden das untere, die Linien drei, vier und fünf (hier ebenfalls ☰) das obere Trigramm des Kernhexagramms. Dieses neue Hexagramm ermöglicht weitere Einsichten in die Bedeutung des ursprünglichen Hexagramms – es stellt seine innere Entwicklung dar.

Die Bedeutung der Linien

Jedes Hexagramm baut sich von unten her auf. Im Normalfall steigt die Anfangsenergie von der ersten (untersten) Linie nach oben und findet ihre kräftigste Ausformung in der sechsten (obersten) Linie. Das muß jedoch nicht immer so sein. Die Energie der ersten Linie kann an ihrer Entfaltung gehindert werden; umgekehrt kann sie auch ungezügelt über die sechste Linie hinausschießen. Das Zusammenspiel der Linien wird man am besten durch die häufige praktische Beschäftigung mit dem I Ging verstehen lernen.
Allgemein gilt: Die erste Linie steht in Beziehung zur vierten, die zweite zur fünften und die dritte zur sechsten. Den einzelnen Linien sind folgende Bedeutungsbereiche zugeordnet:

6. Linie	–	Erkenntnis
5. Linie	–	Überblick
4. Linie	–	Sozialgefühl
3. Linie	–	Individuelle Absicht
2. Linie	–	Eigennutz
1. Linie	–	Instinkt

Außerdem ist den oberen beiden Linien der Bereich Himmel zugewiesen, den mittleren der Bereich Mensch und den unteren der Bereich Erde. Speziell für den zweiten Abschnitt des I Ging, für die Hexagramme 31 bis 64, gelten ferner diese Entsprechungen:

6. Linie	–	Kopf, Intellekt
5. Linie	–	Hals, Kehle, reine Erkenntnis; Himmel
4. Linie	–	Herz, Gefühl
3. Linie	–	Unterleib, Sex
2. Linie	–	Knie, Fügsamkeit, Gelehrigkeit; Erde
1. Linie	–	Füße, Bewegung

Die Struktur des I Ging

Die ungeteilten und geteilten Linien:
Die Kräfte, welche die Schöpfung ermöglichen, werden symbolisiert durch ungeteilte »starke« Linien, die das ursprüngliche »männliche Prinzip« darstellen, sowie durch geteilte »schwache« Linien, die dem ursprünglichen »weiblichen Prinzip« entsprechen. Eine ungeteilte Linie repräsentiert Einheit, eine geteilte Dualität, Zweiheit.

Der Aufbau der Trigramme von Himmel ☰ und Erde ☷:
Alles Erschaffene besitzt einen Kern, der aus einer Einheit und aus einer Dualität besteht, welche sich auf zwei Arten zeigen kann, etwa oben und unten. Das machtvollste Element der Schöpfung ist der Himmel. Er erfüllt die Menschen mit Ehrfurcht und wird durch drei starke Linien dargestellt. Das Element der Schöpfung, auf das die Menschen am meisten angewiesen sind, ist die Erde. Sie ist die Quelle der Nahrung und wird durch drei schwache Linien dargestellt. Himmel und Erde verhalten sich zueinander wie Mann und Frau. In der Beziehung zwischen den Geschlechtern und dem Gebären eines Kindes liegt der Schlüssel für die Bedeutung der anderen Trigramme.

Der Aufbau der sechs übrigen Trigramme:

☴ Luft, Wind
Der Raum zwischen Himmel und Erde ist mit Luft angefüllt – sie ist das dritte Schöpfungselement, oft auch als Wind bezeichnet. Das Trigramm setzt sich aus zwei starken und einer schwachen Linie zusammen; letztere ist in einer Abwärtsbewegung begriffen. Warum zieht es eine Frau und einen Mann zueinander hin oder warum lehnen sie einander ab? Die Gründe dafür sind so schwer zu erfassen wie der Wind, von dem niemand weiß, woher er kommt oder wohin er geht. Der Wind entstammt dem Unbekannten, dem Himmel, aber er macht sich unten auf der Erde bemerkbar.
Wird ein Kind geboren, ringt es zuallererst nach Luft.

☳ Donner
Liebe oder Haß zwischen einem Mann und einer Frau lassen das Herz schneller schlagen. Dieses Pulsieren ist das vierte Element der Schöpfung, der Donner. Sein Trigramm besteht aus zwei schwachen Linien und einer starken darunter. Der Donner entsteht in unserem innersten Wesen. Darum ist die starke, himmlische Linie unter den beiden schwachen, irdischen Linien verborgen. Donner zeigt an, daß alle Bereiche des Himmels und der Erde in Bewegung sind. Stärke und Richtung dieser Bewegungen hängen von der Größe und Bedeutung der jeweiligen Bereiche ab sowie von den Kräften, die in ihnen wirken.
Wenn ein Neugeborenes zum erstenmal Luft in seine Lungen saugt, beginnt sein Herz aus eigener Kraft zu schlagen.

☲ Feuer
Frau und Mann können durch Liebe oder Haß miteinander verbunden sein. Diese Verbindung wird durch Feuer gestiftet. Wie Feuer immer an dem Stoff haftet, von dem es sich nährt, so haftet ein Mensch an einer begehrten oder verhaßten Person. Dieses fünfte Element der Schöpfung wird durch zwei starke Linien dargestellt, die eine schwache einschließen. In den beiden starken Linien äußert sich die grundlegende Dualität des Feuers: Man kann die Sonne als tödlichen Glutofen erleben oder als herzerwärmende Quelle der Liebe. Wenn ein Neugeborenes atmet und wenn sein Herz schlägt, dann fängt sein Blut an zu kreisen, und das Kind schreit, bis es ganz rot ist. Damit ist das Feuer des Lebens entzündet.

☵ Wasser
Jede noch so feurige Beziehung kühlt irgendwann ab. Das sechste Element der Schöpfung – kühlendes, fließendes Wasser – wird durch zwei schwache Linien dargestellt, die eine starke Linie umschließen. Die starke, »feurige« Linie entspricht hier der Sonne, die hinter Wolken verschwindet, aus welchen lebenspendender Regen fällt. Fließendes Wasser kühlt und schafft so Distanz; mit ihm verknüpft

sind Vorstellungen von Zeit und Wachstum. Die Zeit bringt das Vergessen mit sich und löscht das Feuer.
Wenn ein Neugeborenes atmet, wenn sein Herz schlägt und sein Blut durch die Adern strömt, dann schreit es nach Nahrung – der wässrigen Milch, die aus der Brust der Mutter fließt.

☱ Marschland, Sumpf, See
Wenn in einer Beziehung eine Erregungsphase abgeklungen ist, dann können sich die Partner zufrieden in die Augen blicken. Diese Zufriedenheit ist das siebte Schöpfungselement; es wird durch die Wasser der Marschlandschaft symbolisiert. Das Trigramm besteht aus einer schwachen Linie, die über zwei starken Linien steht. Die schwache Linie entspricht dabei einem See, in dem man wie in einem Spiegel sein eigenes Bild erkennen kann. Damit ist das Grundanliegen jeder Beziehung bezeichnet: Es verlangt die Beteiligten danach, ihr Spiegelbild zu finden, das heißt, ihre tiefsten Gefühle im anderen bestätigt zu sehen. Jeder ist auf der Suche nach seinem himmlischen Ursprung. Wie die zwei starken Linien im Trigramm bleibt dieser Ursprung auf der Erde im verborgenen; im Spiegelbild jedoch wird die himmlische Herkunft sichtbar.
Hat eine Beziehung einen Höhepunkt durchlebt, dann sollte man sich nicht satt und teilnahmslos der Trägheit hingeben, sonst verwandelt sich der Spiegel in einen tückischen Sumpf.
Wenn ein Neugeborenes atmet, wenn sein Herz schlägt und sein Blut durch die Adern fließt, dann will es gefüttert werden. Ist dieses Bedürfnis befriedigt, dann strahlt das Kind vor Zufriedenheit.

☶ Berg
Hat eine Beziehung sich überlebt, dann ist es ratsam, sich zurückzuziehen und die gemachten Erfahrungen still zu verarbeiten. Diese Phase des Nachsinnens entspricht dem achten Schöpfungselement: dem in sich ruhenden, festen Berg. Das Trigramm besteht aus zwei schwachen Linien, die von einer starken Linie bedeckt werden. Die starke Linie ruht wie ein Deckel über der Erde. Will man vermeiden,

den gleichen Fehler zweimal zu begehen, dann müssen zunächst die Früchte der Erfahrung richtig verdaut werden. Erst danach kann man sich auf eine neue Beziehung einlassen, in der einem ein anderer Aspekt des Lebens eröffnet wird.

Die Vereinigung von Mann ☰ und Frau ☷ führt zur Geburt eines Kindes. Wenn das Neugeborene atmet ☴, wenn sein Herz schlägt ☳ und sein Blut fließt ☲, dann braucht es Nahrung ☵. Ist sein Hunger gestillt, dann strahlt das Kind vor Zufriedenheit ☱ und schläft ein ☶. Diese acht Grundelemente der Schöpfung sind immer und überall gegenwärtig. Nur wenn das männliche und das weibliche Urelement sich vereinen, vollendet sich der Prozeß der Schöpfung.

Die Namen und Attribute der acht Trigramme

Qian	☰	Himmel, Vater – unerschöpfliches Potential, kreativ, zielorientiert
Kun	☷	Erde, Mutter – fruchtbar, hingebungsvoll, produktiv, nährend
Sun	☴	Wind, älteste Tochter – Atem, Gedanke, Durchdringung, Dauer, Beistand, Holz
Zhen	☳	Donner, ältester Sohn – pulsierende Bewegung, Ausdehnung, Herzschlag
Li	☲	Feuer, zweite Tochter – Sonne, Blitz, Erkenntnis, Gefühl, Intuition, Selbständigkeit, Spiritualität
Kan	☵	Wasser, zweiter Sohn – Regen, Flüsse, Turbulenz, Befruchtung, Stofflichkeit
Dui	☱	Marschland, jüngste Tochter – Reflexion, Erfüllung, irdische Genüsse, Gefühle, Mond
Gen	☶	Berg, jüngster Sohn – Ruhe, Dauer, Bewegungslosigkeit; Verbindung nach oben zu Qian, Himmel

TEIL I

Schöpfung und Produktivität

1 QIAN – SCHÖPFERISCHE ENERGIE

乾

Die himmlische Energie ☰ erfüllt das Universum.

Die Energie des Ursprungs, die Qian anzeigt, ist unermeßlich. Aus dieser Quelle stammt der Same allen Lebens.

Wolken und Regen im Wechselspiel.
Druckvoll dringt der Same zur rechten Zeit weit in den Schaft.
Aus der Dunkelheit kommt ans Licht, was das himmlische Urteil besagt.

Die natürliche Harmonie, die nun geschaffen ist, wird durch einen Pakt besiegelt, der nicht revidiert werden kann. Er ist fest gegründet und vollkommen und währt für alle Zeiten.

Aufgerichteter Phallus.

Die sich wandelnden Linien

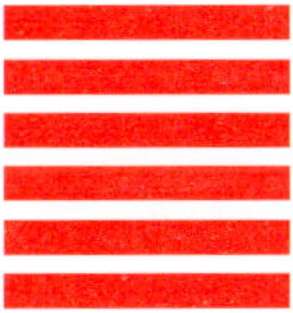

Oberste Linie —⊖—: Energie im Überfluß. Vorsicht – wer zuviel Eifer zeigt, verursacht Schaden. Nachdem der Same ausgesät ist, braucht er nun Zeit, um in Ruhe keimen zu können.

Fünfte Linie —⊖—: Die Atmosphäre ist von Energie erfüllt. Dem Weisen ist das bewußt – nun ist es Zeit zum Handeln.

Vierte Linie —⊖—: Die Energie erwacht. Ein zögerlicher Beginn. Wer seine Pläne aufrichtig und ohne Umwege verfolgt, begeht keinen Fehler.

Dritte Linie —⊖—: Von morgens bis abends ist man wach und tätig und bedenkt sorgsam die Schritte, die zum Erreichen des Ziels nötig sind.

Zweite Linie —⊖—: Die Energie zeigt sich. Eine Vielzahl segensreicher Einflüsse. Man überprüft die Möglichkeiten und setzt sich ein Ziel.

Unterste Linie —⊖—: Die Energie ist verborgen. Dies ist nicht die beste Zeit zum Handeln.

Wenn sich alle Linien wandeln, kann man großen Gewinn erwarten.

2 K'UN - GEBÄNDIGTE ENERGIE

Die hingebungsvolle Erde ☷ ist allerorten fruchtbar.

Der große Mutterschoß, den K'un bezeichnet, ist vollkommen. Folgsam empfängt die Erde die Energie des Himmels.

Daraus entstammen alle Formen des Lebens. Die unvergleichliche Fülle von K'un hält das Leben in Gang. Der grenzenlosen Kraft von Qian steht sie nicht nach.

Die Stute ist sanft, freundlich und gefügig. Ruhig, aber zielstrebig schreitet sie vorwärts, und der Weise gleicht ihr darin. Wenn er die Führung an sich reißt, geht er fehl und verliert seine Freunde. Doch am Ende dieses Weges gibt es Grund zur Freude. Wenn er sich einfügt und Mut zeigt, findet er seinen richtigen Platz wie auch Gefährten.

Das Glück, das mit Zielstrebigkeit zu erlangen ist, liegt im Wissen um die Harmonie, die einem auf Erden zugänglich ist.

Aufnahmebereite Vagina.

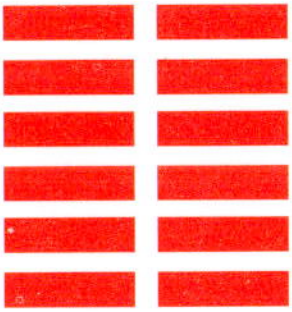

Oberste Linie −×−: Schöpferische Energie jagt ungezügelt durch den jungfräulichen Wald. Blut fließt, gelb und purpur. Die Entwicklung von K'un wird aufs äußerste beschleunigt. Wenn man die Fassung verliert, wird die Situation so verdorben, daß nichts aus ihr entstehen kann.

Fünfte Linie −×−: Ein gelbes Untergewand. Gelb, die Farbe der Erde, ist auf dem angemessenen Platz. Man verhält sich bescheiden und folgsam. Großer Erfolg.

Vierte Linie −×−: Ein Sack wird fest zugebunden. Zeit zum Aufbruch. Wer umsichtig ist und ausweicht, vermeidet Probleme.

Dritte Linie −×−: Man verbirgt seine Möglichkeiten wie ein glimmendes Feuer, das zur rechten Zeit aufflammt. So zeigt man Weisheit und Selbstbeherrschung und kann eine hohe Position erreichen.

Zweite Linie −×−: Vollkommen, viereckig, groß. Die Natur strebt die Vollendung an. Der Weg zum Ziel ist ohne Hindernis. Man handelt geradlinig und redlich.

Unterste Linie −×−: Dünnes Eis. Man wird nur darauf gehen können, wenn die Natur ihren Lauf nimmt und das Eis dicker wird.

Wenn sich alle Linien wandeln, kann man durch Ausdauer Vollkommenheit erlangen.

3 ZHUN - WIRRNIS

Der lebenspendende Regen ☵ und die Gewalt des Donners ☳ bilden einen Vorhang zwischen Himmel und Erde, durch den kein Licht dringt.

Der kraftvoll tätige Himmel und die einfühlsam reagierende Erde treten in Wechselwirkung. Die Luft ist vom prasselnden Regen und vom Lärm des Donners erfüllt. Bebend vor Erregung und Unerfülltheit suchen das männliche und das weibliche Element der Schöpfung den rechten Weg zur Vereinigung.

Dies ist eine Zeit der Finsternis und der Unsicherheit. Es ist nicht ratsam voranzuschreiten. Beständigkeit bringt großen Gewinn und Erfolg. Auch wenn man einen verläßlichen Vermittler einschaltet, wird das Gefühl nicht weichen, daß Frieden und Ruhe nie wieder einkehren werden.

Der Weise nimmt Maß und prüft das Garn auf seinem Webstuhl.

Blinde Verliebtheit.

Die sich wandelnden Linien

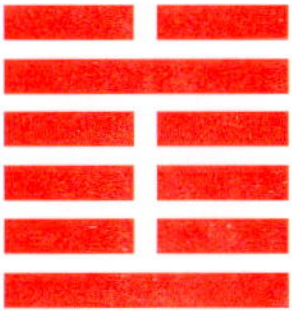

Oberste Linie –×–: Es fließen blutige Tränen. Alles ist mißglückt – wie lange wird diese trostlose Situation noch andauern?

Fünfte Linie –⊖– Es werden Geschenke erwartet, doch das Verteilen ist schwierig. Die Geschenke sind jedoch nicht unangemessen. Das läßt auf richtiges Verhalten schließen.

Vierte Linie –×–: Eine junge Frau sitzt im Wagen, doch die Pferde gehen rückwärts. Sie bittet ihren heimlichen Verehrer um Hilfe. Nachdem er lange auf eine Gelegenheit gewartet hat, mit ihr in Kontakt zu kommen, zeugt nun schnelles Handeln von Klugheit.

Dritte Linie –×–: Man jagt das Wild ohne kundigen Führer und verirrt sich im Wald. Der Weise bricht die Jagd ab. Starrsinnigkeit führt zu schmachvoller Niederlage.

Zweite Linie –×–: Der ehrenhafte Antrag wird abgewiesen. Untröstlich zieht man sich zurück. Zehn Jahre später: Heirat und Kinder. Das besagt: Am Ende wendet sich alles zum Guten.

Unterste Linie –⊖–: Es findet sich keine Möglichkeit, der anderen Person näherzukommen. Der Weise erzwingt nichts. Er bleibt zurückhaltend und sucht einen Vermittler.

Das Kernhexagramm führt zu 23 – Zerstörung des Vergangenen.

4 MENG – JUGENDLICHE UNERFAHRENHEIT

蒙

Unter dem hohen, reglosen Berg ☶ brodelt der schäumende, fruchtbringende Bach ☵.

Fruchtbarkeit kommt zum Tragen, Aktivität ist erwünscht. Wenn der Wildbach die Felder bewässern soll, muß er kanalisiert werden.

Das gilt auch für die Unerfahrenheit der Jugend. Wer scheu ist, beginnt ganz von selbst, seine Grenzen zu erkunden, und wer stürmisch ist, sucht nach Beständigkeit. Erst wenn ein Kind das Bedürfnis nach Belehrung zeigt, wird ein einfühlsamer Erwachsener es unterweisen. Ein kurzsichtiger Erwachsener empfindet das Kind schon nach wenigen Fragen als lästig, und er sagt sich: »Wenn ich diesem Kind Ratschläge gebe, wird es immer neue Fragen stellen. Warum sollte ich mir das zumuten?« Doch der richtige Umgang mit der jugendlichen Unerfahrenheit besteht darin, das Kind zu fördern. Ein pflichtbewußter Lehrer weiß das und handelt danach.

Der Weise ist um Beständigkeit bemüht und übt seine Fähigkeiten. Stete Selbstbeherrschung gewährleistet Fortschritt und Erfolg.

Erwachende Sexualität.

Die sich wandelnden Linien

Oberste Linie –⊖–: Wenn man einen Unwissenden bestraft, bringt das keinen Nutzen. Es ist hingegen vorteilhaft, ihn vor Schaden zu bewahren.

Fünfte Linie –×–: Jugendliche Unerfahrenheit. Wißbegier und Gehorsam werden einem Kind ohne Erfahrung zum Vorteil gereichen.

Vierte Linie –×–: In Torheit verstrickt. Schande.

Dritte Linie –×–: Gibt die Frau einem reichen Manne nach, bringt das Unglück. Widersteht sie, ist es von Vorteil.

Zweite Linie –⊖–: Nützlich ist Geduld gegenüber Unwissenden.

Unterste Linie –×–: Torheit. Angemessen ist es, eine falsche Einstellung mit erzieherischen Maßnahmen zu berichtigen, nutzlos jedoch ist ständige Bestrafung.

Das Kernhexagramm führt zu 24 – Wintersonnenwende, Erwachen.

5 XU – GELASSENES ABWARTEN

Wolken nährenden Regens ☵ ziehen weit oben am Himmel ☰.

Die Zeit der Aussaat ist noch nicht gekommen. Die Felder sind vom geschmolzenen Schnee aufgeweicht, und zum Pflügen ist es noch zu kalt. Regen würde die Erde jetzt in einen Sumpf verwandeln. Es ist besser, erst die Sonne eine Zeitlang ihr Werk tun zu lassen. Der nährende Regen hält sich zurück. Er wird niederfallen, wenn seine Zeit gekommen ist.

Xu heißt warten. In dieser Situation soll man nichts erzwingen. Wer sich in Geduld und Selbstbeherrschung übt, wird größere Probleme vermeiden – darunter sogar den eigenen Sturz. Wer warten kann, wird belohnt und kann Großes vollbringen.

Der Weise verhält sich demgemäß. Er ißt und trinkt, er genießt das Leben und weist alle Sorgen von sich.

Vorspiel.

Die sich wandelnden Linien 5

Oberste Linie —×— : Man wartet in einer Grube. Drei Gäste – das untere Trigramm ☰, schöpferische Energie – erscheinen ohne Ankündigung. Wer sie respektvoll empfängt, erlangt Freude. Mit dieser Energie ist es möglich, den breiten Fluß zu überqueren, das heißt, den Geist zu beflügeln, um den rechten Augenblick für die geeignete Handlung zu wählen.

Fünfte Linie —⊖—: Man wartet und läßt es sich wohl sein. Einfühlsames und angemessenes Verhalten bringt Erfolg.

Vierte Linie —×—: Man wartet in Blut. Dies ist nicht die Zeit zum Handeln. Man verläßt die Grube, in der man mit einem Feind eingesperrt war. Wenn man sich in die Situation fügt und ein offenes Ohr für Klagen hat, wird man trotzdem noch froh.

Dritte Linie —⊖—: Man wartet im Schlamm. So zieht man Ungemach an. Mit Respekt und Vorsicht vermeidet man Gefahren.

Zweite Linie —⊖—: Man wartet im lockeren Sand. Gerüchte machen die Runde. Der gute Ausgang wird dadurch nicht beeinträchtigt.

Unterste Linie —⊖—: Man arbeitet auf dem entferntesten Acker und widmet sich den alltäglichen Vorgängen. Die Gefahr ist noch weit. Man soll mit seiner Arbeit fortfahren.

Das Kernhexagramm führt zu 38 – Dualität.

6 SONG – ANSPANNUNG

訟

Der nährende Regen ☵ fällt vom Himmel ☰.

Die Schwerkraft setzt sich durch – die himmlische Energie kann den Niederschlag nicht länger aufhalten (siehe Hexagramm 5). Die Anspannung ist zu groß geworden. Wenn der Regenschauer vorüber ist, hat sich die Anspannung gelöst, doch es bleiben Vorwürfe in der Luft.

Das Hexagramm weist auf eine innere Anspannung hin. Wenn sie zu groß wird, schüttet man sein Herz aus. Obwohl gerechtfertigt ist, was man sagt, wird es schlecht aufgenommen, denn man wählt zu grobe Worte. Ist der Konflikt von schicksalhafter Bedeutung, dann sollte man ihn nicht bis zum bitteren Ende austragen – man würde es bereuen.

Man sollte bei jemandem einen Rat einholen, der über den Parteien steht. Vorsicht bringt Erfolg. Ein großer Sprung nach vorn wäre unklug, denn ein Abgrund täte sich vor einem auf.

Der Weise bedenkt sorgsam seinen ersten Schritt.

Vorzeitiger Erguß.

Die sich wandelnden Linien 6

Oberste Linie —⊖—: Man erhält einen Ledergürtel als Mahnung, sich zu zügeln. Bevor der Morgen kommt, hat man ihn dreimal abgenommen. So verliert man Respekt.

Fünfte Linie —⊖—: Ausdauer bringt großen Erfolg. Mit überzeugenden Argumenten kann man den Konflikt in gerechter Weise und nachhaltig beilegen.

Vierte Linie —⊖—: Der Streit wird vertagt. Die eigene Position ist zu schwach, um zu siegen, man bemüht sich, ein größeres Verständnis der kosmischen Gesetze zu erlangen.

Dritte Linie —×—: Man wird auf früher Erreichtes zurückgeworfen. Was einem rechtmäßig gehört, kann einem nicht genommen werden.

Zweite Linie —⊖—: Ungleicher Kampf. Man ist zu schwach, um zu siegen, daher zieht man sich bescheiden zurück. Hartnäckigkeit würde Selbstquälerei gleichkommen.

Unterste Linie —×—: Die Anspannung steigt nicht weiter. Man hat gute Argumente, fühlt sich durch Widerspruch aber dennoch gekränkt.

Das Kernhexagramm führt zu 37 – Die Ordnung des inneren Seins.

7 SHI – DAS HEER

師

Der nährende Regen ☵ hat die Erde ☷ durchdrungen, aus der alles Leben hervorgeht.

Noch ist alles still, doch mit der ersten Ankündigung des Frühlings regt sich der fruchtbare Boden, und das Leben beginnt in all seiner Vielfalt zu sprießen. Da dieses Bild unaufdringliche Zuneigung einschließt, ist das Ziel ehrenwert.

Shi beschreibt damit auch das Prinzip einer gut organisierten Miliz, die sich unauffällig im Volkskörper aufhält und erst im rechten Moment als solche sichtbar wird. Die starke zweite Linie entspricht einem erfahrenen, klugen General. Er versteht sein Handwerk und wird von den Menschen verehrt, denn er kämpft nicht zu seinem eigenen Ruhm, sondern für das Wohl der Gemeinschaft. Er mißbraucht das in ihn gesetzte Vertrauen nicht und hütet sich davor, die Bevölkerung unüberlegt in einen Krieg hineinzuziehen. Wenn er allerdings zur Tat schreitet, dann kann sein entschlossenes Handeln Angst und Zittern auslösen, doch die Menschen folgen ihm trotzdem. Er macht keine Fehler und erringt einen großen Sieg.

Der Weise, der die Menschen liebt und richtig anleitet, wird entsprechend belohnt.

Die produktive Kraft der Potenz.

Die sich wandelnden Linien

Oberste Linie –×–: Der erfahrene General belohnt die Verdienstvollen. Wer sich nicht ausgezeichnet hat, geht leer aus.

Fünfte Linie –×–: Der älteste Sohn führt das Heer. Wenn junge Offiziere keine Autorität haben, werden die Soldaten plündern, so daß der Sieg keine Ehre bringt. Man sollte die Stärken und Schwächen seiner Mitstreiter im voraus abwägen.

Vierte Linie –×–: Das Heer zieht sich zurück – ein richtiger Entschluß. Das Ziel wurde erreicht, ohne taktische Fehler zu begehen.

Dritte Linie –×–: Das Heer wird von mehreren ungeeigneten Hauptleuten geführt. Schlimme Ergebnisse. Wenn das Kommando in mehreren Händen liegt, entstehen Verwirrung und Verluste. Der Kurs eines Schiffes wird allein von seinem Kapitän bestimmt.

Zweite Linie –o–: Ein geeigneter Kommandeur hält sich bei seinen Soldaten auf. Er teilt Angst und Anstrengung mit ihnen, und dafür werfen sie sich in die Schlacht, ohne zu zögern.

Unterste Linie –×–: Das Heer marschiert voran und hält sich an die vorgegebene Strategie. Tut es das nicht, droht die Niederlage.

Das Kernhexagramm führt zu 24 – Wintersonnenwende, Erwachen.

8 BI – EINHEIT

比

Der lebenspendende Regen ☵
befindet sich über der aufnahme-
bereiten Erde ☷.

Bi kündigt Hilfe an. Die untergeordnete fruchtbare Masse folgt dem Rat des Weisen. Aufgrund seiner reinen Erkenntnis bestimmt er Ziel und Ort sowie auch Ablauf der Handlung.

Der Weise wird durch die starke fünfte Linie dargestellt. Er ist für andere das Vorbild und muß daher das Ziel entschlossen und tatkräftig angehen. Er muß sich selbst geprüft haben, um genau zu wissen, was es zu erreichen gilt und welcher Weg dorthin führt. Die Menschen folgen ihm dann von selbst, nur wer Zweifel in sich nährt, kommt zu spät.

In einer Gemeinschaft muß jeder Untergeordnete von dem Wunsch beseelt sein, die Einheit zu bewahren. Entsprechend muß in einem Samenkorn alles richtig zusammenwirken, damit es zur angestrebten Gestalt heranwächst.

Im Sinn dieses Hexagramms ernannten die alten Herrscher Provinzstatthalter und pflegten gute Beziehungen mit ihnen.

Der passende Partner.

Oberste Linie —×—: Man sucht die Einheit, doch macht den ersten Schritt nicht. Das bringt Übel.

Fünfte Linie —⊖—: Vollkommene Einheit. Niemand muß sich überwinden. Jeder kennt von sich aus seinen Platz im Ganzen.

Vierte Linie —×—: Man sucht die Einheit mit etwas, was außerhalb von einem selbst liegt. In diesem Fall ist das Ziel lohnend: der weise Herrscher der fünften Linie.

Dritte Linie —×—: Man sucht die Einheit mit einer Gruppierung, die kein Vertrauen erweckt. Das bringt Schwierigkeiten.

Zweite Linie —×—: Man strebt aus einem starken inneren Drang heraus nach Einheit. Ein starkes Gefühl bringt keinen Mißerfolg.

Unterste Linie —×—: Man sucht ernsthaft nach Einheit. Kein Fehler wird begangen.

Das Kernhexagramm führt zu 23 – Zerstörung des Vergangenen

9 XIAO CHU – BESCHRÄNKTE KRAFT

小畜

Der kosmische Geist manifestiert sich als Wind ☴ am Himmel ☰.

Die Wolken mit dem nährenden Regen ballen sich zusammen, doch sie sind noch weit weg. Der Wind bläst sie noch nicht mit all seiner Kraft auf das Feld zu, das den Regen aufnehmen wird.

Die schwache vierte Linie schränkt mit ihrer emotionalen Kraft die Wirkung der starken Linien ein. Obwohl man fest entschlossen ist zu handeln, erzwingt man jetzt nichts mit Gewalt, denn das Hexagramm umfaßt neben Kraft auch Anpassungsfähigkeit und Umsicht. Die Einschränkung währt jedoch nicht ewig. Sobald man sich dafür entscheidet, daß die Situation reif ist, verschwinden die Hindernisse, und es ist vorteilhaft, zur Tat zu schreiten.

Der Weise bemüht sich um die nach außen hin sichtbare Verwirklichung seiner Tugenden.

Die emotionale Kraft des Schwachen.

Oberste Linie —⊖—: Der Regen ist da. Die empfangende Seite ist vollkommen aufgefüllt wie die Scheibe des Vollmondes. Der Weise handelt jetzt nicht, denn es gibt starken Widerstand.

Fünfte Linie —⊖—: Weil man aufrichtig und lauter ist, wirkt man anziehend auf andere, mit denen man sich zusammentut. Doch kommt einem das Verdienst daran nicht allein zu; auch die anderen leisten ihren Beitrag.

Vierte Linie —×—: Man ist voller Lauterkeit. Ängste verschwinden.

Dritte Linie —⊖—: Mann und Frau wenden sich voneinander ab. Der Mann versteht das emotionale Verhalten der Frau nicht.

Zweite Linie —⊖—: Aufgrund der günstigen untersten Linie beschließt man, gemeinsam vorzugehen.

Unterste Linie —⊖—: Es kann nichts mißlingen. Die Situation ist günstig.

Das Kernhexagramm führt zu 38 – Dualität.

10 LÜ – FROHGEMUT UNTERWEGS

履

Die himmlische Energie ☰ liegt über den fruchtbaren und verlockenden Wassern des Marschlandes ☱.

Das Marschland besitzt eine andere Art von Fruchtbarkeit als die Erde. Es übt einen verführerischen Reiz aus und wartet auf Befriedigung – wie die jüngste Tochter.
Das Prinzip der Produktivität ist hier nicht der zentrale Aspekt; es geht vielmehr um das Spiel der Lust. Das Schwächere führt das Stärkere in Versuchung, und das findet Gefallen daran.
In Lü ist das Bild enthalten, daß man einem Tiger auf den Schwanz tritt – das Schwächere tritt auf das Stärkere. Doch der Tiger beißt nicht; er weiß, daß dieser grobe Fehltritt in der Erregung des Spiels geschah.

Das Hexagramm deutet auch auf eine Situation hin, in der jemand in ein soziales Umfeld gerät, mit dessen Konventionen er nicht vertraut ist. Sollte er etwas Unpassendes sagen oder tun, so wird dieser Fehler aber nicht geahndet, sondern gutgelaunt verziehen.

Der Weise kennt den Unterschied zwischen dem ernsten Prinzip der Produktivität und dem spielerischen Prinzip der Lust, und er erfüllt die jeweiligen Bedürfnisse der Menschen.

Sexuelle Genüsse.

Oberste Linie —⊖—: Man überprüft den Weg, den man zurückgelegt hat, und erforscht seine Gefühle. Wenn man keine Schuld empfindet, hat man keinen Fehler gemacht.

Fünfte Linie —⊖—: Man schreitet entschlossen voran. Obwohl man ausdauernd ist und sich richtig verhält, gibt es Risiken.

Vierte Linie —⊖—: Man tritt auf den Schwanz des Tigers und ist von da an sehr vorsichtig. Das wirkt sich günstig aus: Man kann die Situation meistern. Schließlich geht alles gut aus.

Dritte Linie —×—: Gefahr. Wer auf den Schwanz des Tigers tritt, wird gebissen. Ein Einäugiger wird behaupten, daß er hervorragend sieht; ein Lahmer wird glauben, daß er behende ist. Das deutet auf einen Hochstapler, der sich als rechtschaffen ausgibt. Doch seinem Verhalten liegt eine Neigung zur Gewalttätigkeit zugrunde.

Zweite Linie —⊖—: Man bleibt auf dem rechten Weg. Wer sich ruhig verhält, dem unterläuft so leicht kein Fehltritt. Günstige Lage.

Unterste Linie —⊖—: Den vertrauten Weg geht man allein. Lang ersehnte Träume werden Wirklichkeit.

Das Kernhexagramm führt zu 37 – Die Ordnung des inneren Seins.

11 TAI – Vorbereitung

泰

Der Himmel ☰, das männliche Element, liegt unter der Erde ☷, dem weiblichen Element.

Damit beide die ihnen gemäßen Positionen einnehmen können, steigt das männliche Element auf und das weibliche kommt herab. Mann und Frau begegnen sich.

Das Hexagramm verweist auf den Vorfrühling, die Phase der Vorbereitung auf das neu entstehende Leben. Es ist die Zeit, in der man Rat einholt und sich ohne Streit über die Verteilung der Aufgaben einigt, so daß später, wenn die Bewegung einsetzt, keine Fehler gemacht werden.

Um eine Aufgabe zufriedenstellend zu erledigen, sprechen sich Führer und Mitarbeiter ab. Alle sind gleichermaßen von dem Willen erfüllt, das Ziel zu erreichen. Da die himmlische Energie nach oben steigt, wächst die Autorität des Führenden, während die Beiträge der Mitarbeiter geringfügiger werden.

Der Weise entwickelt Pläne und bespricht ihre Durchführbarkeit mit seinen Mitarbeitern, um sicherzugehen, daß sie seine Vorstellungen in der bestmöglichen Weise umsetzen.

Das Rendezvous.

Oberste Linie –×–: Kein Zeitpunkt zum Handeln. Die Stadtmauer aus Lehm rutscht in den Graben zurück, der für ihren Bau ausgehoben wurde. Schon seit geraumer Zeit hat die Führung versagt. Erst muß die Ordnung in der Stadt oder im Selbst wiederhergestellt werden.

Fünfte Linie –×–: Prinzessin Di Yi – die Erde ☷ – heiratet einen Mann niederer Herkunft – den Himmel ☰. Nach der Hochzeit ordnet sie sich gleichwohl seiner schöpferischen Energie unter. Entsprechend folgt der Körper der Energie des Geistes, der ihn lenkt.

Vierte Linie –×–: Man vertraut seinen eigenen unbegrenzten Fähigkeiten nicht und will die Nachbarn um Rat und Hilfe bitten. Sie sind zur Stelle, bevor man sie gerufen hat, und ihre Absichten sind lauter.

Dritte Linie –⊖–: Kein Abschied, daher auch keine Wiederkehr. Dies ist der Moment der Begegnung von Himmel und Erde. Genieße den Augenblick.

Zweite Linie –⊖–: Wohlgesinnt mischt man sich unter das Volk. Man hat einen klaren Geist und weitreichende Möglichkeiten.

Unterste Linie –⊖–: Nach außen gerichtet. Wenn man ein Büschel Gras aus dem Boden zieht, reißt man auch seine Ableger mit heraus. Wenn man eine Sachlage diskutiert, kommen Gedanken ans Licht, die vorher verborgen waren. Günstig.

Das Kernhexagramm führt zu 54 – Fruchtbarkeit.

12 PI – INNERE RUHE

否

Der Himmel ☰, das männliche Element, entzieht sich der bestrickenden Umarmung des weiblichen Elements, der Erde ☷.

Die schöpferische Einheit von Mann und Frau hat sich erfüllt. Es ist Herbst, und der Winter naht. Himmel und Erde sind vollauf zufrieden und sinken in tiefen Schlaf.

Nun, da die himmlische Macht sich zurückgezogen hat, übernimmt das Schwache die Kontrolle. Wenn die Katze aus dem Haus ist, tanzen die Mäuse. Durch Aktivität läßt sich derzeit kein Ruhm erwerben. Aber durch Standhaftigkeit und gemeinsames Abwägen der Möglichkeiten kann ein Niedergang verhindert werden.

Mit Geduld und geistiger Wachheit verwandelt der Weise Lasterhaftigkeit in Tugend und bereitet sich so auf den neuen Zyklus vor. (Siehe auch Hexagramm 42.)

Nach der Vereinigung.

Die sich wandelnden Linien

Oberste Linie —Θ—: Außer Kontrolle geratene Situationen sind gemeistert worden. Auf Konfusion folgt Freude.

Fünfte Linie —Θ—: Der Weise bringt Frieden und Ordnung. Die Einsicht lautet »Jetzt oder nie«.

Vierte Linie —Θ—: Man handelt den kosmischen Gesetzen gemäß. Mit Festigkeit und Selbstbeherrschung bekommt man die Situation in den Griff. Man begeht keinen Fehler. Diese Quelle des inneren Friedens schafft einem Freunde.

Dritte Linie —×—: Man schämt sich über die eigenen Pläne.

Zweite Linie —×—: Geduldig und folgsam. Wenn der Schafhirte sich auf die Unordnung einstellt, wird die Herde ihn nicht niedertrampeln.

Unterste Linie —×—: Wenn man ein Büschel Gras aus dem Boden zieht, reißt man auch seine Ableger mit heraus. Wenn die Betroffenen die Lage offen und ehrlich durchsprechen, kommen alle verborgenen Vorwürfe ans Licht. Der Wunsch nach Zusammenarbeit dient der Sache.

Das Kernhexagramm führt zu 53 – Die glückliche Ehe.

13 TONG REN – Gemeinsames Streben

同人

Mit Anmut und Klugheit wendet sich das Feuer ☲ der Energie des Himmels ☰ zu.

So wie das Wasser, das hinabsteigende Element, immer die am tiefsten gelegene Stelle findet, richtet sich das Feuer, das aufsteigende Element, immer nach oben. Die in der Erde keimende Saat sucht das Licht, und ihre Blüten wenden sich dem Himmel zu.

Das Geistige ist von Materie umschlossen und muß sich energisch einen Weg bahnen, wenn es aufblühen will. Auch das innere Feuer des Menschen strebt nach Vereinigung mit dem Himmel.

Feuer besteht aus vielen Flammen. Eine einzelne Flamme verlöscht schnell. Daher ist egoistisches Verhalten jetzt nicht angemessen. Aber wenn alle einmütig ein höheres Ziel verfolgen, wird das Land in Frieden und Wohlstand erblühen. Ein so schöner, prachtvoller Anblick wird den Himmel dazu veranlassen, sich dauerhaft der Erde zuzuwenden.

Der Weise begreift den Zweck aller Dinge unter dem Himmel.

Der Zweck der sexuellen Energie.

Die sich wandelnden Linien

Oberste Linie –⊖–: Jemand, der Einheit anstrebt, tritt zunächst am Rand in Erscheinung. Der Widerstand gegen ihn ist im Zentrum der entgegengesetzten Kräfte am stärksten. Das Ziel ist noch nicht erreicht, aber die ersten Auswirkungen guter Führerschaft werden erkennbar.

Fünfte Linie –⊖–: Derjenige, welcher die Einheit anstrebt, erfährt zunächst Schmerz und Enttäuschung, aber dann wird ein befreites Lachen folgen. Ein aufrechter Charakter kann auf die himmlische Energie ☰ vertrauen, in der er aufgehoben ist.

Vierte Linie –⊖–: Man erklimmt die Stadtmauern, aber man greift noch nicht an. Bevor man hinabspringt, späht man in die Runde.

Dritte Linie –⊖–: Man versteckt seine Waffen in einem Dickicht und ersteigt einen Hügel, um die Lage zu erkunden. Das bringt keinerlei Nutzen. Hinterlist ist unangebracht. Man soll sich offen und ehrlich der Situation stellen.

Zweite Linie –×–: Derjenige, welcher die Einheit anstrebt, nimmt seine Familie mit, was er jedoch bedauern wird. Sein Ziel kann er nur mit Geistesverwandten erreichen.

Unterste Linie –⊖–: Derjenige, welcher die Einheit anstrebt, geht vor die Haustür, er wendet sich nach außen. An einer Zimmerpflanze hat nur derjenige Freude, der im Haus wohnt. Günstig.

Das Kernhexagramm führt zu 44 – Eine reife Beziehung.

14 DA YOU – Tiefe Einsicht, grosser Besitz

大有

Das Feuer ☲ über dem Himmel ☰ zeigt an, daß die himmlischen Absichten nun klar und deutlich sind.

Alles wird nun im richtigen Maßstab wahrgenommen. Schwierigkeiten drohen nur durch arrogantes Verhalten, doch diese Gefahr wird durch die schwache fünfte Linie abgewendet, die auf eine respektvolle Einstellung schließen läßt und Fortschritt und Erfolg andeutet.

Das Wesen dieses Hexagramms besteht in der Vereinigung der himmlischen Energie mit der funkelnden Klugheit des Feuers. Dank dieser erleuchtenden Verbindung werden alle Konflikte vermieden, und man kann – vom Himmel inspiriert – sein Ziel erreichen, ohne Fehler zu machen oder von Hindernissen aufgehalten zu werden.

Der Weise bekämpft seine schlechten Eigenschaften und stärkt seine Tugenden, bis der himmlische Plan vollendet ist.

Einsicht in die Wirkungsweise der sexuellen Energie.

Oberste Linie —⊖—: Man wird von der himmlischen Energie unterstützt und ist mit schöpferischer Klugheit gesegnet. Erfolg.

Fünfte Linie –×–: Ein ernsthafter und respektvoller Wissensaustausch. Die Ernsthaftigkeit ermutigt auch andere, ihre Ansichten zu äußern. Während man ihnen zuhört, darf man sich nicht schmeichlerisch verhalten.

Vierte Linie —⊖—: Aufgrund seiner tiefen Einsicht handelt man nicht unüberlegt. Weisheit erkennt immer den angemessenen Zeitpunkt und den richtigen Ort für ein Tun.

Dritte Linie —⊖—: Der Weise stellt sich in den Dienst der himmlischen Sache. Wer dafür noch nicht reif ist, wird den Versuch bereuen.

Zweite Linie —⊖—: Der große Wagen ist überladen. Es ist falsch, sich mehr aufzubürden, als man tragen kann.

Unterste Linie —⊖—: Es besteht nicht die Gefahr, daß man in Hochmut verfällt, aber man sollte dennoch wachsam bleiben.

Das Kernhexagramm führt zu 43 – Erfüllung.

15 QIAN – DEMUT

謙

Der Berg ☶ ist Teil der Erde ☷.

Der Himmel schickt der Erde seinen Segen, und die Erde erwidert dankbar diese Gabe. Hierbei muß man bedenken, daß die Drehung der Erde um sich selbst den himmlischen Einfluß abschwächt – daher kommt es, daß die Erde jedes Übermaß vermeidet und zur Demut neigt.

Wasser fließt immer bergab. Selbst auf dem Gipfel eines Berges unterliegt der Mensch noch den irdischen Gesetzen. Wer hoch hinaufsteigt, kann tief fallen. Folglich ist Demut vonnöten.

Der Weise mäßigt seine stark ausgeprägten Eigenschaften und stärkt seine Schwächen, damit er der Welt gegenüber als ausgeglichene Persönlichkeit auftreten kann.

Kontrollierte Freisetzung sexueller Energie.

Oberste Linie —×—: Die Demut tritt aus dem Schatten, aber das Ziel ist noch nicht erreicht. Wenn man die Zustände in seinem eigenen Einflußbereich ändern will, darf man nun auch Zwang ausüben.

Fünfte Linie —×—: Auch wenn man nicht wohlhabend ist, kann man sich auf die Unterstützung durch andere verlassen. Wahre Demut erweckt immer Sympathie.

Vierte Linie —×—: Mit jeder Tat wächst die Demut. Man sollte jetzt nicht reden, sondern sich auf die zu leistende Aufgabe konzentrieren, um Erfahrung zu sammeln.

Dritte Linie —⊖—: Ein ehrenwerter und bescheidener Mensch bringt alles zu einem guten Ende.

Zweite Linie —×—: Unübersehbare Demut. Sie ist tief im Herzen verwurzelt.

Unterste Linie —×—: Der Weise verstärkt seine Demut bis zur Vollkommenheit. Große Unternehmungen haben Erfolg. Man setzt die Arbeit bereitwillig fort, ohne zu prahlen.

Das Kernhexagramm führt zu 40 – Den Knoten durchhauen.

16 YU – Harmonische Bewegung

豫

Der Donner ☳ rollt über der Erde ☷.

Vor einem Unwetter ist die Atmosphäre drückend, und nichts läuft so, wie es sollte. Der Donner kündigt die Katharsis an, die alles wieder ins Lot bringt.

Harmonie in der Bewegung und Bewegung in der Harmonie, das sind unumstößliche Prinzipien des Universums. Sonne und Mond bewegen sich in harmonischer Abstimmung, daher verläuft die Zeit gleichmäßig, und die Jahreszeiten folgen ihrem Rhythmus.

Die alten Herrscher komponierten ihre Musik in Anlehnung an diese Prinzipien und zollten so dem ausgewogenen Zusammenspiel der kosmischen Kräfte ihren Respekt.

Ebenso verliert sich der Weise nicht in kurzlebigen Freuden. Wenn er feststellt, daß der Gang der Dinge gehemmt ist, bringt er mit einem Machtwort – das von der Menge begrüßt wird – alles wieder in die richtigen Bahnen.

Die Befreiung von sexuellen Fixierungen.

Oberste Linie —×—: Der Kurzsichtige gibt sich mit flüchtigen Erfolgen zufrieden. Wer sich selbst zu befreien versucht, wird das vielleicht ändern.

Fünfte Linie —×—: Man beklagt sich ständig. Frühere Ereignisse sind noch nicht aufgearbeitet. Doch man muß sich keine Sorgen machen, da die vierte Linie Unterstützung gewährt.

Vierte Linie —⊖—: Harmonische Bewegung. Großer Erfolg. Wenn man nicht argwöhnisch ist, schließen sich einem Freunde an.

Dritte Linie —×—: Man erbittet vom Himmel einen Gefallen, obwohl man sich selbst etwas vormacht und wenig Einfühlung zeigt. Verständnis ist dringend gefordert. Fehltritte wird man bereuen.

Zweite Linie —×—: Man sieht etwas Verlockendes, was man aber nicht wirklich braucht. Man bleibt unerschütterlich wie ein Fels.

Unterste Linie —×—: Man befürwortet das Schwelgen in Vergnügen und Genuß. Die Grille verletzt die Ameise. Alles mißlingt.

Das Kernhexagramm führt zu 39 – Anfängliche Schwierigkeiten.

17 SUI – Fröhlich und bereit

隨

Der Donner ☳ ruft auf der Oberfläche des Sees ☱ kleine Wellen der Freude hervor.

Die Oberfläche der Erde besteht zu rund achtzig Prozent aus Wasser. So spielt sich das Leben von seinem Beginn an in fließender Bewegung ab.

Die glitzernden Wellen auf dem See des Marschlandes kräuseln seine Oberfläche. Die durch den Donner hervorgerufene Erschütterung wirkt unter dem verlockenden Marschland. In diesem Zusammentreffen der Elemente liegt Fröhlichkeit.

Es ist eine Phase des Fortschritts und der Freude. Jedoch währt eine entspannte Situation wie diese nicht ewig. Wer konsequent und aufrichtig handelt, wird jedoch rechtzeitig den Absprung finden und damit Fehler vermeiden.

Der Weise geht bei Einbruch der Dämmerung heim und ruht sich aus.

Sinnliche Genüsse.

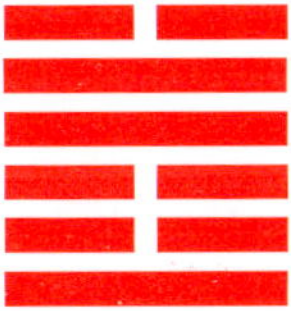

Oberste Linie –×–: Aufrichtigkeit wird ständig geübt – sie hat feste Wurzeln geschlagen. Die Botschaft des Hexagramms ist vollkommen verstanden worden.

Fünfte Linie –⊖–: Der Anführer ist aufrichtig und strebt nach Vollkommenheit. Wer sich unterordnen kann, vermag auch zu herrschen.

Vierte Linie –⊖–: Man lockt Gefolgsleute an. Zwar ist man dafür nicht ganz in der angemessenen Position, doch wenn man sich aufrichtig zeigt, wird man kaum Fehler machen.

Dritte Linie –×–: Man schließt sich dem Erfahrenen an und läßt die junge, unerfahrene Person ziehen. Wenn man beständig auf dem richtigen Weg bleibt, erlangt man das Erwünschte.

Zweite Linie –×–: Man folgt der unerfahrenen Person und läßt den Erfahrenen ziehen. Unheil.

Unterste Linie –⊖–: Man befreit sich von Beschränkungen, die einem auferlegt wurden. So ist man fröhlich und entspannt. Wenn man entschlossen und korrekt auftritt und in seinem Handeln das rechte Maß nicht aus den Augen verliert, findet man ohne Mühe Weggefährten.

Das Kernhexagramm führt zu 53 – Die glückliche Ehe.

18 GU – Die Beendigung des Zwanghaften

蠱

Der Wind ☴ wird vom Berg ☶ abrupt gestoppt.

Der Wind sucht zwanghaft nach Wegen, um seinen Willen durchzusetzen, aber er ist wie ein Gedanke, der nicht zu Ende geführt wird. Alles in der Umgebung wird mitgerissen in ein wildes Durcheinander. Der Berg – Repräsentant der himmlischen Ordnung – stoppt ihn und verwandelt seine Getriebenheit in Höflichkeit.

Das schleichende Gift der Unzufriedenheit oder einer Neurose beschwört die konkrete Gefahr eines qualvollen Verfalls herauf. Das Hexagramm zeigt jedoch, daß dieser Niedergang gestoppt wird und daß sich Lebensfreude und Gesundheit wieder einstellen.

Wenn man ausgeglichen ist, kündet Gu von Fortschritt und großem Erfolg. Mit dem Ende des Durcheinanders beginnt die Blütezeit. Es empfiehlt sich, die Ereignisse vor und nach diesem Wendepunkt genau zu betrachten – man wird daraus wertvolle Erfahrungen gewinnen.

Der Weise pflegt seine Tugenden und bietet seine Unterstützung an.

Zurückweisung.

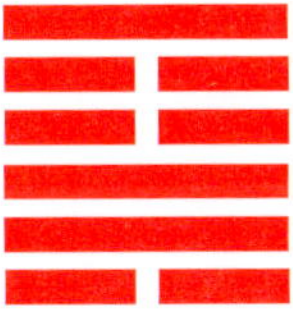

Oberste Linie —⊖—: Man dient keiner irdischen Macht, sondern einem höheren Zweck. Anderen ist man ein Beispiel. Indem man sich von den Zwängen der Vergangenheit befreit, wird man unpersönlich wie der Wind und gelassen wie ein allein stehender mächtiger Berg. Mit diesen Eigenschaften kann man den großen Strom überqueren oder den Geist zu neuen Höhen führen.

Fünfte Linie —×—: Man befreit sich von den Zwängen des Vaters. Dabei verwendet man die richtigen Argumente und wird akzeptiert.

Vierte Linie —×—: Man gibt den Zwängen des Vaters nach. Wenn man sich einen Hoffnungsfunken bewahren will, muß man innehalten.

Dritte Linie —⊖—: Man befreit sich von den Zwängen des Vaters. Es besteht nur geringe Gefahr, daß man noch einmal in sie zurückfällt, und man begeht keinen schwerwiegenden Fehler.

Zweite Linie —⊖—: Man versucht, sich von den Zwängen der Mutter zu befreien. Es ist nicht ratsam, in seinen Anstrengungen bis zum Äußersten zu gehen, denn das würde man bereuen.

Unterste Linie —×—: Man befreit sich von den Zwängen des Vaters. Man fühlt sich, als sei man die Verkörperung seiner Vorstellungen.

Das Kernhexagramm führt zu 54 – Fruchtbarkeit.

19 LIN – DIE ANZIEHUNG

臨

Das Hexagramm besteht aus der fruchtbaren Mutter Erde ☷ und aus ihrer jüngsten Tochter ☱, den spiegelnden Wassern des Marschlandes.

Das verlockende Marschland und die fruchtbare Erde streben nach Erfüllung und wenden sich in all ihrer Herrlichkeit dem Himmel zu. Die beiden starken, untergeordneten Linien verschaffen dem Hexagramm eine steigende Tendenz.

Dieses Zeichen ist den Monaten Januar und Februar zugeordnet. Die Tage werden wieder länger, und von fern kündet der Frühling einen neuen Lebenszyklus an. Dabei darf man aber nicht vergessen, daß sich die Erde im Herbst wieder verschließen und in ihrem Winterschlaf nicht mehr zugänglich sein wird.
Das Hexagramm weist auf Fortschritt und Erfolg hin. Konsequentes und korrektes Verhalten ist allerdings unabdingbar.

Der Weise, im Besitz unerschöpflichen Wissens und offen für Inspiration, unterstützt seine Mitmenschen mit vollkommener Hingabe.

Verführung mit allen weiblichen Reizen.

Die sich wandelnden Linien

Oberste Linie –×–: Man nähert sich edelmütigen, aufrichtigen Sinnes. Großer Erfolg.

Fünfte Linie –×–: Man nähert sich in umsichtiger Weise und trifft die richtige Entscheidung.

Vierte Linie –×–: Man nähert sich in einer Art, die überwältigend ist. Man weiß nicht, wofür man sich entscheiden soll, doch es ist kein Fehler möglich.

Dritte Linie –×–: Man ist mit seiner Annäherung zufrieden, dabei läßt man sich von Instinkten leiten. Ist man sich dessen bewußt, so begeht man keinen Fehler.

Zweite Linie –⊖–: Man nähert sich in Begleitung der untersten Linie. Weiter so, es wird gutgehen.

Unterste Linie –⊖–: Man nähert sich in Begleitung der zweiten Linie. Man strebt dem richtigen Ziel zu.

Das Kernhexagramm führt zu 24 – Wintersonnenwende, Erwachen.

20 GUAN – Beobachten, Nachsinnen

觀

Der himmlische Geist weht gleich dem Wind ☴ über der empfangenden Erde ☷ ☷.

Der Himmel betrachtet die Zustände auf der Erde und sorgt dafür, daß die Jahreszeiten gleichmäßig aufeinanderfolgen.

Guan beschreibt einen ernsthaften und würdigen Brautwerber oder Bittsteller – die fünfte Linie –, der die rituelle Waschung seiner Hände vor der Überreichung seiner (Opfer-)Gaben noch nicht vorgenommen hat. Er sinnt über die Fruchtbarkeit der Erde nach, die unverwandt und voller Erwartung zu ihm aufschaut.

Das Hexagramm ist geprägt von Anpassungsfähigkeit und Fügsamkeit. Der Wind bringt Bewegung in alles – nichts bleibt unberührt. Bevor man zur Tat schreitet, prüft man die Lage unter jedem Aspekt.

In den alten Zeiten reisten die Könige in jedes Gebiet ihres Reiches und orientierten sich bei ihren Anordnungen an dem, was sie dort vorfanden.

Die Erforschung des sexuellen Potentials der Frau.

Oberste Linie —θ—: Man betrachtet das eigene Wesen und fragt sich, ob es Weisheit erlangen kann. Der Geist ist noch unruhig, aber man begeht keinen Fehler.

Fünfte Linie —θ—: Man sinnt über den Gang des Lebens nach. Der Weise zieht Nutzen aus der Beobachtung anderer. So vermeidet er Fehler.

Vierte Linie —×—: Man sinnt über den Ruhm und Glanz des Reiches nach. Man möchte von der Person, die man bewundert, als Gast geladen werden.

Dritte Linie —×—: Man sinnt über den Gang des Lebens nach. Soll man weitergehen oder umkehren? Letzten Endes sieht man ein, daß es richtig ist, den eigenen Weg fortzusetzen.

Zweite Linie —×—: Man späht durch die angelehnte Tür. Der Frau ist dies angemessen, doch für den Mann ist es schändlich, denn er sollte sich einen Überblick über die Gesamtsituation verschaffen.

Unterste Linie —×—: Man betrachtet die Situation wie ein Jüngling. Dem Unerfahrenen wird deswegen kein Vorwurf gemacht, doch der Weise wird es bereuen.

Das Kernhexagramm führt zu 23 – Zerstörung des Vergangenen.

21 SHI KE – Sich bis zur Einheit durchbeissen

噬
嗑

Dem gleißenden Blitz ☲ folgt der Widerhall des Donners ☳.

Die himmlische Weisheit dringt in die Erde ein wie ein Blitz und vereinigt sich mit ihr. Donnernd löst sich die Spannung, und die Erde wird in eine pulsierende Bewegung versetzt.

Das Hexagramm erinnert an einen geöffneten Mund, zwischen dessen Kiefern sich ein Gegenstand befindet, der die Vereinigung von Oben und Unten blockiert. Alles deutet auf Erfolg, der dadurch erreicht wird, daß man energisch das Hindernis durchbeißt. In diesem Fall ist das als gerechtfertigtes und angemessenes Verhalten anzusehen.

Der Blitz ist wie eine aufleuchtende Erkenntnis, die vom Körper rasch und entschlossen in Handlung umgesetzt wird. Ein solches Zusammenwirken von Körper und Geist ist ein beeindruckender Vorgang. Das Starke und das Schwache bewegen sich flink und geschmeidig und in vollkommener Harmonie.

Die Gesetzgebung der Herrscher der alten Zeit zeugte von reiner Erkenntnis, und ihre Strafen waren streng, aber gerecht.

Entjungferung.

Oberste Linie —θ—: Wer den Kopf zwischen Kissen vergräbt, beraubt sich der Ohren. Man hört das unheilvolle Grollen des Donners, ignoriert aber die nahende Gefahr.

Fünfte Linie –×–: Man beißt sich durch Trockenfleisch und findet gelbes Gold. Ausdauer bringt Erfolg. Man ist sich der Gefährlichkeit der Situation bewußt, aber man besitzt die erforderlichen Fähigkeiten, um die Aufgabe zu meistern. Vorteilhaft.

Vierte Linie —θ—: Man nagt an Knochen mit vertrocknetem Fleisch. Die Aufgabe ist schwierig. Wenn man unbeirrt durchhält und sich keinen Zahn abbricht, wird einem Gerechtigkeit zuteil und man wird mit Wohlstand belohnt.

Dritte Linie –×–: Man nagt an Trockenfleisch und bekommt einen üblen Geschmack im Mund. Aktionen zum Erreichen des Ziels bringen keinen Nutzen. Ein bißchen Reue, aber kein größerer Fehler.

Zweite Linie –×–: Man schlägt die Zähne in zartes, saftiges Fleisch und beißt sich fast in die Nase. Wenn Dinge einfach sind, neigt man zur Gier. Dieser Fehler wird vermieden.

Unterste Linie —θ—: Man kann die Zehen nicht gebrauchen, denn man steht mit beiden Füßen im Block. Die Erkenntnis kommt wie ein Blitz: Man versucht, sie nicht zu beachten, aber man kann ihr nicht entkommen. Kein Fehler wird begangen.

Das Kernhexagramm führt zu 39 – Anfängliche Schwierigkeiten.

22 BI – Bezauberung

賁

Das Feuer ☲ erleuchtet die klaren, nüchternen Konturen des Berges ☶ mit Anmut und sprühendem Charme.

Der Reichtum der Natur dient menschlichen Zwecken. Seht des Kaisers neue Kleider! Was der Mensch wirklich ist, zeigt sich, wenn er nackt ist. Die wahre Schönheit des Menschen liegt nicht in seiner äußeren Erscheinung, sondern tiefer, aber sie sollte sich in dieser widerspiegeln.

Frucht, Knospe, Blüte und Verfall – sie alle besitzen eine eigene Schönheit. In jedem Lebensabschnitt haben eine entschlossene Geisteshaltung und ein aufrechter Gang mehr Ausstrahlungskraft als goldener Schmuck oder eine wohlgenährte Statur. Dieses Hexagramm legt einem allerdings auch nicht nahe, man solle sich in einen Sack hüllen. Es weist lediglich darauf hin, daß oberflächlicher Prunk nur wenig Erfolg bringt.

Sonne, Mond und Sterne schmücken zwar auch den Himmel, doch ihr wahrer Zweck liegt darin, die Jahreszeiten anzuzeigen und Orientierung zu geben. Dieses Beispiel soll die Funktion irdischer Attraktionen verdeutlichen. Man wird außerdem verstehen lernen, wie in der sich wandelnden Erscheinung das Wesen erhalten bleibt.

Der Weise bietet seine Werke in reizvoller Verpackung dar, prangert aber unlautere Vorhaben öffentlich an.

Sexuelle Erregung durch Zurschaustellung von Reizen.

Oberste Linie —⊖—: Man kleidet sich in Weiß und trägt keinerlei Schmuck. Fehler sind nicht möglich – man hat sein Ziel erreicht.

Fünfte Linie —×—: In den Bergen und Tälern wird man reich geschmückt. Man selbst bringt nur eine kleine Rolle kostbarer Seide mit. Das scheint äußerst dürftig, aber es ist angemessen. Großer Erfolg.

Vierte Linie —×—: Man ist in einfachem Weiß gekleidet. Auf einem geflügelten weißen Pferd fliegt man über der zweiten und dritten Linie, um die unterste Linie in ihrer Schlichtheit zu betrachten. Man kommt nicht als Dieb, sondern als echter Freund. Niemand hegt Groll.

Dritte Linie —⊖—: Mit Tautropfen geschmückt. Tau ist die innere Schönheit, die sich äußerlich niederschlägt.

Zweite Linie —×—: Der Bart schmückt das Kinn. Wer die Schönheit zu sehr betont, verfällt der Eitelkeit. Man sollte sich die dritte Linie – das Kinn selbst – ansehen.

Unterste Linie —⊖—: Man steigt aus dem Wagen und geht zu Fuß weiter. Einfachheit schmückt den Menschen.

Das Kernhexagramm führt zu 40 – Den Knoten durchhauen.

23 BO – ZERSTÖRUNG DES VERGANGENEN

剝

Der feste, kahle Berg ☶ ruht wie ein Dach auf der Erde ☷.

Die schwachen Linien drängen nach oben und drohen auch die starke Linie an der Spitze aufzubrechen.
Das Hexagramm bezieht sich auf den Herbst: Die Ernte ist eingebracht, die Felder liegen brach, und es naht die Winterruhe. Die abgestorbenen Wurzeln werden durch das Wirken unterirdischer Lebensformen zu Humus. So wird das Regime, das die vorangegangenen Jahreszeiten beherrscht hat, zerstört. Schicht um Schicht wird die Erde für einen Neubeginn vorbereitet. Die Erdkruste – die oberste Linie – bleibt geschlossen und wird vor dem nächsten Frühling nicht umgepflügt.

In dem Hexagramm ist auch das Bild einer Lagerstatt oder einer Aussichtsplattform enthalten, auf welcher der himmlische Herrscher ruht. Er läßt keine Störung der Erde zu – jede Aktivität wirkt sich jetzt ungünstig aus. Auch für den Menschen ist es sinnvoll, sich auszuruhen, bis der nächste Zyklus einsetzt. Ruhe und Zuversicht sind die Quellen neuer Kraft. Wenn man jetzt über das Vergangene nachdenkt, kann man sich von ihm lösen. Dabei lernt man aus Fehlern und wandelt Ängste in Stärke um. So kann man schließlich mit frischer Energie eine neue Phase beginnen.

Auf der gesellschaftlichen Ebene bedeutet dieses Hexagramm das Andrängen der materiell ausgerichteten Massen, die mit der himmlischen Weisheit nichts im Sinn haben.

Der Weise begreift den Kreislauf von Werden und Vergehen, und er erkennt den Unterschied zwischen fruchtbringender Einsicht und dem Verfall der Werte. Er kann die Wechsel der Jahreszeiten aus dem Gang von Sonne und Mond ablesen.

Die Rückkehr zum jungfräulichen Zustand.

Oberste Linie —o—: Eine große Frucht ist noch nicht gegessen worden. Die Situation wird gemeistert. Die Erde ist bereit, von neuem bearbeitet zu werden.

Fünfte Linie —×—: Aufrührer folgen einem wie ein von Ködern angelockter Schwarm Fische. Die Herrscherin der Erde betrachtet das mit Wohlwollen; sie wird den Versuch, den himmlischen Herrscher zu stürzen, nicht vergelten wollen.

Vierte Linie —×—: Das Bett wird völlig zerstört. Man verletzt die Haut dessen, der darin ruhte. Der Gipfel der Zerstörung ist erreicht. Man verletzt sich selbst.

Dritte Linie —×—: Man gehört zu jenen, welche zerstören, doch man begeht keinen Fehler. Schmerzhafte Erinnerungen aus tiefer Vergangenheit werden ausgelöscht.

Zweite Linie —×—: Der Rahmen des Bettes wird zerbrochen. Überall Unheil. Der Weise hat noch keine Mitstreiter.

Unterste Linie —×—: Die Füße des Bettes werden abgebrochen. Wenn Beständigkeit und gegenseitige Unterstützung – Grundlagen der Menschlichkeit – vernichtet werden, wird das Leben auf der Erde zur Hölle.

Das Kernhexagramm führt zu 2 – Gebändigte Energie.

24 FU – Wintersonnenwende, Erwachen

復

Das Beben des Donners ☳ tief unten in der Erde ☷ ist kaum wahrzunehmen.

Der Kreis hat sich geschlossen. Ende und Neubeginn fallen am Tag der Wintersonnenwende zusammen. Der Donner tief in der Erde – noch nicht zu hören, aber zu ahnen – weist darauf hin, daß Bewegung bevorsteht. Entsprechendes gilt für die Rückkehr des Lichts, welches durch die starke unterste Linie symbolisiert wird: Die Tage werden wieder länger, aber wahrnehmbar ist das erst nach dem siebten Tag.

Das Hexagramm handelt vom Triumph des Lebens, der aus dem Zusammenspiel von Himmel und Erde folgt. Das Licht wird immer über die Dunkelheit siegen, darum wird nun jeder Schritt nach vorne führen und Erfolg bringen.

Die weisen Regenten der alten Zeit stellten an diesem Tag jede Aktivität ein. Es ist die Zeit stillen Erwachens. Wer zur falschen Seite aus dem Bett steigt, zerstört den gesamten Zyklus.

Jungfräulichkeit.

Die sich wandelnden Linien

Oberste Linie —×—: Man irrt hilflos umher, denn man hat den Wendepunkt verpaßt. Damit verstößt man gegen das Gesetz des Himmels. Der Schaden, den man sich zugefügt hat, läßt sich vor dem Beginn der nächsten Dekade nicht beheben.

Fünfte Linie —×—: Der Plan ist noch nicht vollkommen ausgeführt. Der Weise kehrt um. Ein zweites Mal wird das nicht nötig sein.

Vierte Linie —×—: Ein Mitläufer. Man will der dritten oder fünften Linie folgen, doch schließlich findet man seinen eigenen Weg.

Dritte Linie —×—: Man läuft nutzlos hin und her. Eine gefährliche Lage. Man sollte sich von der Zweckmäßigkeit seines Vorhabens überzeugen.

Zweite Linie —×—: Wer sich gut vorbereitet, wirkt beispielhaft. Man folgt der Führung der untersten Linie. Erfolg.

Unterste Linie —θ—: Man korrigiert einen kleinen Fehler und setzt seinen Weg fort. Das ist ein ordentlicher Beginn; eine Wiederholung ist nicht nötig. Günstig.

Das Kernhexagramm führt zu 2 – Gebändigte Energie.

25 WU WANG – DIE UNSCHULD

无妄

Der Donner ☳ wirkt wie eine mächtige göttliche Stimme vom Himmel ☰.

Der Himmel hat allen Lebensformen einen Namen gegeben und ein Verhalten zugewiesen, das ihnen gemäß ist. Der Tiger vereinigt sich nicht mit der Hirschkuh, sondern er frißt sie – dieses Verhalten ist ohne Fehl. Beim Menschen liegt der Fall anders: Sein Streben nach materiellem Besitz hat ihm den klaren Sinn für das Angemessene genommen. Wie kann er sich einbilden, seine Handlungen seien rechtschaffen? Was soll ihn retten, wenn er die Zeichen des Himmels nicht begreift?

Mit dem Wort kommt die Tat, und ebenso kommt der Donner nicht allein. Das Hexagramm besagt, daß der Gedanke, der im Wort enthalten ist, Wirklichkeit wird – auf den Donner folgt der lebenspendende Regen. Die starke unterste Linie, die dem Himmel entstammt, wird ihren Platz mit der zweiten Linie tauschen, so daß das Trigramm Kan ☵, Regen, entsteht. Im Hexagramm 6 (Song – Die Anspannung) wurde die vorhandene Energie nicht vom Wort unterstützt, daher mißlangen die Dinge dort. Doch hier sind die Kräfte in vollkommener Harmonie.
Wu Wang deutet auf Blüte und Erfolg, wenn man aufrichtig und beständig ist. Wenn man es aber nicht ist, dann wird jeder Schritt ins Mißgeschick führen.

Die weisen Herrscher handelten gemäß dieser Vorstellung. Sie ehrten die rechtschaffene Natur aller Erscheinungen unter dem Himmel.

Das spezifische Element der männlichen Sexualität.

Die sich wandelnden Linien

Oberste Linie –⊖–: Ein Rechtschaffener begeht Fehler, wenn er jetzt handelt, denn der geeignete Zeitpunkt dafür ist vorüber. Der Fall ist bereits abgeschlossen. Erforderlich sind nun Einsicht und Respekt; sie sind wichtiger als der Versuch, die Sache noch einmal aufzurollen.

Fünfte Linie –⊖–: Ein Rechtschaffener wird von einem Leiden niedergeworfen. Wie es gekommen ist, so verschwindet es auch wieder.

Vierte Linie –⊖–: Man ist beständig in seiner Rechtschaffenheit, dennoch ist Vorsicht geboten.

Dritte Linie –×–: Ein Unschuldiger wird von Katastrophen heimgesucht. Ein Ochse ist unbewacht, und einer, der vorbeigeht, nimmt ihn mit. Die Nachbarn werden beschuldigt. Freude für den, der vorbeigeht, Schmerz für den Besitzer, noch größerer Kummer für die Nachbarn. All das hält die Weisheit des Himmels für den Menschen bereit.

Zweite Linie –×–: Man erntet, ohne gepflügt zu haben. Doch es geschah nicht, um Reichtümer anzuhäufen, sondern aus selbstloser Liebe.

Unterste Linie –⊖–: Reine Unschuld. Man bekommt, was man ersehnt.

Das Kernhexagramm führt zu 53 – Die glückliche Ehe.

26 DA CHU – Geballte Kraft

大畜

Die unfaßbare Weite des Himmels ☰
liegt unter dem festen Berg ☶.

Dieses Hexagramm enthält die Vorstellung eines riesigen, aber kontrollierten Energiepotentials. Der Himmel, die starke männliche Kraft, weiß, wann und wie die Dinge in angemessenen Portionen zu verteilen sind, daher wendet er sich immer gelassen und voller Zufriedenheit der Erde zu.

Der Weg, auf dem man irdischen Gütern hinterherjagt, um sie zu horten, führt in die schlammigen Marschlande. Besitz sollte wandern. Adel verpflichtet, und großer Besitz tut das ebenso. Wer seinen Reichtum mit der Gemeinschaft teilt, der bringt allen Wohlstand, so daß große Vorhaben in Angriff genommen werden können.
Dabei darf man nicht vergessen, daß es ein Unterschied ist, ob man jemandem auf die Beine hilft oder ob man ihn in Abhängigkeit hält.

Der Weise erweitert seinen Horizont anhand der Worte und Taten der großen Weisen, die ihm vorangingen, und bildet so seine Fähigkeiten und Tugenden aus.

Der kontrollierte sexuelle Trieb des Mannes.

Oberste Linie —⊖—: Der Nachthimmel bietet sich mit seinen zahllosen Sternen dem staunenden Blick dar. Der Weg ist frei, und man kann seine Energie unbeschränkt einsetzen. Jetzt ist es möglich, den Strom zu durchqueren, und der Geist kann sich emporschwingen. Weiter so.

Fünfte Linie —×—: Der Eber ist kastriert und setzt seine Hauer nicht ein. Die Gefahr, daß man zuviel Energie ansammelt und mit ihr wie auf einem Pulverfaß lebt, wird abgewendet. Erfolg.

Vierte Linie —×—: Der junge Bulle bekommt ein Schutzbrett auf seine noch unentwickelten Hörner. Vorsicht ist geboten.

Dritte Linie —⊖—: Man kommt mit guten Pferden rasch voran. Man kennt die Schwierigkeiten der Strecke und übt sich darin, seine Kräfte zu kontrollieren. Das bringt in allen Bereichen Wohlstand und Erfolg.

Zweite Linie —⊖—: Ein Wagen ohne Bremsriemen für die Achse. Wenn man sich selbst gut im Griff hat, gibt es keine Probleme.

Unterste Linie —⊖—: Gefahr. Energie hat sich angesammelt und kann nicht freigesetzt werden. Keinen Schritt weiter!

Das Kernhexagramm führt zu 54 – Fruchtbarkeit.

27 YI – Die Ernährung

頤

Unter dem festen Berg ☶ grollt der Donner ☳.

Die Oberfläche der Erde ist aufgebrochen (siehe Hexagramm 21), und das fruchtbare Wort des Himmels ist wie Same in sie eingedrungen.

Das Hexagramm gleicht einem weit geöffneten Mund mit einem feststehenden Ober- und einem beweglichen Unterkiefer. Der Unterkiefer bringt die Nahrung nach oben zum Gaumen. Dieser Vorgang symbolisiert den Kreislauf des Lebens: Der Geist des Himmels bringt sich der Erde dar, die Pflanzen der Erde ernähren den Menschen, und der Geist des Menschen richtet sich wiederum auf den Himmel. So versorgen Himmel und Erde jeden mit der richtigen Nahrung.

Man sollte untersuchen, was man in sich nährt und warum man das tut. Hat man darüber Klarheit gewonnen, kann man dieses Wissen an andere weitergeben, damit diese geistige Nahrung allmählich jedem zuteil wird.

Der Weise rät dringend zur Vorsicht und empfiehlt Mäßigung beim Essen und Trinken. So wie wohlgesetzte Worte die Tugend stärken, so stärken Essen und Trinken den Körper.

Körperliche und geistige Sexualität.

Oberste Linie —⊖—: Die Quelle der Ernährung. Eine gefährliche Position. Der Prophet, der die himmlischen Worte erläutern will, sollte das mit äußerster Vorsicht tun.

Fünfte Linie —×—: Verbotenes Tun. Man bezweifelt den Sinn der Ernährung. Nun hat man anderen nichts als Unsicherheit zu bieten. Dies ist nicht die Zeit, um zu handeln. Man sollte der starken obersten Linie vertrauen.

Vierte Linie —×—: Wie ein Tiger, der zum Sprung auf seine Beute ansetzt, starrt man nach unten, um zu sehen, ob die unterste Linie die richtige Nahrung bietet.

Dritte Linie —×—: Schlechte Ernährungsgewohnheiten. Eine ganze Dekade lang ist nichts günstig. Essen, das nicht nährt, ist nichts wert. Man steht allein da. Halt!

Zweite Linie —×—: Oben und unten sucht man Nahrung. Die der untersten Linie ist nicht die richtige, solange man ganz falsche Ernährungsgewohnheiten hat, und die der obersten Linie ist zu weit entfernt. Durch das Hin und Her verliert man seinen dauerhaften Partner, den Unterkiefer, der einem die richtige Nahrung zum Gaumen bringt.

Unterste Linie —⊖—: Man sollte nicht die Schildkröte füttern, sondern gebannt zum Himmel, der vierten Linie, schauen, daß einem der Unterkiefer herunterhängt. Derjenige, der kleine Tiere füttert, bleibt selbst klein. Um einen Tiger zu füttern, braucht man mehr als Salatblätter.

Das Kernhexagramm führt zu 2 – Gebändigte Energie.

28 DA GUO – KÜHNER GEIST

大過

Der Wind ☴, die geistige Kraft des Himmels, läuft Gefahr, im verlockenden Schlamm des Marschlandes ☱ zu versinken.

Das Marschland – die jüngste Tochter – repräsentiert hier die irdischen Freuden, die schnelle Befriedigung versprechen. Es besteht keine unmittelbare Gefahr, denn in den Gedanken und Gesprächen darüber, wie es wohl wäre, sich vollkommen in sinnlichen Genüssen zu verlieren, spielt wirkliche Lasterhaftigkeit nur eine untergeordnete Rolle.
Die starken Linien Zwei und Fünf setzen dem inneren Sein klare Schranken. Darum ist jede Bewegung günstig, sofern man die oben genannten Gedanken fallenläßt.
In seiner irdischen Form wird der himmlische Wind als Holz oder als Stützpfeiler gedeutet. Das Hexagramm enthält dementsprechend das Bild eines Dachbalkens, der an den Enden – bei den schwachen Linien – nachgibt, in der Mitte aber stabil ist.
Dieser Holzbalken entspricht dem Denken, das unter dem Schädel – dem Dach – verborgen ist. Aus Angst, den Verstand zu verlieren, vermeidet man es, an den Tod zu denken oder sich geistigen Dingen zu widmen. Statt dessen sucht man in dem öden und sumpfigen Marschland Sicherheit.
Früher oder später stirbt der Verstand, doch der Geist währt ewig. Körperliche Genüsse und nach materiellen Gütern strebendes Denken sind flüchtige Angelegenheiten. Doch man hat jederzeit die Möglichkeit, sich auf seinen stabilen Kern untadeliger Ziele und reiner Erkenntnisse zurückzubesinnen. Der Baum dort ist zwar im Sumpf versunken, aber seine Krone wächst bereits wieder heraus.

Der Weise richtet sich auf und wendet sich ohne jede Angst dem Himmel zu. Die irdischen Genüsse läßt er ohne Bedauern hinter sich.

Süchtig nach sexuellen Genüssen werden.

Oberste Linie –×–: Mit außerordentlichem Mut watet man durch den Strom, bis der Kopf unter Wasser gerät. Man versucht alles, um es zu schaffen, aber man ist der Aufgabe nicht gewachsen.

Fünfte Linie –⊖–: Eine verdorrte Weide, die wieder erblüht, ist wie eine alte Frau, die sich einen jungen Mann nimmt. Kinder – das heißt Weiterentwicklung – sind nicht mehr zu erwarten, und es kommt der Verdacht auf, daß der junge Mann sich aushalten läßt. Wie lange wird das gutgehen? Kein Fortschritt, aber auch kein Fehler.

Vierte Linie –⊖–: Der Dachbalken biegt sich nach oben. Erfolg. Wenn man jedoch mehr will als nur Hilfe für diese eine Situation, dann wird sich gar nichts bessern.

Dritte Linie –⊖–: Ein morscher Dachbalken. Nichts kann ihn mehr abstützen. Große Gefahr.

Zweite Linie –⊖–: Eine verdorrte Weide, die unten am Stamm neue Blätter bekommt, ist wie ein alter Mann, der sich eine junge Frau nimmt. Es gibt noch Hoffnung auf Kinder – das heißt Weiterentwicklung. Wohlstand und Erfolg.

Unterste Linie –×–: Wer Bastmatten unter kostbare Gegenstände legt, damit sie nicht entzweigehen, wenn sie umfallen, ist äußerst vorsichtig. Kein Fehler.

Das Kernhexagramm führt zu 1 – Schöpferische Energie.

29 KAN – Wasser, der Lebenspender

坎

Von oben fällt Regen ☵, und unten bilden sich Bäche und Flüsse ☵, die für das Leben auf der Erde unabdingbar sind.

Ohne sich von irgend etwas aufhalten zu lassen, stürzt das Wasser seiner Natur gemäß von hohen Bergen steile Schluchten hinab, fließt durch die verschiedensten Landschaften und an allen möglichen Orten vorbei und gelangt schließlich ins Meer, wo es seine lebenspendende Kraft verliert. Doch das schöpferische Element entsteigt dem Meer wieder: Die Sonne verdunstet das Wasser, das Salz bleibt zurück, und mit dem Regen beginnt der Kreislauf erneut. Das ist der ewige Zyklus des Lebens auf der Erde.
Genau wie das Wasser sollte der Mensch seinen Weg durch die materielle Welt finden und ohne sich ablenken zu lassen den uralten, tief ausgetretenen Pfaden folgen. Irgendwann verliert sein Körper seine produktive Kraft und geht in der Erde auf. Doch seine angesammelte Erkenntnis fließt in das Meer des Geistes, um von dort wieder in einen heranreifenden irdischen Leib einzugehen. Das ist der ewige Zyklus des geistigen Lebens. Das Leben stammt aus dem Meer und wird vom Wasser der Flüsse erhalten. Wasser fließt nicht nach oben, daher ist ihm der Himmel nicht zugänglich. Man muß den drohenden Gefahren mit irdischen Mitteln begegnen.
Berge, Hügel, Flüsse und andere natürliche Grenzen dienten den Herrschern der Vergangenheit zum Schutz ihres Territoriums. Heute benutzt man andere Mittel, aber auch sie sind noch lange nicht vollkommen.

Der Weise ist beständig, doch immer in Bewegung. Er verhält sich freundlich und korrekt, daher will ihm niemand Böses. Seine Aufgabe ist es, andere zu unterweisen.

Das Fließen der weiblichen Säfte.

Oberste Linie –×–: Man fängt sich in Dornenbüschen und ist in der Wildnis verloren. Seine Lügen hat man zu seiner Wahrheit erhoben, doch Wasser fließt nie aufwärts.

Fünfte Linie –θ–: Das Wasser hat das Loch noch nicht bis zum Rand gefüllt und kann daher noch nicht abfließen. Lauterkeit allein reicht noch nicht aus, doch man begeht keinen Fehler.

Vierte Linie –×–: Man speist mit Wein und Reis, die in einfachen Gefäßen serviert werden. Geduldig und in einfachen Worten erklärt man die Wechselwirkungen zwischen materiellen und geistigen Vorgängen. Erfolg.

Dritte Linie –×–: Vorn und hinten tut sich ein tiefer Abgrund auf. Alles ist voller Gefahr und Unruhe. Dies ist nicht die richtige Zeit zum Handeln.

Zweite Linie –θ–: Man hat die gefährliche Schlucht betreten. Nicht alles, was man erstrebt, wird man erreichen.

Unterste Linie –×–: Die Schlucht, die man durchquert, ist breit und gut überschaubar. Dennoch flüchtet man in eine Höhle. So besteht man keine Gefahr. Fehler.

Das Kernhexagramm führt zu 27 – Die Ernährung.

30 LI – Feuer, das Element der Umwandlung

離

Die Sonne ☲, das himmlische Feuer, spiegelt sich in der leuchtenden Erkenntnis ☲ des Weisen.

Li bedeutet »anhaften«. Das Feuer haftet an seinem Brennstoff. Sonne und Mond sind das direkte und indirekte Feuer des Himmels. Getreide, der Brennstoff für den Körper des Menschen, und Holz, der Brennstoff für den wärmenden Herd, wachsen auf der Erde. Das Feuer, das vom Himmel herabgestiegen ist, steigt von der Erde wieder empor und löst im Akt der Umwandlung alles in seine Grundbestandteile auf. Geist wird zu Gas, und Materie wird zu Asche. Das Ätherische steigt auf, und das Materielle sinkt herab.

Im Trigramm Feuer ☲ ist eine schwache Linie von zwei starken eingeschlossen; sie steht für das, wovon sich das Feuer nährt, für den Brennstoff. Alles Leben geht den Weg des Feuers. Der Körper verbrennt beim Atmen und Essen Luft und Lebensmittel, auch er selbst brennt allmählich ab. Die Frage ist nur: Brennt er wie eine Fackel, wie eine flackernde Kerze oder bildet er eine gleichmäßige Flamme? Das hängt von der Qualität des Brennstoffs, also von seiner geistigen und organischen Nahrung ab und ebenso von der Menge der zur Verfügung stehenden Luft, das heißt von der Atmung.
Das Licht des Feuers macht alle Dinge sichtbar, daher steht das Feuer mit der reinen Erkenntnis in Zusammenhang. Wer diese Erkenntnis hat und Einsicht zeigt, stolpert nicht zweimal über denselben Stein, sondern macht heiteren Sinns einen Bogen um ihn. Wenn der Körper, der vorwiegend aus Wasser besteht, mit der leuchtenden Erkenntnis des Feuers genährt wird, stellt sich vollkommene Harmonie ein.

Die leuchtende Erkenntnis des wahren Führers strahlt in alle Richtungen.

Der Schein des männlichen Feuers.

Oberste Linie —⊖—: Man wird vom Herrscher mit einer Strafexpedition beauftragt. Den Anführer der Rebellen züchtigt man; seine Anhänger läßt man laufen. Durch Gerechtigkeit und Gnade wird die Ordnung wiederhergestellt.

Fünfte Linie —×—: Ein Strom von Tränen. Man klagt voller Sorgen. Das ist das Los des wahren Führers, der Problemen nicht ausweicht. Großer Erfolg.

Vierte Linie —⊖—: Man lodert innerlich auf wie eine Stichflamme – und erlischt ebenso plötzlich. Solch exzessives Verhalten führt zu nichts und ist für andere unerträglich. Man wird von allen abgelehnt.

Dritte Linie —⊖—: Man verhält sich wie die untergehende Sonne. Anstatt fröhlich zu singen, grollt man wie ein alter Mann. Die Schönheit des Sonnenuntergangs ist von kurzer Dauer, daher sollte man ihn beizeiten genießen. Wie lange wird der alte Mann noch grollen?

Zweite Linie —×—: Man leuchtet in Gelb, der Farbe der Erde. Das ist der Weg des Gerechten. Erfolg.

Unterste Linie —⊖—: Zögerlicher Beginn. Doch man zeigt Würde. Wenn man auf seine Schritte achtgibt, begeht man keinen Fehler.

Das Kernhexagramm führt zu 28 – Kühner Geist.

TEIL II.

Produktivität und Verwandlung

31 XIAN – DAS LIEBESSPIEL

咸

Die spiegelnden Wasser des Marschlandes ☱ stehen für eine sehr verführerische junge Frau. Sie wird von einem jungen Mann verehrt, der die Festigkeit eines Berges ☶ besitzt.

Das Spiel der Liebenden: Spielerische Anziehung und würdevolle Standhaftigkeit korrespondieren miteinander. Der junge Mann ist der geistigen Kraft eines Menschen vergleichbar, der seinen Körper – die junge Frau – mit äußerster Sorgsamkeit und Zuneigung behandelt.

Starke und schwache Linien sind hier im Gleichgewicht. Körper wie Geist haben die Möglichkeit, die führende Rolle einzunehmen. Doch das würdevolle Verhalten des Berges wird bei der Bildung einer stabilen Einheit den Ausschlag geben. Versagt er, dann wird das schwache Marschland vergehen.

Das Hexagramm stellt den Menschen in seinem Idealzustand dar. Von unten her gesehen bezeichnen die aufeinanderfolgenden Linien: flinke Füße, behende Beine, einen festen Unterleib, ein starkes Herz, reine Erkenntnis sowie einen scharfen Verstand, der sich von der Weisheit der reinen Erkenntnis leiten läßt.

Das Wechselspiel von Himmel und Erde prägt sich in Produktivität und Wandlung aus, wobei der himmlische Geist dem physischen Wesen der Erde überlegen ist. Das gilt analog auch für die menschliche Sphäre: Menschen mit wahrer Weisheit werden sich kraft ihrer Autorität durchsetzen, und das bringt allen Frieden und Harmonie. Wer reine Erkenntnis gewinnt, lernt das Wesen von Himmel und Erde begreifen, und er wird verstehen, wie sich aus ihrem Wechselspiel die dualistische Erscheinungswelt ableitet.

Der Weise ist ohne Vorurteil und offen für die Ansichten anderer.

Oberste Linie —×—: Kiefer und Zunge sind in Bewegung. Mit Schmeichelei und Geschwätz flickt man keine Löcher.

Fünfte Linie —⊖—: Man zuckt die Schultern. Diese Einstellung führt zu nichts.

Vierte Linie —⊖—: Das Herz schlägt ruhig und gleichmäßig, und die Eingebung ist richtig. Wenn das Herz unruhig wird und sich auf den fehlbaren Verstand verläßt, kommt nicht viel Gutes dabei heraus.

Dritte Linie —⊖—: Man preßt die Schenkel zusammen. Der Schenkel folgt dem Fuß, aber man hemmt die Bewegung der zweiten Linie, was sich nicht sehr günstig auswirkt. Man hätte besser warten sollen.

Zweite Linie —×—: Man spannt die Wadenmuskeln. Die Wade folgt dem Fuß, der sich aber noch nicht gerührt hat. Warten ist vorteilhaft, Bewegung bringt Schaden.

Unterste Linie —×—: Man bewegt den großen Zeh. Wenn man nicht geht, kommt man auch nicht voran.

Das Kernhexagramm führt zu 44 – Eine reife Beziehung.

32 HENG – DAUER, GLEICHMÄSSIGE BEWEGUNG

Der Wind ☴ ist wie der Atem, der das Herz, den im Inneren pulsierenden Donner ☳, schlagen läßt.

Das Leben setzt ein, wenn das Atmen beginnt, und es endet mit einem letzten Seufzen. Atmung vermittelt das Bild dauerhafter Bewegung. Während man einatmet, nimmt man Eindrücke auf, die im Körper verarbeitet werden. Wenn man ausatmet, entläßt man sie wieder. Während des Schlafs geschieht das Atmen unbewußt. Dabei wird der vorangegangene Tag verarbeitet, so daß man morgens neu beginnen kann.

Das Hexagramm bezieht sich auf das richtige Atmen während des Tages. Die starken Linien bezeichnen die Körperzonen der Atmung, die von der Brust bis zum Unterleib reichen. Die schwachen Linien kennzeichnen die Bereiche der Entspannung. Das Atmen sollte tief und kräftig geschehen, damit der Körper sich ohne Mühe bewegen kann.
Wenn etwas in praktischer oder geistiger Hinsicht zu Ende gebracht worden ist, wendet man sich freudig etwas Neuem zu. Indem man aufnimmt, verarbeitet und wieder losläßt, hält man sich auf der Höhe der Zeit und entgeht der Gefahr, im Sumpf der Vergangenheit steckenzubleiben.
Ihrer Bedeutung als dominierende Himmelserscheinungen bewußt, strahlen Sonne und Mond ihr immerwährendes Licht aus und sorgen für den gleichmäßigen Wechsel der Jahreszeiten im Kreislauf des Lebens. Die Dinge kommen und gehen. Der Mond nimmt zu und wieder ab. Die Sonne wird wie reine Erkenntnis immer leuchten.

Die Weisen vergangener Zeiten wichen nie von ihrem Weg ab. Was immer sie unter dem Himmel beobachteten, in ihrem inneren Sein verwandelten sie es in etwas Vollkommenes. Der Weise bewahrt sich also seine innere Ausgeglichenheit und weicht nicht von seinem Pfad ab. Alles Tun birgt in sich die Möglichkeit reiner Erkenntnis.

Oberste Linie —×—: Das Gleichgewicht ist in Gefahr. Man hat sein Ziel verfehlt. Innere Ruhe ist die Grundvoraussetzung für Beständigkeit.

Fünfte Linie —×—: Man neigt dazu, sich lenken zu lassen. Einer Frau – dem Körperlichen – wird das nicht schwerfallen, denn sie ist von jeher gewohnt, fügsam zu sein. Der Mann – das Geistige – hingegen sollte besser seinen eigenen Weg gehen und sich von der Herde lösen.

Vierte Linie —⊖—: Ein Feld ohne Jagdwild. Man ist auf dem richtigen Weg, aber man weiß nicht, wo das Gesuchte zu finden ist.

Dritte Linie —⊖—: Man hat Pläne, aber es mangelt an Beständigkeit. Ein solcher Mensch ist unzuverlässig.

Zweite Linie —⊖—: Die Reue darüber, daß man nicht gehandelt hat, schwindet. Man läßt sich nicht zu etwas hinreißen, was man nicht im Griff hat. Von vorne anfangen.

Unterste Linie —×—: Man spürt ein tiefes Verlangen nach Beständigkeit. Doch Wunschdenken bringt einen nicht voran.

Das Kernhexagramm führt zu 43 – Erfüllung.

33 DUN – RÜCKZUG

遯

Der einzeln stehende, unbewegliche Berg ☶ ragt zum Himmel ☰ auf.

Der Sommer ist bald vorüber. Die Erntezeit kommt, und die Tage werden kürzer. Dies ist aus den schwachen Linien abzulesen, die die starken Linien aus dem Hexagramm drängen.

Die Erntezeit ist eine Zeit der Fülle, außerdem endet nun die Arbeit auf den Feldern. Kaufleute und andere, die Nutzen aus der Situation ziehen wollen, erscheinen auf der Bildfläche. Völlerei und Gelage, Diebstahl und frivoles Betragen sind an der Tagesordnung – es ist eine Phase ohne jede Disziplin.

Nach dem Weisen ruft man nur in Notlagen oder wenn Mangel herrscht. In einer Zeit der Üppigkeit zieht der Weise sich zurück. Eine Weile wartet er noch ab, denn der Überfluß stellt sich nicht von heute auf morgen ein. In dieser Rückzugsphase ist eine beträchtliche Menge Kraft vonnöten. Die Freunde und vertraute Annehmlichkeiten läßt man zurück.

Man verabschiedet sich und geht. Unbelastet von überflüssigem materiellem oder geistigem Gepäck macht man sich frohgemut in die Einsamkeit der Berge auf. Dort meditiert man, um die Eindrücke des vergangenen Zeitabschnitts zu verarbeiten und sie in reine Erkenntnis zu verwandeln.

Der Weise hält nun Abstand von der Menge, um seine Würde zu bewahren, die für die Menge bedeutungslos ist. Er läßt seine Abneigung nicht nach außen dringen, denn damit würde er sich auf ihre Stufe begeben.

Oberste Linie —⊖—: Ein vorbildlicher Rückzug. In gehobener Stimmung und ohne Zögern verläßt man die Szene.

Fünfte Linie —⊖—: Man zieht sich bewundernswert zurück, nachdem die Aufgabe erledigt ist.

Vierte Linie —⊖—: Man tritt den Rückzug an, obwohl man das, was zurückbleibt, sehr liebt. Dem Weisen fällt das leicht; der Unreife hat keinen Erfolg.

Dritte Linie —⊖—: Rückzug aufgrund von Zweifeln und Erschöpfung. Der Abschied schmerzt. Man sollte dies als wertvolles Stück Erfahrung auf dem Lebensweg ansehen, denn Schmerz läutert.

Zweite Linie —×—: Mit einem Gurt aus gelbem Ochsenleder hakt man sich bei der starken fünften Linie ein. Gelb, die Farbe der Erde, ist hier am angemessenen Platz.

Unterste Linie —×—: Rückzug am Schwanz. Man gehört zu den letzten – ein gefährlicher Platz. Man sollte zunächst stehenbleiben und sich dann im rechten Moment zurückziehen.

Das Kernhexagramm führt zu 44 – Eine reife Beziehung.

34 DA ZHUANG – VITALITÄT

大
壯

Die pulsierende Bewegung des Donners ☳ entspricht dem Herzschlag, welcher der ungebundenen Kraft des Himmels ☰ ein Gleichmaß vorgibt.

Das Hexagramm bezieht sich auf die Lebenskraft. Das Starke – der Himmel – gewinnt an Kraft, was sich darin ausdrückt, daß die vier starken Linien die schwachen nach oben hinauszudrängen versuchen.
Kraft darf sich nie in sinnloser Gewalt äußern. Deshalb fordert die zentrale Aussage des Hexagramms kontrolliertes, zuverlässiges Handeln, das einem gleichmäßig schlagenden Herzen entspringt.

Unkontrollierte Gewalt vermag die Erde im Bruchteil einer Sekunde aus dem Universum zu sprengen. Das Wechselspiel zwischen Himmel und Erde beruht jedoch auf Großmut, Gerechtigkeit und Zufriedenheit. Der Mensch realisiert diese kosmischen Werte in seinen Worten und Taten: Er zügelt seine Kräfte und verhält sich gesittet.
Wahre Kraft besiegt sich selbst und leuchtet vorbehaltlos wie ein Stern am wolkenlosen Himmel.

Der Weise achtet stets die Regeln zivilisierten Verhaltens.

Die sich wandelnden Linien

Oberste Linie –×–: Der Widder rammt den Zaun mit voller Wucht. Man ist übers Ziel hinausgeschossen und hat die Kontrolle über sich verloren. Wenn man das rechtzeitig korrigiert, gibt es einen Hoffnungsschimmer.

Fünfte Linie –×–: Die Kraft des Widders läßt nach. Es ist nicht erforderlich, Gewalt anzuwenden. Eine schwache Position, aber nicht ungünstig, wenn man lernt, seine Kräfte zu konzentrieren.

Vierte Linie –⊖–: Man handelt konsequent und aufmerksam und fällt nicht in die Situation der dritten Linie zurück. Durch unbeirrte, disziplinierte Arbeit hat man ein Loch im Zaun geschaffen. Die Kräfte, über die man verfügt, sind gleichmäßig verteilt wie die Speichen eines Wagenrads.

Dritte Linie –⊖–: Wer schwach ist, braucht nun all seine Kraft. Erfolg. Ein kräftiger Mensch tut gut daran, seine Energien gebremst einzusetzen. Wenn er wie ein Widder gegen einen Zaun anrennt, verletzt er sich. Wer jetzt zu Gewalt übergeht, fügt sich selbst den größten Schaden zu.

Zweite Linie –⊖–: Sicheres, angemessenes Verhalten. Die Angst vor unkontrollierbarer Gewalt erweist sich als unbegründet. Man hüte sich vor Leichtfertigkeit.

Unterste Linie –⊖–: Die Kraft zeigt sich in den Zehen, das heißt, sie hat den Körper noch nicht durchdrungen. Hektik führt zu Erschöpfung. Man sollte standhaft sein und sich der Situation angemessen verhalten.

Das Kernhexagramm führt zu 43 – Erfüllung.

35 JIN – FORTSCHRITT

Die Sonne ☲ breitet ihr Licht des Lebens über die Erde ☷.

Die Erde gibt sich fügsam und willig dem Licht der Sonne hin. Die Sonne ist wie ein ehrwürdiger König, der die Erde liebt und sie mit kostbaren Geschenken verwöhnt. Die Energie der Erde kann die Sonne nicht erreichen. Aber der Mensch – Krone der Schöpfung und Geschöpf der Erde – verleiht mit seiner Stimme der Dankbarkeit der Erde Ausdruck und rühmt die Sonne und den Himmel.

Jin bedeutet Voranschreiten oder Sich annähern. Das Hexagramm zeigt einen edlen Menschen – die fünfte Linie –, der mit Aufrichtigkeit und glühendem Herzen inneren Frieden erlangt hat. Der Lohn für diese tugendhafte Anstrengung besteht darin, daß ihm seine schöpferische Intelligenz nun zahllose materielle Möglichkeiten eröffnet. Mit der unerschütterlichen Ruhe eines Berges (unteres Kerntrigramm) ausgestattet, vermag er nun leicht wie das Wasser (oberes Kerntrigramm) die Welt zu durchqueren.

Dreimal am Tag gewährt die »königliche« Sonne diesem edlen Menschen Audienz: Morgens nach dem Aufwachen, mittags, wenn die Sonne im Zenit steht, und abends vor der Dämmerung wendet er sich in seiner Meditation dem Himmel zu und versucht, Erkenntnisse über das Wesen der Schöpfung zu erlangen.

Der Weise prüft sich und arbeitet an sich, bis seine Tugend wie ein gleißendes Licht erstrahlt.

Oberste Linie —⊖—: Man schreitet mit Hörnern auf dem Kopf voran. Solche Angriffslust sollte allenfalls dazu verwandt werden, mit sich ernsthaft ins Gericht zu gehen. Wird Gewalt eingesetzt, ist früher etwas falsch gemacht worden. Man bereut, auch wenn man sich richtig verhält.

Fünfte Linie –×–: Ein Rückfall in alte Gewohnheiten ist nun nicht mehr möglich, daher muß man sich um Erfolg oder Mißerfolg keine Sorgen machen. Günstige Lage.

Vierte Linie —⊖—: Man schreitet voran wie ein Hamster, heimlich und vorsichtig. Gefahr droht. Etwas scheut das Tageslicht.

Dritte Linie –×–: Vertrauen von allen Seiten. Ohne sich in der Problematik der zweiten Linie zu verfangen, setzt man seinen Weg fort und zaudert nicht bei seinem Tun.

Zweite Linie –×–: Widerstrebend und voller Angst versucht man voranzuschreiten. Doch die fünfte Linie schenkt einem Durchhaltevermögen und die klare Erkenntnis des richtigen Weges.

Unterste Linie –×–: Man will voranschreiten, behindert sich aber selbst. Auch wenn es einem an Zuversicht mangelt, sollte man großzügig bleiben, um keinen Fehler zu begehen.

Das Kernhexagramm führt zu 39 – Anfängliche Schwierigkeiten.

36 MING YI – Verheimlichte Erkenntnis

明夷

Die Sonne ☲, die schöpferische Intelligenz, wird von den Kräften der Erde ☷ verdeckt.

Wenn die Sonne nicht zu sehen ist, ist sie entweder untergegangen, oder es haben sich Wolken davorgeschoben. Für den ersten Fall zeigt das Bild jemanden, der seine reine Erkenntnis und seine Führungsqualitäten nicht verbirgt und darum eine Gefahr für das herrschende Regime darstellt. Deshalb wird er eingesperrt oder verbannt, damit sein Licht nicht mehr leuchten kann. Dies geschah König Wen, einem der Verfasser des I Ging.
Für den zweiten Fall zeigt das Bild jemanden, der seine Erkenntnisse hinter Wolken vernebelnder Gedanken und Meinungen verbirgt. Das bewahrt ihn vor dem Gefängnis, in dem er nichts mehr erreichen könnte. So handelte der Herzog von Zhou, der Sohn von König Wen und einer der Kommentatoren des I Ging.

In beiden Fällen ist es weise, Mut und Kraft nicht zu zeigen. Statt dessen sollte man gelassen bleiben und sich diplomatisch verhalten, denn die Sonne wird wieder aufgehen und die Wolken werden verschwinden.

In gefährlichen Zeiten hält der Weise die Beziehungen zu seiner Umgebung aufrecht, verbirgt aber sein Wissen hinter einem Schleier aus Worten.

Oberste Linie –×–: Das Licht wird von der Dunkelheit verschluckt. Mit Heimtücke und Gewalt ist der Thron erobert worden. Für wie lange?

Fünfte Linie –×–: Der Herzog von Zhou rettete sich, indem er sein Wissen verbarg. Festigkeit im Innern und Höflichkeit nach außen bringen Erfolg.

Vierte Linie –×–: Man tritt von links in die Dunkelheit des Bauches ein. Das Herz der dunklen Kraft ist beinahe erreicht. Man benutzt seinen Verstand, behält aber seine Gedanken für sich. Die Lage ist nicht ohne Hoffnung.

Dritte Linie –⊖–: Man jagt im Süden und fängt den Herrscher des dunklen Reiches. Im Süden steht die Sonne – die reine Erkenntnis – im Zenit. Großer Erfolg. Man darf nicht zu gierig sein, denn Erkenntnisse lassen sich nicht über Nacht in die Tat umsetzen.

Zweite Linie –×–: Man wird am linken Schenkel verwundet und durch ein schnelles Pferd gerettet. Man hat richtige Erkenntnisse, doch in dieser Lage nützen sie einem nichts. Wenn man schnell den Schauplatz verläßt, gelangt man auf den Weg zum Erfolg.

Unterste Linie –⊖–: Man fliegt mit matten Flügeln. Der Weise wendet sich ab. Er fastet drei Tage lang und wird überall zur Zielscheibe des Spotts. Die Zeit ist nicht reif für sein Wissen. Es nützt ihm nichts, wenn er sich in größere Höhen schwingt und neue Einsichten vorträgt, denn niemand hört auf ihn.

Das Kernhexagramm führt zu 40 – Den Knoten durchhauen.

37 JIA REN – DIE ORDNUNG DES INNEREN SEINS

家人

Das innere Feuer ☲ wird vom Atem ☴ genährt.

Die Ordnung des inneren Seins läßt sich mit den Vorgängen in einer Schmiede vergleichen: Die geistige und materielle Nahrung, die aufgenommen wurde, wird zu wirkungsvollen Worten und fruchtbaren Taten umgeschmiedet. Das Element des Schmieds ist das Feuer, mit ihm formt er die Materie gemäß seinen Vorstellungen.

Der Schmied ist gewissermaßen der Vater der hell leuchtenden reinen Erkenntnis. Seine Frau – das Körperliche – steht hier für die Schmiedewerkstatt, und seine Kinder repräsentieren seine Worte und Taten. Der Rhythmus seines Blasebalgs – das Atmen – sollte gleichmäßig sein; pumpt er nämlich zu wenig Luft, dann erlischt das Feuer, und nichts kann geschmiedet werden. Überhitzt er hingegen das Feuer, dann werden seine Worte beziehungsweise Taten unwirksam, weil zuviel Erregung im Spiel ist.
Intellekt und Sexualität sind die Problemkinder des Schmieds: das erstere lehnt sich gegen ihn auf, das zweite bleibt irdischen Genüssen verhaftet. Der Vater muß sie von Beginn an streng, aber auch gerecht behandeln, um zu verhindern, daß seine Frau – der Körper – ebenfalls gegen ihn rebelliert, was den Zerfall der Familie zur Folge hätte.
Das Hexagramm handelt von der Ordnung des inneren Seins. Das weibliche oder physische Element besetzt die zweite Linie, während sich das männliche oder geistige Element auf der ihm gemäßen fünften Linie befindet. Die Beständigkeit materieller Ordnung hängt von der Harmonie zwischen Körper und Geist beziehungsweise von Mann und Frau ab. Wenn sie ihre angestammten Plätze einnehmen, wird alles unter dem Himmel in seinem innersten Wesen gestärkt.

Der Weise legt seinen Worten und Taten seine reinen Erkenntnisse zugrunde.

Oberste Linie –⊖–: Eine aufrechte, majestätische Erscheinung. Der Intellekt krönt die Erkenntnis. Das Wesen der Ordnung des inneren Seins ist erkannt. Großer Erfolg und Gesundheit.

Fünfte Linie –⊖–: Die Macht des Herrschers wird sichtbar in der Ordnung seines Hofs. Die Erkenntnis wächst in dem Maße, wie die Wahrnehmung sich schärft. Wer aber in seinem Zimmer bleibt, lernt wenig.

Vierte Linie –×–: Das Weibliche bereichert die Ordnung des Hauses. Die starke fünfte Linie, die reine Erkenntnis, versorgt den Körper vorbildlich, so daß er in bester Verfassung ist. Gegenseitige Liebe führt zu großem Erfolg.

Dritte Linie –⊖–: Das Männliche führt die häuslichen Angelegenheiten mit eiserner Faust. Die Grundregel wurde falsch verstanden. Wenn das weibliche Element, die Physis, sich nicht frei bewegen kann und durch zuviel Strenge unterdrückt wird, dann zerbricht die Einheit. Es ist Zeit für gemeinsame Freuden, damit die Verhältnisse sich ändern.

Zweite Linie –×–: Die Frau bleibt ihrer Aufgabe treu. Sie sorgt für die Ernährung. Der Körper atmet und ißt das, was ihm die reine Erkenntnis vorschreibt. Gewöhnt sich der Körper zu sehr an etwas, kann das zur Sucht führen. Man geht den richtigen Weg. Erfolg.

Unterste Linie –⊖–: Um die Ordnung im Haus aufrechtzuerhalten, sind feste Regeln erforderlich. Wenn jeder seinen Platz kennt, kann nichts mißlingen.

Das Kernhexagramm führt zu 64 – Eingeschränkte Bewegung.

38 KUI – DUALITÄT

Die Sonne ☲ läßt die Wasser des feuchten Marschlandes ☱ verdunsten.

Die Dualität einander widerstrebender Prinzipien läßt sich auf symbolischer Ebene an der Wechselwirkung zwischen den unterschiedlichen im Körper kreisenden Flüssigkeiten veranschaulichen. Das Blut reguliert die Temperatur der anderen Körperflüssigkeiten, die als Schweiß und Urin ausgeschieden werden. Um Austrocknung zu vermeiden, muß man Wasser trinken und Salz zu sich nehmen.

Das »warme« Blut, das in den Adern kreist, vermischt sich nicht mit den »kühleren«, salzigen Körperflüssigkeiten. Das weist auf entgegengesetzte Kräfte hin, die sich nicht vereinen können, sich aber gleichwohl gegenseitig beeinflussen. Zusammen halten sie das heikle innere Gleichgewicht aufrecht. Geht dieses Gleichgewicht verloren, dann führt das zu Trägheit oder zu der Begierde, alles in Besitz nehmen zu wollen. Der Körper gewöhnt sich an diesen Zustand und versinkt langsam, aber sicher im sumpfigen, unfruchtbaren Marschland. In einer solchen Situation ist es empfehlenswert, sich in die Meditation zurückzuziehen und das Problem in der geistigen Auseinandersetzung zu bewältigen. Daher besetzt die reine Erkenntnis die starke zweite Linie, und das Kernhexagramm weist auf eine Wendung zum Besseren hin.

Himmel und Erde bilden ein Gegensatzpaar, aber beide wirken auf dasselbe Ziel hin. Mann und Frau sind von ganz unterschiedlichem Wesen, aber beide verfolgen mit derselben Beharrlichkeit dasselbe Ziel. Dieses geheimnisvolle dualistische Prinzip flößt dem aufmerksamen Betrachter Ehrfurcht ein.

Der Weise ist sich der Unterschiede auch da bewußt, wo allgemeine Übereinstimmung herrscht.

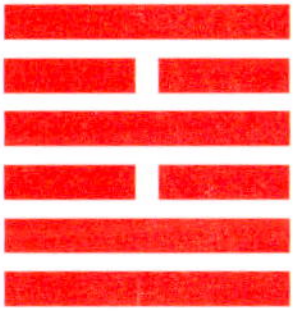

Oberste Linie —⊖—: Allein zwischen zwei ganz gegensätzlichen Positionen. Der Verstand erforscht die dualistische Welt. Auf der dritten Linie sieht man ein schlammbedecktes Schwein oder einen Wagen voller böser Geister. Man spannt seinen Bogen, dann läßt man ihn wieder sinken, denn dort ist kein Feind. Wenn man weitergeht, stößt man auf erfrischendes Wasser oder es fällt lebenspendender Regen. Jeder Zweifel verschwindet. Großer Erfolg.

Fünfte Linie —×—: Die Dualität hat sich aufgelöst. Der Körper hat sich erholt und mit der reinen Erkenntnis verbündet, die in einer Seitengasse – der zweiten Linie – wartete. Widersprüche verschwinden so einfach wie wenn man in zartes Fleisch beißt.

Vierte Linie —⊖—: Allein zwischen zwei gegensätzlichen Positionen. Das Herz – die Intuition – ist noch rein und findet Hilfe bei der untersten Linie. Zusammen schreiten sie vorwärts. Erfolg.

Dritte Linie —×—: Der Wagen bricht. Die Zugtiere gehen rückwärts. Man hat sich den Kopf rasiert und dabei die Nase abgeschnitten. Ein schlechter Beginn. Der Bauch – der Sexualtrieb – steckt im Sumpf. Die Nase, die einen vor dem üblen Geruch hätte warnen können, ist nicht mehr vorhanden. Man sollte sich an die fünfte Linie halten.

Zweite Linie —⊖—: Man trifft den Meister in einer Seitengasse. Der Verstand findet zu reiner Erkenntnis. Man wechselt nur wenige Worte, dann zieht man auf der Hauptstraße weiter.

Unterste Linie —⊖—: Die Dualität hat sich aufgelöst. Das Pferd – der Körper – ist fortgelaufen, aber es wird sicher von selbst wiederkommen. Die Gedanken sind tief gesunken, doch sie werden sich von den schlechten Gewohnheiten lösen können. Der Körper ist bereit, den Anordnungen des Willens Folge zu leisten.

Das Kernhexagramm führt zu 63 – Erfolgreiche Bewegung.

39 JIAN – Anfängliche Schwierigkeiten

蹇

Das nährende Regenwasser ☵ bildet einen See auf der Spitze des Berges ☶.

Der Kopf ist hier wie ein Stausee: Er kann seine fruchtbaren Gedanken nicht abfließen lassen. Die fünfte Linie – die reine Erkenntnis – ist stark und regt das Denken an. Das Hexagramm bezeichnet ein Hindernis. Das Problem befindet sich auf der Bergspitze, der dritten Linie. Die wiederum steht für den Bauch, der sich hartnäckig weigert, eine »gefährliche« Erkenntnis anzunehmen. Diese Erkenntnis besagt, daß man materielle Sicherheit aufgeben muß, um neue Erfahrungen zu sammeln. Diese erschreckende Aussicht wird im Bauch gespürt, daher hemmt er den Fluß der Dinge.

Hartnäckiger Widerstand erschöpft die Lebensenergie. Wasser muß fließen. Einen Moment der Erleuchtung muß man mit sehr viel Schweiß bezahlen. Wenn sich der Körper vollkommen der Erkenntnis unterwirft, ist jedes Wort, ist jede Tat fruchtbringend. Wenn nicht, dann werden die Worte zu Geschwätz, und es wird gar nichts erreicht.

In diesem Hexagramm bieten sich zwei Möglichkeiten an: Bei der zweiten Linie beginnt das Wasser zu fließen, doch das Kernhexagramm zeigt eine Stockung der Bewegung, denn über dem Wasser steht das Kerntrigramm Feuer.
Der Mensch ist Zweifeln und inneren Konflikten ausgesetzt. Die anfänglichen Schwierigkeiten werden nur überwunden, wenn jeder Teil des Körpers mit einem beständigen Strom erfrischenden Wassers versorgt wird. Dann allerdings werden die Handlungen vorbildlich sein.

Der Weise prüft sein inneres Sein und läutert seine Einstellung, um seine Werke vollbringen zu können.

Oberste Linie –×–: Wenn man weitergeht, wird man auf zahllose Schwierigkeiten stoßen. Lohnender ist es, anzuhalten. Die Gedanken drehen sich im Kreise. Man sollte zur Ruhe kommen und sich an den großen Mann halten – die fünfte Linie, die für reine Erkenntnis steht.

Fünfte Linie –⊖–: Man kämpft mit schier unüberwindlichen Schwierigkeiten. Alle Freunde – die physischen Kräfte (die anderen Linien) – kommen zu Hilfe, um der Erkenntnis den Rücken zu stärken. Es stehen einem die Möglichkeiten zur Verfügung, die man braucht.

Vierte Linie –×–: Man schreitet voran, doch immer größere Schwierigkeiten tauchen auf. Man sollte innehalten und sich mit dem Herzen der fünften Linie zuwenden.

Dritte Linie –⊖–: Man schreitet voran, doch immer größere Schwierigkeiten tauchen auf. Verantwortlich dafür ist die falsche Einstellung der obersten Linie. Die Aktivität des Bauchs kommt zum Stillstand; daher wendet man sich den beiden untersten Linien, den Gefährten, zu.

Zweite Linie –×–: Der Minister des Herrschers begegnet einer Schwierigkeit nach der anderen und sieht keinerlei Fortschritt. Die Füße bewegen sich. Keine Probleme, der Weg ist der richtige. Man sollte versuchen, sich dem Herrscher, der fünften Linie, anzuschließen.

Unterste Linie –×–: Wer weitergeht, gerät in erhebliche Schwierigkeiten. Lobenswert ist es, stehenzubleiben. Der große Zeh kann nicht alles allein tun. Er ist den Schwierigkeiten nicht gewachsen.

Das Kernhexagramm führt zu 64 – Eingeschränkte Bewegung.

40 JIE – DEN KNOTEN DURCHHAUEN

解

Der grollende Donner ☳ und der nährende Regen ☵ offenbaren sich.

Der dröhnende Donnerschlag ist Ausdruck einer elementaren Gewalt, die entfesselt werden muß, damit der lebenspendende Regen herabströmen kann (siehe Hexagramm 39). Im Normalfall handelt es sich dabei um eine bestürzende oder gewaltvolle Erfahrung, etwa um eine Krankheit oder einen Unfall, welche sich rückblickend betrachtet jedoch als segensreich erweist.
Gewalt in obigem Sinn beherrscht zunächst als letztes Mittel die gesamte Situation. Das Hexagramm weist insgesamt aber auf einen günstigen weiteren Verlauf hin. Der Knoten ist durchgehauen.

Später, wenn der gleichmäßige, sanfte Fluß des Lebens wiederhergestellt ist und aus der Verarbeitung des Geschehenen Einsichten erzielt worden sind, wird deutlich, daß der Gewaltausbruch vollkommen gerechtfertigt war. Baldiges Handeln ist vorteilhaft. Wenn der Körper jedoch schon sehr geschwächt ist, werden seine Möglichkeiten, die Ordnung wiederherzustellen, begrenzt sein.

Wenn sich Himmel und Erde aus dem Griff des Winters – der Stagnation – befreien, begleiten Donner und Regen diesen Prozeß. Die Spannung löst sich, und die Knospen von Sträuchern und Bäumen brechen auf. Die Vorgänge, die in diesem Hexagramm beschrieben werden, sind ehrfurchtgebietend.

Der Weise verzeiht Fehler und bestraft Verbrechen auf gerechte Weise. So kann das neue Regime redlich und unbelastet beginnen.

Oberste Linie –×–: Man spannt den Bogen und schießt einen Falken von einer hohen Mauer. Der Falke steht für den letzten rebellischen Gedanken, der sich den Geist zur Beute machen wollte.

Fünfte Linie –×–: Der Herrscher erfüllt seine Pflicht und beseitigt jedes Hindernis, das sich in den Weg stellt. Man schüttelt die Läuse aus dem Pelz. Das Gute bewahrt man, und das Schlechte verschwindet. Großer Erfolg.

Vierte Linie –⊖–: Man entfernt die Zehen, und vertrauenswürdige Freunde kommen herbei. Die Zehen als die entferntesten Körperteile stehen hier für Gegenstände oder Personen, zu denen nur oberflächliche Beziehungen bestehen und die darum bei wichtigen Aktivitäten im Weg sind.

Dritte Linie –×–: Ein Lastenträger fährt mit seiner Bürde im Wagen und lockt so Räuber herbei, dabei ist die Straße gut und eigentlich sicher. Beine sind dafür da, um zu gehen; wer rastet, rostet. Wen trifft die Schuld: den Räuber oder den Träger?

Zweite Linie –⊖–: Auf der Jagd hat man drei Füchse erlegt. Zur Anerkennung bekommt man goldgelbe Pfeile. Die Füchse stehen für heimtückische Elemente, die ein Fortschreiten behindern: Bauchschmerz, Herzschmerz, Kopfschmerz. Die Pfeile – gelb ist die Farbe der Erde – sind die Belohnung für ein gerechtfertigtes Vorgehen, das wieder wirksame Tätigkeit ermöglicht.

Unterste Linie –×–: Die Straße, die bergab führt, ist frei passierbar. Es wird kein Fehler gemacht. Alles ist im Fluß.

Das Kernhexagramm führt zu 63 – Erfolgreiche Bewegung.

41 SUN – ENTSPANNUNG

損

Der feste Berg ☶ ragt hoch auf und betrachtet aufmerksam die irdischen Vergnügungen des sumpfigen Marschlandes ☱.

Das Hexagramm stellt jemanden dar, der der Entspannung bedarf. Man kann den Bogen nicht immer gespannt halten. Die starke oberste Linie bezeichnet die Erkenntnis, daß man nun die Zügel lockern muß, damit auch die Untergebenen irdische Freuden genießen können. Gelockerte Disziplin ist jetzt allgemein förderlich.

Wachen Geistes und voller Vertrauen opfert der Herrscher zwei Schüsseln, die zur Aufbewahrung von Weizen dienen. Sie stehen stellvertretend für seine engsten Berater, das Herz und den Kopf. Diese wiederum sind Sitz von Intuition respektive Sinneswahrnehmungen, den Fühlern des Körpers, die den goldenen Weizen als das ursprüngliche Wissen der Schöpfung aufnehmen, durch welches die Erkenntnis vertieft werden kann. Jetzt dürfen Herz und Kopf – die für diese Zeit den beiden starken Linien ganz unten zugeordnet sind – sich entspannen und irdische Freuden genießen. Ist das Fest vorüber, kehren sie an ihre angestammten Plätze auf der vierten und fünften Linie zurück und bilden das Hexagramm 12 – Innere Ruhe.

Entspannung und Anstrengung, Überfluß und Mangel, sie alle sind Teil der harmonischen Ausgewogenheit, die in der Zeit verborgen liegt. Wenn man in bezug auf die Zeit keinen Fehler begeht – das wird durch das Kernhexagramm angedeutet – und in seinem Verhalten Beständigkeit zeigt, dann ist nun jeder Schritt sehr erfolgreich.

Der Weise unterdrückt seinen Ärger über den entspannten Genuß, dem andere sich hingeben, und überprüft seine eigenen verborgenen Bedürfnisse, um von ihnen nicht überwältigt zu werden.

Oberste Linie —⊖—: Man gibt anderen, ohne selbst etwas zu verlieren. Einmal gewonnene himmlische Erkenntnis kann nicht verlorengehen, sie bleibt für immer. Das Hexagramm hat sich seiner Tendenz gemäß erfüllt.

Fünfte Linie —×—: Man erhält zehn Schildkrötenpanzer und nimmt sie ohne Bedenken an. Das Geschenk stammt von der obersten Linie. Untergebenen wird mitgeteilt, das alles gut verläuft. Diese günstige Prophezeiung war aus den Schildkrötenpanzern abzulesen.

Vierte Linie —×—: Man wird bei seiner schweren Arbeit von der untersten Linie entlastet, die herbeikommt und Freude bringt. Vertrauen und Erfolg.

Dritte Linie —×—: Drei Männer gehen gemeinsam einen Weg. Einer – die oberste Linie – verläßt die Gruppe. Wie will er die Freunde wiederfinden? Die beiden anderen, in die er Vertrauen gesetzt hat – Herz und Kopf, die beiden unteren Linien – kehren zufrieden und von selbst zu ihm zurück. Damit ist das Trigramm des Himmels hergestellt. Kein Grund zur Sorge.

Zweite Linie —⊖—: Man bleibt standhaft und höflich. Man ist weder verkrampft noch entspannt und enthält sich der Tat. Wird man um etwas gebeten, dann gibt man, doch man erbittet nichts für sich selbst.

Unterste Linie —⊖—: Man unterbricht die eigene Tätigkeit, um der vierten Linie zu Hilfe zu eilen. Da man ganz und gar zufriedengestellt ist, kann man einem anderen helfen, mit dem man ein gemeinsames Ziel verfolgt.

Das Kernhexagramm führt zu 24 – Wintersonnenwende, Erwachen.

42 YI – DAS ANWACHSEN

Der Atem ☴ entspannt das innere Sein und stimuliert es zugleich durch seine vitale, rhythmische Bewegung ☳.

Das Hexagramm deutet eine Atemtechnik an, welche die Lebenskraft des Körpers erneuert. Die Luft wird durch die Nase eingeatmet, und man konzentriert sich dabei mit seinen Gedanken nacheinander auf die Stirn, den Hinterkopf, den Nacken und den oberen Brustbereich, bis die Luft durch die Kehle und die Nase wieder hinausgelassen wird. Hat man diese Methode einige Zeit geübt, kann das Denken dadurch ausgeschaltet werden, und der Körper kann sich vollkommen entspannen. Man atmet dabei nur ganz flach, aber sehr konzentriert. Zunächst sträubt sich das Herz dagegen, aber nach einer Weile fällt es in den Rhythmus, den es auch im Tiefschlaf hat. Nun hört das Denken auf und reine Erkenntnis wird möglich.
Die starken oberen Linien stehen für die Zone des Atmens, die schwachen für Fügsamkeit und Fruchtbarkeit, die unterste für Unbeweglichkeit. Nimmt diese ihren angestammten Platz einnimmt (den vierten), ist die innere Ruhe wiederhergestellt (siehe Hexagramm 12). Mit dieser Atemtechnik ist es sogar möglich, »den großen Fluß zu überqueren«. Wenn der Kopf frei von jedem Gedanken ist, verfällt man in einen Bewußtseinszustand, der dem Tiefschlaf nahekommt und doch große Wachheit einschließt.
Das Hexagramm deutet auf Bewegung und Fügsamkeit und spornt zu ständigem Wachstum an. Wenn der Himmel für Nahrung sorgt und die Erde in die Lage versetzt, fruchtbar zu sein, dann entsteht überall großer Überfluß. Diese Fülle richtet sich nach den Erfordernissen des jeweiligen Zeitabschnitts. Der angemessene Zeitpunkt wird vom Kernhexagramm bezeichnet.

Wenn der Weise Gutes entdeckt, wendet er sich ihm zu; wenn er Fehler bei sich aufspürt, läßt er sie hinter sich.

Oberste Linie —θ—: Niemand kommt und leistet einen Beitrag. Wenn man sich nicht an die Regeln hält, läuft man Gefahr, angegriffen zu werden. Der Verstand darf sich nur auf das Ziel konzentrieren. Abweichungen und Zweifel kann man sich jetzt nicht leisten.

Fünfte Linie —θ—: Mit Aufrichtigkeit stärkt man alle unteren Linien. Man hat Vertrauen; da das von niemandem in Frage gestellt wird, bekommt man, was man sich wünscht. Der ganze Körper wird in den Dienst der Erkenntnis gestellt. Großer Erfolg.

Vierte Linie —×—: Man schreitet auf dem richtigen Weg voran! Die Empfehlung für die dritte Linie wird befolgt. Man bekommt volles Vertrauen entgegengebracht, denn man hat nur ein Ziel im Sinn: Reichtum und Fülle für jedermann.

Dritte Linie —×—: Die Lösung unangenehmer und schwieriger Probleme ermöglicht Fortschritt. Wenn man die Fähigkeit hat, schlechte Einflüsse in günstige Umstände umzuwandeln, dann besitzt man die Eigenschaft, die jetzt benötigt wird.

Zweite Linie —×—: Man erhält zehn Schildkrötenpanzer. Dieses günstige Vorzeichen ist unanfechtbar. Der König – der Kopf – sollte sie der fünften Linie – der himmlischen Erleuchtung – anbieten. Man bleibt standhaft und höflich und dient der Allgemeinheit. Großer Erfolg.

Unterste Linie —θ—: Trotz dieser niedrigen Position ist ein großer Schritt vorwärts vorteilhaft. Allerdings sollte man sich nicht in größere Angelegenheiten hineinziehen lassen.

Das Kernhexagramm führt zu 23 – Zerstörung des Vergangenen.

43 GUAI – ERFÜLLUNG

Die innere Kraft des Himmels ☰
hat die süchtig machenden Reize
des schlammigen Marschlandes ☱
fast zum Verschwinden gebracht.

Das Hexagramm stellt eine Vertreibung oder Ausschließung dar. Die starken Linien haben die schwachen fast ganz aus dem Hexagramm hinausgetrieben. Die letzte schwache Linie ganz oben ist wie ein letzter Gedanke, der sich verzweifelt an materielle Versuchungen klammert.

Die schuldige schwache Linie wird von fünf Richtern abgeurteilt. Sie zeigen aufrichtige Sympathie für die Schwäche, aber sie sehen auch die Gefahr, die von ihr ausgeht. Sie wissen, daß diese Linie dazu neigt, in das sumpfige Marschland zurückzufallen. Man hat die Situation völlig im Griff.

Man muß sich darüber im klaren sein, daß die gewaltsame Unterdrückung einer Schwäche einem nur selbst schadet. Der Wille kann auf diese Weise nie seine Erfüllung finden. Wenn die starken Linien jedoch auf angemessene Art ihr Ziel ansteuern, dann wird diese Erfüllung sich einstellen (siehe Hexagramm 42).

Der Weise gibt, was er nicht selbst für seinen Unterhalt braucht, an die Bedürftigen, doch er verzeiht nicht, wenn seine Geschenke gehortet werden.

Oberste Linie —×—: Man kann sich nicht darauf verlassen, daß Helfer zur Stelle sind. Unter diesen Umständen ist Fortschritt unmöglich.

Fünfte Linie —⊖—: Ein Beet voller wildem Unkraut, das dringend gejätet werden muß. Man hat das Ziel noch nicht ganz klar vor Augen, begeht aber mit Umsicht keinen Fehler.

Vierte Linie —⊖—: Man hat sich die Haut vom Gesäß geschürft. Langsam und unter Mühen schreitet man voran. Warum schließt man sich nicht der Freundesschar an wie ein Schaf der Herde? Man hört die Worte, doch man begreift sie nicht.

Dritte Linie —⊖—: Unbeirrtes Fortschreiten. Man ist allein auf der Straße und fest entschlossen, die Schwäche zu vertreiben. Man ist verschmutzt, und es beginnt zu regnen. Dann trifft man Gleichgesinnte. Alles wird schließlich gut.

Zweite Linie —⊖—: Man sucht Unterstützung und Anteilnahme. Vielleicht wird einem Feindseligkeit entgegengebracht. Keine Sorge, der Weg ist der richtige.

Unterste Linie —⊖—: Man überschätzt seine Kraft und muß auf Zehenspitzen gehen. Man kommt vorwärts, aber Erfolg stellt sich nicht ein.

Das Kernhexagramm führt zu 1 – Schöpferische Energie.

44 GOU – EINE REIFE BEZIEHUNG

姤

Unter dem Himmel ☰ weht ein erfrischender Wind ☴.

Körper und Geist befinden sich beide in vollkommener Harmonie. Das Hexagramm verweist auf eine Situation, in der etwas Unerwartetes eingetreten ist. Die unterste Linie stellt das körperliche Element als starke, selbstbewußte Frau dar. Sie wirkt wie ein Luftstrom, der alles in sanfte Bewegung versetzt. Doch statt der Bürde der ehelichen Gemeinschaft sucht sie sinnliche Freuden. Eine solche Frau sollte man nicht heiraten wollen, sondern ihr vertrauen, sie lieben und weiterziehen lassen. Eine Begegnung dieser Art ist voller Überraschung und kann dazu führen, daß man derartige Erfahrungen wiederholen möchte.

In diesem Hexagramm wird auch die Begegnung von Himmel und Erde dargestellt, wobei hier die Unterschiede in ihrem Wesen ganz besonders deutlich werden. In dieser Phase werden große Dinge erreicht.

Der Herrscher befreit sich von allem, was ihn einschränkt, und seine Großmut gibt überall ein leuchtendes Beispiel.

Oberste Linie —⊖—: Man streckt dem Besucher die Hörner entgegen. In der Bergeshöhe ist man außer Atem. Für den, der sich so weit zurückgezogen hat, bedeutet das keinen Fehler und keine Reue.

Fünfte Linie —⊖—: Die Blätter einer Weide verdecken einen Kürbis. Der gelb-orange Kürbis ist wie die Sonne, in die man nicht direkt schauen kann. Durch die Blätter erhascht man nur ein Aufblitzen des Lichts. Entsprechend sollte man – so fordert es das Gesetz des Himmels – mit seinen reinen Erkenntnissen nicht in der Öffentlichkeit hausieren gehen. Ihre Offenlegung geschieht mit den Mitteln des Verstandes, der hier durch die Weide symbolisiert wird. Der grüne Blättervorhang besteht aus sinnvollen Worten und Taten, die der reinen Erkenntnis entstammen; diese selbst befindet sich wie der Kürbis am Fuß der Weide.

Vierte Linie —⊖—: Ein Netz ohne Fische. Man bleibt auf Distanz. Es stellt sich keine Beziehung her, also gibt es auch keinen Erfolg.

Dritte Linie —⊖—: Man hat sich die Haut vom Gesäß geschürft; das Gehen fällt schwer. Die Situation ist gefährlich, doch man begeht keinen Fehler.

Zweite Linie —⊖—: Ein Fisch ist im Netz. Kein Fehler. Man sollte der untersten Linie nicht erlauben, sich den anderen Gästen – Linien – zu nähern. Das würde zu weit gehen.

Unterste Linie —×—: Man sollte mit einem eisernen Haken zurückgehalten oder gepackt werden wie ein mageres Schwein, das flüchten will. Großer Erfolg tritt nur ein, wenn man bleibt, wo man ist, und sich in Standhaftigkeit übt. Abhängigkeit bringt nichts als Enttäuschung.

Das Kernhexagramm führt zu 1 – Schöpferische Energie.

45 CUI – Einheit von Körper und Seele

Die fruchtbare, fügsame Erde ☷ strahlt vor Zufriedenheit wie die glänzenden Wasser des fruchtbaren Marschlandes ☱.

Das Hexagramm enthält das Konzept der Einheit. Die reine Erkenntnis – fünfte Linie – und das Körperliche – zweite Linie – nehmen die ihnen gemäßen Plätze ein. Die Erkenntnis bewegt sich – so wie ein König zu seinem Ahnentempel schreitet – auf die oberste Linie, den Verstand zu, der einst von ihr angebetet wurde. Der König ist fest und standhaft wie ein Berg. Mit kindlicher Ernsthaftigkeit und völlig ohne Haß oder Rachegefühle betrachtet er den zurückgelegten Weg und gedenkt seiner Vorfahren. Dies sind all jene, die ihm – mit mehr oder weniger Erfolg – den schmalen Pfad durch die materielle Welt gewiesen haben. Der König trägt eine schwere Last von zu bewältigenden Problemen. Er bringt ein großes Opfer dar, damit die Einheit hergestellt werden kann.

Der König söhnt sich mit allen aus, die er verletzt, hintergangen oder unterwegs im Stich gelassen hat. Darüber hinaus dankt er allen, die ihn verletzt, hintergangen oder im Stich gelassen haben. Er ist schließlich an den Punkt gelangt, zu dem ihn seine Vergangenheit geführt hat.
Die erlangte Einheit ist vollkommen. Der Weg zu Himmel und Erde ist frei. Daher ist jetzt jeder Schritt günstig.
Der Akt des Loslassens der Vergangenheit geht offenkundig aus dem Wechselspiel zwischen Himmel und Erde hervor, welches im Hier und Jetzt stattfindet. Man kann das in der Natur überall wahrnehmen. Kein anderes Lebewesen ist sich der Vergangenheit so bewußt wie der Mensch.

Der Weise läßt seine »Waffen« nicht rosten und rechnet jederzeit mit dem Unerwarteten.

Oberste Linie —×—: Seufzen und Weinen, aber es wird kein Fehler begangen. Der Verstand ächzt und stöhnt weiter, bis sein Leiden ein Ende hat.

Fünfte Linie —⊖—: Einheit an würdiger Stelle. Wenn jemand kein Vertrauen hat, sollte man seine Tugenden offenbaren und standhaft und höflich bleiben. Jedwedes Mißtrauen wird dann verschwinden.

Vierte Linie —⊖—: Vieles fügt sich sehr glücklich. Man wird nicht beneidet.

Dritte Linie —×—: Man sehnt sich nach Einheit, kommt aber nicht voran. Ausdauer bringt Erfolg. Vielleicht muß man eine kleine Sache bereuen, aber man begeht keinen Fehler.

Zweite Linie —×—: Man wird von der Erkenntnis der fünften Linie geleitet. Man ist aufrichtig und begeht keinen Fehler. Ein kleines Opfer ist empfehlenswert. Erfolg.

Unterste Linie —×—: Man ersehnt die Einheit aufrichtig, doch man ist nicht in der Lage, sie herzustellen. Das schafft Verwirrung, und man wünscht sich Hilfe von der vierten Linie. Die Tränen verschwinden, und ein Lächeln erscheint. Weiter so!

Das Kernhexagramm führt zu 53 – Die glückliche Ehe.

46 SHENG – Blühen, Kalzination

升

Die Gedanken ☴ sind wie ein junger Baum, der im fruchtbaren Körper der Erde ☷ ☷ heranreift.

Die spätere Höhe des Baumes und die Menge der Früchte, die er tragen wird, hängen von seinem Kern ab – von der Tiefe seiner Erkenntnis. Die schwache unterste Linie stellt das Wurzelgeflecht – das Körperliche – dar, das im ersten Lebensabschnitt in der Mutter Erde verankert ist. In der Zeit, in welcher der Mensch heranreift und sich seinen eigenen Weg sucht, besetzt das Körperliche die ihm gemäße zweite Linie. In diesem Hexagramm steht dort eine starke Linie – sie bedeutet fleischgewordene Erkenntnis, die noch ohne Bewußtsein tief im Innern ihres irdischen Gefäßes ruht. Sie steht in Verbindung mit der obersten Linie, dem jungen, vorwitzigen Verstand, der die ersten Eindrücke vom Leben durch die Sinne erfährt.

Wie ein Kind, das heißt, ohne Angst oder Vorurteile, beginnt man sich um diese Erkenntnis zu bemühen. Den meisten Erfolg verspricht es, im Süden danach zu suchen. Dort steht die Sonne in ihrem Scheitelpunkt und betrachtet das Treiben der dualistischen Welt. Sie läßt Wasser verdunsten und dringt in das Wesen jeder Erscheinung vor. So durchschaut der Mensch die Dualität der Welt und entwickelt allmählich seine Erkenntnis, bis sie wie ein mächtiger Baum aufragt. Das ist nicht ohne Gefahren, wie der Kern des Hexagramms zeigt: Die Verlockungen des Marschlandes können die Gedanken unter Umständen so sehr beeinflussen, daß sie sich völlig der materiellen Welt zuwenden. Nur die Wachstumsbewegung, die dem himmlischen Gesetz entspricht, kann dem entgegenwirken.

Der Weise achtet sorgsam darauf, was die Tugend ihm rät. Er ist bemüht, das Wesentliche jeder Erfahrung aufzuspüren, und indem er so handelt, wächst er immer weiter, bis er sich groß und mächtig über der Erde erhebt.

Oberste Linie —×—: Ein Aufstieg, bei dem man den Weg nicht sieht. Unerschütterliche Höflichkeit ist sehr nützlich. Die Gedanken sind immer noch unbefleckt. Vorsicht, der Niedergang lauert und wird einsetzen, wenn man abschweifende Gedanken nicht fallen läßt wie reife Früchte.

Fünfte Linie —×—: Man ist beständig und höflich und erfreut sich großen Glücks. Man steigt die Stufen des Materiellen hinauf und lernt die Schönheit des Lebens schätzen. Gezielte und angemessene Handlungen bringen großen Erfolg.

Vierte Linie —×—: Im Auftrag des Königs bringt man Geschenke dar. Man hat das Herz am rechten Fleck; es steht der knospenden Erkenntnis zu Diensten.

Dritte Linie —⊖—: Man steigt hinauf und betritt eine verlassene Stadt. Dies ist der Bauch, in dem bisher noch keine Angst zu spüren ist.

Zweite Linie —⊖—: Die Ambitionen sind so ernsthaft, daß man selbst die kleinste Gabe dankbar annimmt. Diese Gaben sind die Knospen auf dem Baum. Es herrscht Freude über den Beginn einer fruchtbaren Zusammenarbeit.

Unterste Linie —×—: Man steigt hinauf und wird von der höchsten Bewußtheitsebene empfangen. Man dient dem allgemeinen Wohl, und das führt zu großem Erfolg.

Das Kernhexagramm führt zu 54 – Fruchtbarkeit.

47 KUN – ABSTERBEN, PUTREFAKTION

Die spiegelnden Wasser des Marschlandes ☱ sind in das Bett des nährenden Flusses ☵ hinabgeflossen.

Das stille Marschland ist entwässert. Das chinesische Zeichen für Kun zeigt einen Baum in einem Rahmen. Er hat seine ganze Kraft aus der Erde gezogen. Damit wird jemand symbolisiert, der ein gewisses Maß an reiner Erkenntnis gewonnen und das Interesse am Materiellen verloren hat. Die Lebensfreude ist gewichen. Sein geistiges Handeln wird bestimmt von dem Gedanken an spirituelle Vervollkommnung und der Unempfindlichkeit gegenüber irdischen Genüssen. Er fühlt sich anderen weit überlegen und von ihnen mißverstanden.

Bei der Umwandlung, die hier als das Absterben bezeichnet wird, handelt es sich um einen alchemistischen Vorgang, bei dem Kopf und Körper immer im Gleichgewicht bleiben müssen. Wenn man Nahrung aufnimmt und verdaut, verwandelt sich die dabei frei werdende Energie wie von selbst in Bewegung. Auf dieselbe Weise müssen reine Erkenntnisse umgesetzt und weitergegeben werden. Wenn niemand die Früchte des Baums genießt, wozu dient der Baum dann? Wenn der Boden unter dem Baum zu wenig Nährstoffe enthält, wie sollen die herabfallenden Samen dann keimen?
In diesem Hexagramm werden die starken Linien von den schwachen verdeckt. Nur ein wahrhaft erleuchteter Mensch geht in einer derart bedrückenden Lage nicht in die Irre. Wenn er spricht, wird er nicht verstanden. Dennoch sucht er den Dialog, da er weiß, daß der einzige Weg, das Bedrohliche der Situation abzuschwächen, darin liegt, immer wieder die Hand auszustrecken. Das wird ihm helfen, in ein freudvolles Leben zurückzufinden.

Der Weise hat ein so starkes Verlangen danach, andere zu erreichen, daß er dafür sogar bereit ist, sein Leben einzusetzen.

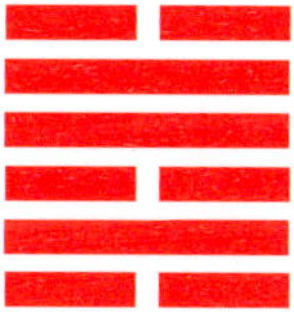

Oberste Linie —×—: Von Ranken gefesselt. Man hat sich noch nicht von den alten Denkmustern befreit. Am Abgrund stehend, sagt der Verstand: »Wenn ich noch einen Schritt tue, werde ich teuer dafür bezahlen.« Erkennt man seine Fehler jetzt nicht, könnte dieser Schritt passieren.

Fünfte Linie —⊖—: Nase und Füße wurden abgeschnitten. Atmung und Kreislauf sind noch nicht völlig wiederhergestellt. Untergebene werden vor Anstrengung rot im Gesicht. Die reine Erkenntnis ist immer evident, überzeugend in sich selbst als unmittelbarer Ausdruck des Geistigen.

Vierte Linie —⊖—: Allmählich ringt man sich dazu durch, der untersten Linie zu helfen, die sich in schwieriger Lage befindet. Ihre Transportmittel – die Füße – sind aus Metall. Das Herz – die Intuition – setzt die steifen Füße in Bewegung. Neue Hoffnung.

Dritte Linie —×—: Man läuft Gefahr, zu versteinern. Die Füße sind von dornigen Ranken umschlungen. Man vernachlässigt das Körperliche. Dies ist ein unwürdiger Zustand.

Zweite Linie —⊖—: Auf der einen Seite Wein – das Geistige -, auf der anderen Speisen – das Materielle. Man kann sich nicht entscheiden. Der Herrscher – die Erkenntnis – gibt einem rote Kniebänder. Rot ist die Farbe des heißen Bluts, das fließen will. Es ist an der Zeit, viel zu beten und zu meditieren. Handlungen bringen keinen Vorteil, schaden aber auch nicht.

Unterste Linie —×—: Man ist nackt und verzweifelt wie ein Baum ohne Blätter. Man betritt ein dunkles Tal und hat drei Jahre keinen Ausblick. Dies ist die Konsequenz davon, daß man seine geistigen Einsichten nicht anwenden wollte.

Das Kernhexagramm führt zu 37 – Die Ordnung des inneren Seins.

48 JING – INNERES WACHSTUM, SUBLIMATION

Holz ☴ erhält seine Nährstoffe genau wie das geschmeidige Denken aus dem lebenspendenden Wasser ☵.

Das Hexagramm stellt eine Quelle oder einen Brunnen dar. Der Verstand ist wie ein hölzerner Eimer, mit dem die reine Erkenntnis genährt wird, indem man mit seiner Hilfe frisches, durstlöschendes Wasser – Wissen – aus der Erde schöpft. Der Brunnen steht für den ewigen Lebenskreislauf, der sich nie erschöpft. Wissen ist immer und überall vorhanden.

Wenn ein Brunnen oder eine Quelle versiegt ist, dann suchen sich die Menschen einen neuen Ort, wo sie sich niederlassen. Diese Ansiedlung entspricht dem Körper: Ihre Bewohner sind von dem Eimer abhängig, dem Kopf, der ihnen das Wissen verschafft. Ist ein Sachverhalt vollkommen begriffen, dann wendet man sich einem neuen Gebiet zu.
Indem man seine Einsichten vertieft, wird man selbst zur Quelle, aus der jeder, der Rat sucht, seinen Wissensdurst löschen kann. Diese Quelle steht mit der Ansiedlung – dem Körper – in unauflöslicher Verbindung.

Wenn das Seil, an dem der Eimer hängt, nicht bis zum Wasser reicht, kann man auch kein Wissen schöpfen. Man dringt nicht weit genug in die Tiefe; aber noch schlimmer ist, wenn der Eimer zerbricht, denn das bedeutet, das der Kopf mit Banalitäten vollgestopft ist.

Der Weise ermutigt andere und fördert Zusammenarbeit und Hilfsbereitschaft.

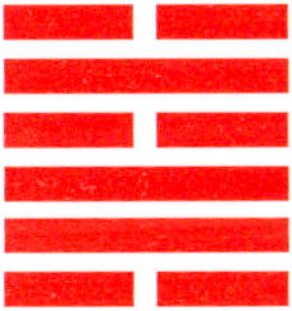

Oberste Linie —×—: Das Wasser ist bis an die Oberkante des Brunnens gestiegen. Man darf den Brunnen nicht abdecken, das heißt, man soll weiter aufrichtig bleiben. Das Hexagramm ist vollendet worden. Großer Gewinn.

Fünfte Linie —⊖—: Eine klare, sprudelnde Quelle, aus der man ohne Bedenken trinken kann. Ihr Wasser ist die reine, von Gefühlen ungestörte Erkenntnis.

Vierte Linie —×—: Ein verschütteter Brunnen wurde wiederhergestellt. Man begeht keinen Fehler. Alle Verunreinigungen wurden beseitigt; aus dem Brunnen kann wieder geschöpft werden.

Dritte Linie —⊖—: Der gereinigte Brunnen wird nicht benutzt. Man ist nicht gewillt, Wissen zu erlangen und zu verbreiten. Wenn man sich zumindest als halbwegs vernünftig erweisen will, muß man dafür sorgen, daß das Wasser fließen kann.

Zweite Linie —⊖—: Brunnen oder Eimer haben ein Leck. Im ersten Fall werden lediglich die Würmer genährt, im zweiten bleibt der Kopf leer.

Unterste Linie —×—: Ein verschlammter Brunnen, aus dem man nicht trinken kann, oder eine verstopfte Quelle, an der sich weder ein Vogel noch ein menschlicher Geist niederläßt. Man ist zu sehr dem Materiellen verhaftet.

Das Kernhexagramm führt zu 38 – Dualität.

49 GE – Innere Wandlung, Destillation

革

Die Wasser des schlammigen Marschlandes ☱ werden vom Feuer ☲ destilliert.

Die Marsch ist das Element der weltlichen Vergnügungen. Wenn man sich in ihnen verliert und süchtig nach Genuß wird, droht Gefahr. Wenn man jedoch von lauterer Gesinnung ist, dann ist man gegen die Verführungen des Sinnlichen und Materiellen gefeit. Der Körper kann durch eine bestimmte Meditationstechnik gereinigt – destilliert – werden, bei der man sich darum bemüht, den Kern seiner Gedanken und Gefühle zu erkennen. Was man nicht sicher weiß, wird auf diese Weise untersucht, bis die Tatsachen klar und deutlich sind. Man versucht, sich materielle Instinkte und Ängste, unter denen man leidet, intensiv zu vergegenwärtigen. Dann spürt man das jeweilige Gefühl noch einmal im Bauch (der dritten Linie). Man konzentriert sich auf dieses Gefühl und versucht, sich mit der Einsicht vertraut zu machen, daß diese Gefühle vorübergehend und letztlich bedeutungslos sind. Die Erfahrung, daß man diese Gefühle und Instinkte umwandeln kann, wird zu reinem Wissen (fünfte Linie), das man in künftigen Situationen entsprechend einsetzen kann.

Nur wenn man diesen Vorgang am eigenen Leib erlebt hat, wird man glauben, daß es ihn wirklich gibt. Äußerlich merkt man davon gar nichts. Nur im Innern hat sich die Einstellung gegenüber Sinnesreizen geändert. Das Ergebnis dieses Vorgangs, dieser Destillation, ist eine verfeinerte Intelligenz, die auf Zufriedenheit gründet. Erfolg und Fortschritt sind einem dabei sicher.
Auch Himmel und Erde machen Wandlungen durch. Der Vorgang, der sich dabei in ihrem Inneren abspielt, äußert sich in Gestalt der vier unterschiedlichen Jahreszeiten.

Der Weise läßt sich von dem Wechsel der Jahreszeiten zur inneren Wandlung anregen.

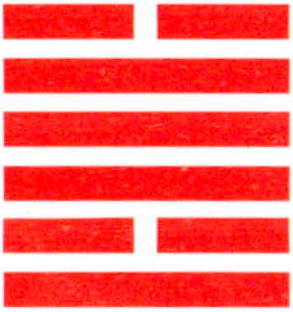

Oberste Linie —×—: Die Wandlungen des hochfahrenden Verstandes sind so deutlich nach außen hin sichtbar, wie wenn im Fell eines Leoparden die schwarzen Flecken und der gelbe Grundton ihre Farbe tauschen würden. Man wirkt nach außen hin bedeutsam, aber man hat den Vorgang nicht wirklich verstanden. Weitermachen wie bisher bringt Schaden, aber es gibt noch Hoffnung.

Fünfte Linie —⊖—: Die Wandlungen auf der Ebene der reinen Erkenntnis sind wie die sich vertauschenden Streifen des Tigers. Gelb auf Schwarz oder Schwarz auf Gelb – äußerlich ändert sich nichts. Man befragt das Orakel und befolgt es. Jeder bringt einem volles Vertrauen entgegen.

Vierte Linie —⊖—: Die Reue schwindet. Man befreit sich von den letzten Fesseln. Man hat ein reines Herz, daher wird einem jetzt Vertrauen entgegengebracht.

Dritte Linie —⊖—: Dies ist nicht die Zeit für Aktivitäten. Obwohl man unbeirrt und höflich ist, befindet man sich in einer gefährlichen Lage. Man sagt sich: »Wenn über die Wandlung dreimal beraten wurde, werde ich sie hinnehmen.« Die Angst davor, in alte Verhaltensweisen zurückzufallen, spürt man am längsten im Bauch.

Zweite Linie —×—: Man vollbringt die Wandlung erst nach einiger Zeit. Es wird kein Fehler begangen. Man bewundert den Fortschritt der fünften Linie.

Unterste Linie —⊖—: Man klebt mit der Haut an einem gelben Ochsen. Gelb ist die Farbe der Erde, die unter großer Mühsal vom Ochsen gepflügt wird. Man sollte handeln und nichts zu schwer nehmen.

Das Kernhexagramm führt zu 44 – Eine reife Beziehung.

50 DING – AUFLÖSUNG, SOLUTION

Der Atem ☴ entzündet das innere Feuer ☲.

In diesem Hexagramm wird der Körper mit einem großen Kessel verglichen. Die unterste Linie stellt seine Füße dar, der bauchige Behälter reicht von der zweiten bis zur vierten, die fünfte steht für die Henkel – die Ohren –, und die sechste für den Deckel. Während man in dem Kessel etwas kocht, das heißt, während Dinge aufgelöst werden, ist die Art des Atmens besonders wichtig. Man atmet gleichmäßig und tief durch die Nase ein und den Mund aus. Mit den Gedanken vollzieht man diesen Kreislauf durch seinen Körper nach – vom Kopf durch die Kehle (fünfte Linie) zum Herz (vierte Linie) und weiter hinab zum Unterleib (dritte Linie), dann wieder entlang der Wirbelsäule zurück nach oben. Wenn man auf diese Weise ganz tief atmet, setzt man das Denken außer Kraft.

Die einzige Verbindung zur Umwelt bleibt dabei über die Ohren bestehen, die sich an Geräuschen festhalten. Daher ist völlige Stille notwendig. Der Hörsinn ist zudem die letzte Verbindung zu inneren Geräuschen: Man hört sein Atmen, seinen Herzschlag. Während des Schlafs funktioniert der Organismus weiter, und auch jetzt muß man auf seine »automatische« Funktionsweise vertrauen. An einem bestimmten Punkt verliert man die Kontrolle über die Atmung. Dann hat man seinen Rhythmus gefunden und ist vollkommen entspannt. Auf diese Weise kochten die Weisen der alten Zeit ihre Opfergaben für die Götter, und ihre Untergebenen – die Organe des Körpers – zogen Nutzen daraus. Reine Erkenntnis – gleichsam das saubere Kondenswasser dieses Kochvorgangs – verwandelt sich dabei in ätherischen Dampf (siehe Hexagramm 49). All diese Vorgänge führen zu Fortschritt und großem Erfolg.

Der Weise bewahrt am Tage seine körperliche Haltung und hält sorgfältig seine Verabredungen mit dem Himmel ein.

Oberste Linie –⊖–: Der Kessel hat Tragringe aus Jade. Die Aufgabe ist bewältigt. Alle lebenswichtigen Organe sind von reiner Erkenntnis erfüllt. Die Gedanken können nicht mehr abschweifen und sind grün und fruchtbar.

Fünfte Linie –×–: Der Kessel hat gelbe Henkel und Tragringe aus Metall. Gelb ist die Farbe der Erde. Der Hörsinn ist die letzte Verbindung zur Außenwelt. Die metallenen Tragringe symbolisieren die eiserne Disziplin, mit der alle Aufmerksamkeit auf den Unterleib gerichtet wird.

Vierte Linie –⊖–: Die Füße des Kessels sind abgebrochen. Sein Inhalt ist verschüttet. Man errötet vor Scham. Doch statt der Wangen sollte der Unterleib erröten, allerdings nicht vor Scham.

Dritte Linie –⊖–: Die Henkel und Füße des Kessels haben die Plätze getauscht. Der Fortschritt kommt zum Stillstand. Der Kessel steht auf dem Kopf. Sexuelle Energie wirkt nach außen. Das ist falsch: Sie muß sich nach innen richten.

Zweite Linie –⊖–: Der Kessel ist mit Nahrung gefüllt, die gekocht werden soll. Wenn die reine Erkenntnis sagen kann: »Mein Feind, der Verstand, haßt mich, aber er kann mir nichts anhaben«, dann steht großer Erfolg in Aussicht.

Unterste Linie –×–: Der Kessel ist umgestürzt. Von Vorteil dabei ist, daß das Unreine (Darm und Blase) hinausfließt. Die Konkubine wird geehrt, denn sie hat einen Sohn geboren. Aufgestaute sexuelle Spannung verschwindet. Das alles ist nicht schlecht, wenn man es mit der dritten Linie vergleicht.

Das Kernhexagramm führt zu 43 – Erfüllung.

51 ZHEN – BESTÄTIGUNG, KOAGULATION

震

Donner ☳ oben und Donner ☳ unten.

Dieses Hexagramm ist die Bestätigung des inneren Friedens und der Ereignisse, die zu diesem Zustand führen. Diese Bestätigung kommt wie Donner aus heiterem Himmel. Man blickt sich verängstigt um, doch es gibt keinen Anlaß zur Beunruhigung. Wenn der Donner erdröhnt, ist man immer allein. Die letzte Aufgabe besteht darin, die verbliebenen Schwächen auszumerzen.

Man kann den Donner hundert Li weit hören. Li ist auch der Name für das kleinste Flächenmaß und repräsentiert hier den Körper. Der Donnerschlag wird in allen Körperteilen gespürt, die von reiner Erkenntnis angefüllt sind (siehe Hexagramm 50). Der Schock stört das innere Gleichgewicht und läßt das Herz schneller schlagen. Der Blick wird verschwommen, und man hat den Eindruck, als würde die Materie in ihre einzelnen Atome zerfallen. Man nimmt Geräusche nur verzögert wahr und wird von Angst und Entsetzen überwältigt. Man weiß nicht, ob die Erde noch stabil genug ist, einen zu tragen. Völlig verunsichert bekommt man das Gefühl, daß sich der eigene Körper jeden Moment in seine Bestandteile auflösen wird.
Doch man läßt Opferlöffel – den Verstand – und Opferschale – die Erkenntnis – nicht fallen. Schnell fängt man sich wieder, auch wenn man vielleicht noch eine Weile Gleichgewichtsprobleme hat. Es ist ratsam, den Ahnentempel aufzusuchen (siehe Hexagramm 45). Äußerlich fest wie ein Berg, aber mit bebendem Herzen wird man dort noch einmal unverdaute Ereignisse der Vergangenheit prüfen.

Die Angst klingt ab, und ein Lächeln erscheint. Die Erörterung wird in froher Stimmung fortgesetzt, und der rechte Weg wird sichtbar.

Der Weise übt seine Tugenden in Angst und Schrecken und erforscht seine Fehler.

Oberste Linie —×—: Außer Atem und zitternd vor Angst betrachtet man die Schrecken der gegenwärtigen Epoche. Handeln ist jetzt nicht angebracht; man verschafft sich Überblick, doch hat man sich noch nicht für einen Weg entschieden. Man fürchtet, daß andere einen zu übereilten Taten drängen. Man begeht keinen Fehler, aber andere schätzen dieses Zögern nicht.

Fünfte Linie —×—: Kommen und Gehen. Ständig bedroht inmitten der Schrecken der Gegenwart. Man hat nur noch seine Haut zu verlieren. Reine Erkenntnis findet in allem eine Aufgabe.

Vierte Linie —⊖—: Während die Luft von furchterregenden Donnerschlägen erzittert, liegt man auf dem Rücken und versinkt immer tiefer im Schlamm. Solange die Erkenntnis noch nicht zur leuchtenden Vollkommenheit gelangt ist, macht man es sich gerne bequem. Gefahr.

Dritte Linie —×—: Man ist verzweifelt inmitten ständigen Donners. Noch ist Unreines vorhanden, doch wenn der Donner eine Entscheidung erzwingt, wird man keinen Fehler begehen.

Zweite Linie —×—: Der Donnerschlag kommt, wenn man gerade keinen festen Stand hat. Man sollte alles fahrenlassen und die gelassene Ruhe der fünften Linie anstreben. Was fiel, kehrt von selbst zurück. Man befreit sich schnell aus dem Gefühl der Erstarrung.

Unterste Linie —⊖—: Wenn der Donnerschlag kommt, erkennt man den Ernst der Lage. Diese Wachsamkeit wird zur Freude führen. Wenn man sich prüft, öffnet man die Tür zu den ewigen Gesetzen. Ein Lächeln erscheint, und der Weg, der versperrt war, kann nun frohen Herzens begangen werden. Erfolg.

Das Kernhexagramm führt zu 39 – Anfängliche Schwierigkeiten.

52 GEN – ENTSPANNT UND GELASSEN

Zwei Berge ☶☶.

Das Hexagramm zeigt ein Anhalten oder Pausieren an. Man muß zur jeweils rechten Zeit handeln oder ausruhen. Wenn man sich daran hält, leuchtet der Weg in kristallener Klarheit.

Alle Linien des Hexagramms stehen miteinander in Verbindung, doch sie beeinflussen sich nicht gegenseitig. Das bedeutet, daß das Gesamte sich in Ruhe befindet.
Wenn man ruht, ist man wie das Rückgrat: Ein Nervenstrang lenkt den Körper ruhig und sicher. Das Rückgrat beginnt am Steißbein, der dritten Linie, und endet im Nacken zwischen den Ohren, unter der obersten Linie. Von vorn gesehen erstreckt es sich vom Unterleib bis zum Kinn. Wenn die natürliche Gelassenheit des Rückgrats sich auch dort verbreitet, ist man sich seiner Persönlichkeit nicht mehr bewußt.
Wenn man sich in seinem inneren Raum zwischen Bauch und Kopf aufhält, nimmt man sein Ich nicht wahr. Es gibt dann nichts außer dem Bewußtsein, das in sich selbst ruht.

Das Hexagramm enthält die Vorstellung einer Berglandschaft, in der Anhöhen und Täler untrennbar miteinander verbunden sind. Wenn man sich in einem Tal ausruht, kann man nicht wissen, was sich hinter der nächsten Höhe befindet. Man mag endlos darüber rätseln, doch sicher kann man nur sein, wenn man hinaufklettert.

Der Weise läßt nicht zu, daß seine Gedanken abschweifen; er lenkt sie vielmehr auf die Situation, in der er sich befindet.

Die sich wandelnden Linien

Oberste Linie –Θ–: Der gesamte Einsatz gilt der Erhaltung der Ruhe. Die Gedanken sind bis zuletzt aufrecht und würdevoll. Großer Erfolg.

Fünfte Linie –×–: Die Wangen ruhen. Man handelt korrekt. Das Bewußtsein ruht in sich.

Vierte Linie –×–: Der Leib ruht. Kein Fehler. Man enthält sich jeder Erregung. Man erfaßt die Situation und bewegt sich wie ein schlagendes Herz: gleichmäßig und unbewußt.

Dritte Linie –Θ–: Der untere Teil des Rückens ruht. Die Lage ist brenzlig. Hier verläuft die Grenze zwischen Brustkorb und Bauch. Das Herz, die vierte Linie, schlägt aufgrund der Blockade voller Erregung und Angst. Unter der Brustbeinspitze liegt der Solarplexus, der Nervenknoten, in dem Panik am heftigsten wahrgenommen wird und sich das Gefühl, daß man sich an das eigene Ich klammert, noch verstärkt.

Zweite Linie –×–: Die Waden ruhen. Die Wade muß lediglich folgen, doch sie strahlt Unzufriedenheit aus, weil sie der dritten Linie nicht helfen kann, die sich nicht herabbeugt, um zuzuhören. Wenn die untere Hälfte des Körpers das Kommando übernimmt, liegen die Dinge im argen.

Unterste Linie –×–: Die Zehen ruhen. Es ist nützlich, standhaft und höflich zu bleiben. Man handelt richtig, denn die Zehen müssen sich nicht bewegen, bevor der Fuß einen Schritt macht.

Das Kernhexagramm führt zu 40 – Den Knoten durchhauen.

53 JIAN – DIE GLÜCKLICHE EHE

漸

Der Verstand steht wie ein Baum ☴
auf dem festen Berg ☶.

Das Hexagramm enthält die Vorstellung einer Heirat mit einer jungen Frau und der Freude, die sie mit sich bringt.
Der Verstand unterwirft sich vollkommen der reinen Erkenntnis und leuchtet wie ein blühender Obstbaum. Der Berg stellt das stabile Element dar, das unbeweglich auf der Erde ruht. Zusammen bilden sie den anmutigen weiblichen Körper, in dem die männliche Erkenntnis ruhen und ihrem Willen gemäß handeln kann.
Der Baum auf dem Berg ist wie ein Ausguck – nah am Himmel, aber noch fest auf der Erde. Seine geschmeidigen Wurzeln schlingen sich anmutig um den kühlen Berg.

Wenn die starke dritte Linie ihren Platz mit der schwachen vierten Linie tauscht, befindet sich alles an seinem angestammten Platz, und man erfährt eine tiefe und umfassende Ruhe (siehe Hexagramm 12). Handlungen sind jetzt günstig und erfolgreich, weil der Körper sich immer wieder erholen kann. Die schwache vierte Linie, das Herz, weist darauf hin, daß man am irdischen Dasein hängt.

Der Verstand ist unruhig und wie der Wind (die zweite Bedeutung des oberen Trigramms) ständig in Bewegung. Doch Ruhe muß sein. In einer glücklichen Ehe ist man wie eine Wildgans (das Symbol der ehelichen Treue), die im Sommer, der Zeit der Aktivität, ankommt und im Winter, der Zeit der Ruhe, wieder davonfliegt. Wenn man diese weise Regel beachtet, hält die Ehe das ganze Leben.

Der Weise veredelt weiter seine außerordentliche Tugend und lehrt die Menschheit die Bedeutung der Kultur.

Oberste Linie –⊖–: Die Wildgans nähert sich den hohen Bergen. Ihre Flügel tragen sie zum richtigen Ort. Der Verstand, der der reinen Erkenntnis dient, hält Abstand zu irdischen Dingen. Erfolg.

Fünfte Linie –⊖–: Die Wildgans nähert sich einem Hügel. Eine Frau wird drei Jahre nicht schwanger; ihre Regel kann nicht vermieden werden. Man hängt am Irdischen, aber es durchdringt einen nicht.

Vierte Linie –×–: Die Wildgans nähert sich Bäumen und läßt sich auf den unteren Ästen nieder. Man handelt, ist aber bereit zum Aufbruch.

Dritte Linie –⊖–: Die Wildgans nähert sich der kahlen Ebene. Man ist von den starken oberen Linien abgeschnitten. Gefahr. Wenn der Gatte geht, kommt er nicht mehr wieder. Die Frau ist schwanger, aber sie wird ihr Kind nie stillen. Beide, Mann und Frau, sind von sexueller Besessenheit gepackt. Dieser Drang ist vorteilhaft, wenn Angst auftaucht. Dann ist der Instinkt untrüglich und arbeitet mit den Nachbarlinien zusammen.

Zweite Linie –×–: Die Wildgans nähert sich großen Felsen, wo sie nach Herzenslust ißt und trinkt. Die Beine folgen den Füßen. Erfolg, doch die Nahrung, die man zu sich nimmt, hat man nicht selbst hergestellt.

Unterste Linie –×–: Die Wildgans nähert sich dem Ufer. Die Füße suchen festen Boden. Es ist gefährlich, sich niederzulassen, außerdem wird man dann übler Nachrede ausgesetzt. Aber weil die Füße dazu da sind, daß man auf ihnen steht, begeht man keinen Fehler.

Das Kernhexagramm führt zu 64 – Eingeschränkte Bewegung.

54 GUI MEI – FRUCHTBARKEIT

歸妹

Die spiegelnden Wasser des Marschlandes ☱ sind in ständiger Bewegung ☳.

So wie die Sonne das Element Feuer regiert, ist das Wasser unter der Obhut des Mondes. Die unmittelbare Kraft der Sonne ist zu stark, um mit dem Wasser umgehen zu können, daher ist die Sonne mit dem Mond vermählt. Sein indirektes Sonnenlicht bestimmt das Ansteigen und Fallen des Wasserspiegels und damit auch die Perioden der materiellen und geistigen Fruchtbarkeit.

Der Mond ist wie eine jüngere Schwester der Erde und unfruchtbar wie das sumpfige Marschland. Sein verführerischer Glanz weckt sexuelle Leidenschaften, die schon zum Untergang ganzer Reiche geführt haben.
Aus den Bewegungen des Mondes läßt sich ablesen, wann es angemessen ist, sich hinzugeben oder enthaltsam zu sein. Zu Beginn seines Zyklus übt der Mond einen vorteilhaften Einfluß aus. Wenn er den Punkt erreicht hat, an dem er abzunehmen beginnt, dann staut sich der Strom des Lebens, und jede Handlung ist ungünstig. Der Mond zeigt so den Lebensrhythmus an. Sein Prinzip ist: Ergreifen und wieder loslassen. Wer nicht von einer neurotischen Liebesaffäre lassen kann, fügt sich und anderen Schaden zu. Die Sonne steuert ihren Energiehaushalt mit Hilfe des Mondes, der als Thermostat der sexuellen Energie der Erde fungiert.

Das Hexagramm strahlt Kraft und Bewegung aus. Die schwachen Linien – Verstand, Kehle und Unterleib – verspüren diese Energie, werden aber von den starken Linien zurückgehalten, bis die Zeit für die Tat gekommen ist.

Der Weise prüft den langen Weg bis zum Ziel und ist sich der negativen Kräfte bewußt, die zu Beginn vorhanden sind.

Oberste Linie —×—: Die junge Frau trägt einen leeren Korb, die Mondsichel. Der Herrscher – die Erkenntnis – schlachtet ein Schaf, doch es fließt kein Blut. Der willfährige Verstand ist von den Versuchungen des Materiellen unbeeinflußt geblieben. Das Blut, das seine Gedanken durcheinanderbrachte, ist verschwunden. Abklingender Mond, letzte Mondphase.

Fünfte Linie —×—: Bei der Hochzeit der Prinzessin, der Erde, war das Kleid ihrer jüngeren Schwester, des Mondes, das prächtigere. Vollmond. Man ißt, trinkt und weiß, daß man, charakterlich gefestigt, Versuchungen widerstehen wird.

Vierte Linie —Θ—: Die jüngere Schwester verschiebt ihre Hochzeit. Ihre Zeit kommt noch. Zunehmender Mond. Die Zeit zum Genießen ist noch nicht da. Erst die Arbeit, dann das Vergnügen.

Dritte Linie —×—: Die jüngere Schwester, der Mond, ist an einen Ort der Dunkelheit verheiratet worden. Sie kehrt zurück und macht sich selbst zur Dienstmagd. Neumond. Das Leben ist trist ohne jedes Vergnügen. Die Freude wird wiederkehren, doch man muß ihr den rechten Platz zuweisen.

Zweite Linie —Θ—: Die jüngere Schwester ist auf einem Auge blind, doch sie sieht deswegen nicht schlechter. Das letzte Mondviertel. Das Sonnenlicht verläßt den Mond. Man ist standhaft und höflich wie eine Witwe. Die Zeit des Handelns ist vorüber. Was nun?

Unterste Linie —Θ—: Die jüngere Schwester, der Mond, ist verheiratet worden, aber sie dient der ersten Frau, der Erde. Das erste Mondviertel. Man lahmt, schafft es aber dennoch zu laufen. Man sollte das Vergnügen den ernsten Angelegenheiten unterordnen. So kommt man voran. Erfolg.

Das Kernhexagramm führt zu 63 – Erfolgreiche Bewegung.

55 FENG – VOLLENDUNG

豐

Die pulsierende Bewegung ☳ des Herzens läßt das heiße Blut ☲ fließen.

Das Hexagramm beschreibt Fortschritt und Entwicklung. Feng bedeutet Fülle und bezieht sich auf die Entwicklung des klaren Denkens.

Der König, die reine Erkenntnis, hat rechtmäßig den Thron, den Körper, bestiegen. Jetzt muß nicht mehr befürchtet werden, daß die Erkenntnis verlorengeht, auch wenn sie sich tief unten bei der ersten Linie verbirgt.
Das Kernhexagramm deutet an, daß man nicht wagt, sein Licht leuchten zu lassen. Nur mit Taten kann man die Wahrheit sichtbar machen und sich zur Mittagssonne hin orientieren, die in reinem Wissen und voller Zufriedenheit erstrahlt. Dann tauscht die unterste Linie ihren Platz mit der fünften Linie, und die Vollendung ist erreicht (siehe Hexagramm 31).

Die Bewegungen von Sonne und Mond sind wie der Herzschlag des Lebens, und sie bezeichnen die Zeitpunkte, zu denen Handlungen erfolgen sollten. Sobald die Sonne ihren Zenit erreicht hat, beginnt sie mit ihrem Abstieg. Sobald der Mond sich voll gerundet hat, beginnt er abzunehmen. Das Wechselspiel zwischen Himmel und Erde ist in dem einen Zeitabschnitt voller Lebenskraft und produziert Überfluß, im nächsten aber ist es matt und dürftig. Wachstum und Niedergang fallen mit den Jahreszeiten zusammen.
Wieviel mehr könnten die Menschen erreichen! Wieviel mehr könnte reine Erkenntnis bewirken! Die Erde, der folgsame Körper, wendet der Sonne den Rücken zu und ruht sich aus, aber die Sonne scheint ewig und ohne Unterlaß.

Der Weise ist bei Auseinandersetzungen als Schiedsrichter tätig, und er verhängt die Strafen mit äußerster Gerechtigkeit.

Oberste Linie —×—: Man besitzt ein riesiges Haus, doch es dient nur dazu, die Einrichtung zu verbergen. Im Angesicht des Himmels strahlt man, doch der durchschaut das trügerische Mondlicht, das seinen Schein von der Sonne borgt. Hier klopft kein vernünftiger Mensch an.

Fünfte Linie —×—: Gebildete Männer, die sich durch ungewöhnliche Klugheit auszeichnen, versammeln sich um einen. Glückwünsche und Lobpreisungen. Die vollkommene Erkenntnis ist erlangt. Man ist selbst zu einem Strahl der Sonne geworden.

Vierte Linie —⊖—: Von einem großen Wandschirm umgeben, nimmt man die reine Erkenntnis wie einen kleinen, funkelnden Stern wahr. Die Zeit der Ruhe ist vorüber, der Herzschlag wird schneller und fördert die Erkenntnis.

Dritte Linie —⊖—: Von einer hohen und dichten Hecke umgeben, erhascht man einen Blick auf den Mond. In der Dunkelheit bricht man sich den rechten Arm. Die Erkenntnis ist unzureichend. Wenn man große Schritte macht, mißlingt vieles, und man ist nicht bereit, wenn die entscheidende Schlacht ansteht.

Zweite Linie —×—: Von einem großen Wandschirm umgeben, steht man in Dunkelheit. Das Licht ist verdeckt. Will man den Herrscher – die Erkenntnis – wecken, dann begegnet einem Argwohn und Zorn. Aufrichtige Ergebenheit ist nicht falsch, doch der Herrscher kommt, wenn er es für richtig hält.

Unterste Linie —⊖—: Die verborgene Erkenntnis begegnet ihrem Mitstreiter, der vierten Linie. Ihre Absichten sind dieselben. Wenn man es nicht darauf anlegt, sich gegenseitig auszustechen, dann kommt Erfolg.

Das Kernhexagramm führt zu 28 – Kühner Geist.

56 LÜ – DER WEISE

旅

Auf der Spitze des festen Berges
funkelt die Klugheit wie ein Stern
in der Dunkelheit.

Der Berg, der den inneren Frieden bezeichnet, ist eine unauflösbare Verbindung mit der funkelnden Klugheit eingegangen. Die schwache fünfte Linie, die reine Erkenntnis, wird von der Liebenswürdigkeit der vierten Linie sowie von der starken obersten Linie – dem Verstand – bedeckt. Daraus ergibt sich das Bild eines Weisen, der seine Erkenntnisse verbirgt. Er überschüttet andere nicht mit seiner Weisheit, sondern offenbart sie im rechten Maß. Darum heißt es, daß kleine Schritte zu großen Ergebnissen führen können.

Wenn ein Fremder sich aufrichtig und höflich verhält – was er als Gast auch tun sollte -, dann kann er großen Wohlstand bewirken. Von seiner äußeren Erscheinung her kann niemand erkennen, wer oder was er ist. Jeder Landstreicher kann sich als König entpuppen.

Der Weise wägt seine Worte, wenn es um eine Bestrafung geht, aber er läßt nicht zu, daß die Auseinandersetzung fortgeführt wird.

Oberste Linie —⊖—: Obwohl man Gast ist, benimmt man sich wie ein Vogel, der das eigene Nest beschmutzt. Erst macht man jemanden lächerlich, und dann beschimpft man ihn. Allzu leicht hat sich der Verstand seiner ochsenhaften Fügsamkeit entledigt. Ein schlechter Auftritt.

Fünfte Linie —×—: Man schießt auf einen Fasan. Der Pfeil ist verloren, doch letzten Endes gewinnt man dabei. Der Fasan, ein bunter, flatterhafter Vogel, steht für einen suchenden Menschen, den man mit seinem Wissen ins Herz getroffen hat.

Vierte Linie —⊖—: Der Gast befindet sich im Ruhezimmer. Im Vollbesitz seiner körperlichen Kräfte und versehen mit einer Axt sagt man sich: »Meine Gefühle kommen nicht zur Ruhe.« Diesen Knoten muß man durchhauen.

Dritte Linie —⊖—: Der Gast legt Feuer an die Herberge und verliert seine Diener. Wie standhaft und höflich man auch ist, man schadet sich durch das eigene sexuelle Begehren selbst und leidet darunter. Man sollte Rat bei den Nachbarn einholen, der vierten und zweiten Linie.

Zweite Linie —×—: Der Gast betritt die Herberge. Man hat seine körperlichen Kräfte voll unter Kontrolle und ist von treuen Dienern umgeben. Man ist auf niemanden angewiesen und stört deshalb auch keinen.

Unterste Linie —×—: Der Gast achtet die Regeln und Werte der anderen nicht, und sein Benehmen ist verachtenswert. Man bringt Leid über sich und würdigt sich selbst auf die niedrigste Stufe herab. Man sollte gegen gesellschaftliche Gepflogenheiten nicht mutwillig verstoßen.

Das Kernhexagramm führt zu 28 – Kühner Geist.

57 SUN – Das Wägen der Worte

巽

Der Wind ist die Luft, die eingeatmet ☴ wird und den Körper aktiviert ☴.

Der Wind oder die Luft ist wie ein Besucher ohne festen Wohnsitz, der seinen Sauerstoff zurückläßt und wieder verschwindet. Doch wenn er geht, nimmt er auch etwas mit. Wenn man einatmet, spricht oder denkt man nicht. Wenn man ausatmet, entweichen die Gedanken als Worte und werden vom Wind davongetragen. Deshalb sollten die Gedanken rein sein, bevor sie ausgesprochen werden. Ein weiser Mensch spricht erst, nachdem er seine Worte im Kopf mit Hilfe seiner reinen Erkenntnis abgewogen hat.

Das Wort ist der Wegbereiter der Zukunft. Wenn Worte nicht in Taten umgemünzt werden können, wäre es besser, man hätte geschwiegen. Das gilt auch dann, wenn es sich um gemeine oder sinnlose Worte handelt.

Die schwachen Linien bestimmen hier die Handlungen der starken. Das Hexagramm fordert, daß das Herz rein sein muß. Die unterste Linie weist auf die Notwendigkeit hin, jetzt nur mit Vorsicht voranzuschreiten.

Der Weise spricht nicht, bevor er nicht sicher ist, daß er seine Worte in Taten münden lassen kann.

Oberste Linie —⊖—: Der Repräsentant der reinen Erkenntnis, der Verstand, sitzt unter dem Bett und hat seine Axt verloren. Wie soll man in solch einer Lage Entscheidungen fällen?

Fünfte Linie —⊖—: Unbeirrbare Höflichkeit. Die Reue schwindet; jeder Schritt ist vorteilhaft. Der Beginn war schwierig, doch am Schluß steht der Erfolg. Eine ewig lange Zeit, bevor man etwas ändert, kündigt man es an. Ewig lange Zeit danach bedenkt man es noch. Das bringt großen Erfolg.

Vierte Linie —×—: Die Reue schwindet. Man erlegt Wild, das auf drei verschiedene Weisen verwendet werden kann. Man nimmt sich die Tugenden der unteren Nachbarn zum Vorbild: Standhaftigkeit, Aufrichtigkeit und Ausdauer.

Dritte Linie —⊖—: Man versucht wiederholt den Durchbruch. Doch wenn man sich überhaupt anstrengen muß, seinen Standpunkt zu verdeutlichen, hat man seine Ausdauer schon verbraucht. Bedauern.

Zweite Linie —⊖—: Der Repräsentant der reinen Erkenntnis, der Verstand, sitzt unter dem Bett. Fast schon verzweifelt sucht man bei Wahrsagern und Zauberern Rat. Der Verstand ist unnachgiebig und hört nicht auf zu drängen, bis die Worte, in denen sich die Zukunft abzeichnet, klar und nachvollziehbar sind.

Unterste Linie —×—: Vorwärts und zurück. Man weiß nicht, was man will. Die unerschütterliche Aufrichtigkeit eines Soldaten wird Entscheidungshilfe gewähren.

Das Kernhexagramm führt zu 38 – Dualität.

58 DUI – GELASSENE ZUFRIEDENHEIT

兑

Nach innen und außen strahlt der Mensch gelassene Zufriedenheit ☱ aus wie die spiegelnden Wasser des Marschlandes ☱.

Die Worte, die man spricht, sind voller Wärme und Aufrichtigkeit. Die Handlungen, die daraus hervorgehen, sind fruchtbar und lassen fundierte Überlegung erkennen.
Die Gefahr, sich in Angeberei und Genußsucht zu verlieren, ist gering. Die schwache oberste Linie, der Verstand, steht in Verbindung mit dem Himmel und – unterstützt von der fünften Linie – der reinen Erkenntnis. Die schwache dritte Linie, der Unterleib, wird von den starken Linien, die sie umgeben, in Schranken gehalten.

Gelassene Zufriedenheit ergibt sich aus dem Einklang mit dem Gesetz des Himmels. Sie spricht die tiefsten menschlichen Empfindungen an und wirkt ermutigend. Für einen Augenblick kann man den Preis vergessen, den man zahlen muß. Wenn man wahrhaft gelassen ist, vermag man Schwierigkeiten leicht zu überwinden und das unausweichliche Lebensende mit Gleichmut hinzunehmen. Wenn die Kraft der gelassenen Zufriedenheit auf diese Weise im Menschen wirkt, strahlt sie weit und hell.

Der Weise fördert das Gespräch zwischen Freunden und spornt sie an, ihre täglichen Aufgaben zu erfüllen.

Oberste Linie —×—: Man hat Freude daran, andere zu führen und zu inspirieren. Wenn man ganz in sich selbst ruht, spielt es keine Rolle, ob andere zu einem kommen oder nicht.

Fünfte Linie —⊖—: Man schenkt jemandem Vertrauen, der es mißbraucht. Ein gefährliches Unternehmen, doch man ist stark genug und in der richtigen Position, um es zu einem erfolgreichen Ende zu bringen.

Vierte Linie —⊖—: Voller Zweifel sucht man krampfhaft nach Zerstreuung. Man kommt an den Punkt, an dem Genuß zum Hindernis auf seinem Weg wird. Echte Freude ergibt sich aus Zufriedenheit, die man in sich selbst findet.

Dritte Linie —×—: Man umgibt sich mit allem, was genußvoll sein könnte. Man ist unersättlich.

Zweite Linie —⊖—: Man ist von Zufriedenheit erfüllt, die in Aufrichtigkeit wurzelt. Die Art, wie man sein Leben gestaltet, vermittelt einem Zuversicht. Keine Reue.

Unterste Linie —⊖—: Die innere Harmonie der Zufriedenheit. Dies ist der natürliche Weg. Großer Erfolg.

Das Kernhexagramm führt zu 37 – Die Ordnung des inneren Seins.

59 HUAN – AUFLÖSUNG

渙

Der Wind ist die Atmung ☴, die bis zur Quelle des nährenden himmlischen Wassers ☵ vordringt.

Das Hexagramm kündet vom Auslöschen jedweder Illusion und von der Rückkehr zum ursprünglichen Daseinszustand. Der König, die reine Erkenntnis, kehrt zum Tempel seiner Ahnen, dem Verstand, zurück. Er atmet, wie es in Hexagramm 42 beschrieben wurde, und vertreibt alle Gedanken aus seinem Kopf.
Danach konzentriert er sich auf den Ursprung und die Bedeutung des Wortes, wie es aus alten Quellen überliefert wurde. Dieses Wort ist in dem Tempel verborgen, denn der Körper ist das fleischgewordene Wort. Während er atmet, versucht der König des Lebens gewahr zu werden, das sich in seinem Körper vollzieht. Der König hat das Gefühl, als würde sein Körper auseinanderfallen.
Das Kernhexagramm leistet mit Festigkeit und unauslöschlicher Bewegung Unterstützung.

Das Hexagramm beschreibt die Bewegung der Zeit, die – ohne Anfang oder Ende – aus der Zukunft über die Gegenwart in die Vergangenheit fließt. Bei der starken zweiten Linie, da, wo das Wort verborgen liegt, beginnt das Kerntrigramm Donner ☳. Das Wort ist die Quelle des Lebens, aus der die Materie entstanden ist (siehe Hexagramm 25).
Sobald der König dies begreift, kann er den großen Fluß überqueren. Seine geballte Energie ist wie ein kompakter hölzerner Würfel, der es ihm ermöglicht, zur Quelle der Ewigkeit überzusetzen. Er kämpft erfolgreich gegen die Strömung an.

Die Könige der Vergangenheit opferten ihr Wissen ihrem Gott. Sie legten den Grundstein für den Ahnentempel, den Verstand, und sammelten – zum Nutzen ihrer Nachkommen – in ihm heimlich ihr Wissen an.

Oberste Linie —⊖—: Man reinigt seine blutenden Wunden. Die lähmenden Ängste läßt man fahren und hält sich von ihnen fern, um nicht erneut verletzt zu werden. Es ist ratsam, sein Herz an nichts zu hängen.

Fünfte Linie —⊖—: Inmitten zerstreuter Energien entströmen einem die Worte wie Schweiß dem Körper. Man verteilt den Überschuß aus dem reich gefüllten königlichen Kornspeicher – die reine Erkenntnis. Kein Fehler.

Vierte Linie —×—: Die Bedeutung des Wortes liegt offen zutage, doch man fühlt sich, als zerfalle einem der Körper in Stücke. Man zieht sich in eine Höhle auf einem Hügel zurück – den Kopf. Man bewahrt die guten Teile seiner zerstreuten Energien auf und kann so den Ängsten widerstehen und in glanzvoller Weise reifer werden.

Dritte Linie —×—: Man weist jede Anteilnahme zurück. Das ist nichts, was einem leid tun müßte, aber auf diesem Wege kann man sein Ziel nicht erreichen.

Zweite Linie —⊖—: Im Augenblick des Zerfalls verläßt man sich sicherheitshalber nur auf die eigene Klugheit. Man sollte sich auf jeden Fall an den gesunden Menschenverstand halten und zum Materiellen zurückkehren.

Unterste Linie —×—: Man verhindert die Auflösung mit Hilfe eines starken Pferdes. Das ist der natürliche Weg. Nur ein starker Körper kann einen starken Geist tragen.

Das Kernhexagramm führt zu 27 – Die Ernährung.

60 JIE – DIE MASSREGEL

節

Das nährende Regenwasser ☵
bestimmt die Höhe des Wasserpegels
im spiegelnden Marschland ☱.

Regenwasser, das aktiv fließende Element, bestimmt den Grad der Sättigung des stillen Marschlandes. Damit wird das Ausmaß symbolisiert, in dem man sich weltlichen Illusionen hingibt. Wenn die Marsch austrocknet, welkt sie dahin, und wenn sie überflutet wird, ertrinkt sie. Wenn man dem Menschen die Freuden nimmt und ihm nur noch Arbeit bleibt, wird er verbittert und rücksichtslos.

Das Hexagramm zeigt Fortschritt und Verwirklichung an. Die starken und schwachen Linien sind gleich stark vertreten, und das Kernhexagramm weist sowohl auf Bewegung als auch auf Standfestigkeit hin. Das heißt, daß Gesetze, mit denen das Leben geregelt werden soll, weder zu streng noch zu lasch sein dürfen, wenn sie befolgbar bleiben sollen. Entspannung und Aktivität müssen in vollkommenem Gleichgewicht sein. Der Bambus mit seinen gleichmäßig verteilten Knoten dient als Maßstab für eine regelgerechte Lebensweise.

Entspannung und Anstrengung, Festhalten und Loslassen – das sind Äußerungsformen der gleichmäßigen Bewegung des Himmels. Himmel und Erde halten sich an einen strengen Rhythmus und sichern so die präzise Abfolge der vier Jahreszeiten.
Physischer Niedergang ist unvermeidbar. Doch wenn Arbeit und Vergnügen sich die Waage halten, nimmt der Körper nur den geringstmöglichen Schaden, und übermäßige Energieverluste werden verhindert.

Der Weise richtet sein Leben nach festen Regeln aus und widmet sich in seinen Gesprächen den Möglichkeiten tadellosen Verhaltens.

Oberste Linie –×–: Die Regeln sind zu streng und zu kompliziert, und der Verstand wendet sich den Rhythmen des Himmels zu. Das führt zu gar nichts. Es gibt Grund zur Reue, doch dieser verschwindet allmählich, wenn man die Grundsätze der menschlichen Ordnung begreift.

Fünfte Linie –⊖–: Man legt seine Regeln mit Liebe, Strenge und Gerechtigkeit fest. Großer Erfolg. Der anschließende Fortschritt wird gerühmt.

Vierte Linie –×–: Mit natürlicher Leichtigkeit hält man sich an das Regelmäßige. Fortschritt und Erfolg. Man orientiert sich an der fünften Linie.

Dritte Linie –×–: Der angemessene Rhythmus wird nicht eingehalten. Weinen und Klagen, und man findet keinen, dem man die Schuld aufbürden kann.

Zweite Linie –⊖–: Man geht nicht durch das Tor, das vom Innenhof nach draußen führt. Man ist unschlüssig und verliert kostbare Zeit zum Handeln.

Unterste Linie –⊖–: Man geht nicht durch das Tor, das in den Innenhof führt. Kein Fehler. Man weiß, wann man gehen und wann man bleiben muß.

Das Kernhexagramm führt zu 27 – Die Ernährung.

61 ZHONG FU – AUFRICHTIGKEIT

中孚

Der Wind ☴ versetzt die Wasser des Marschlandes ☱ in sanfte Bewegung.

Geist und Körper sind in vollkommener Harmonie. Der Atem ist wie ein kaum wahrnehmbarer, erfrischender Wind an einem schönen Sommertag. Die schwachen Linien zeigen an, daß das Atmen zwischen dem Herzen und dem Unterleib stattfindet. Das Herz ist das glühende Element, welches rasend werden und den Kopf vor Zorn erröten lassen oder die Genitalien mit Verlangen erfüllen kann. Der Unterleib ist wie Wasser, das fließende Element, welches aus den hohen Bergen ins Tal hinabstürzt, ohne auf die eigene Sicherheit zu achten.
Sowohl Herz wie auch Unterleib werden von den starken Linien eingegrenzt; beide zeigen hier ihre fruchtbaren Aspekte. Das Feuer des Herzens wärmt, und das Wasser reagiert darauf, indem es seine Oberfläche sanft kräuselt.

Die Art der Aufrichtigkeit, von der hier die Rede ist, strahlt von der Gestalt eines Menschen aus und verwandelt seine Umgebung. Menschen, die sich im materiellen Reichtum suhlen wie Schweine im Schlamm, und solche, die wie Fische völlig in sinnlichen Genüssen untergetaucht sind, werden von dieser Art Aufrichtigkeit angesteckt.
Mit diesem Besitz kann man sicher den großen Fluß überqueren. Das Boot liegt immer bereit. Doch warum sollte man es benutzen, jetzt, da man endlich das irdische Treiben durchschaut hat und betrachtet, wie es in all seiner Schönheit und Virtuosität an einem vorüberzieht? Das Hexagramm steht für Beweglichkeit und beständige Höflichkeit. Mit diesen Verhaltensweisen entspricht der Mensch der Bewegung des Himmels.

Der Weise spricht sich bei Auseinandersetzungen für die angemessenste Lösung aus und schafft die Todesstrafe ab.

Oberste Linie —⊖—: Man ist wie ein Hahn, der versucht, zum Himmel zu fliegen. Der eitle Verstand wird diese Aufgabe nie bewältigen. Schuster, bleib bei deinen Leisten.

Fünfte Linie —⊖—: Man ist aufrichtig und hält fest zu anderen. Nur so kann reine Erkenntnis sich niederschlagen, denn in dieser Dimension ist sie auf den Körper angewiesen.

Vierte Linie —×—: Die Sonne hat eine aufrichtige Beziehung mit dem Vollmond. Sie sind wie ein Gespann Pferde, von dem eins verschwindet. Wenn der Mond von der Sonne verlassen wird, nimmt sein Leuchten ab. Die Erkenntnis verläßt den Körper, wenn dieser stirbt. Jede Verbindung endet irgendwann, wie aufrichtig man auch ist.

Dritte Linie —×—: Man hat seinen Partner gefunden. Manchmal schlägt man die Trommel und manchmal nicht. Manchmal weint man und manchmal nicht. Das ist der natürliche Wechsel von Freude und Schmerz – die Gesetzmäßigkeit der dualistischen Welt.

Zweite Linie —⊖—: Das Kranichweibchen ruft aus seinem versteckten Nest (der fünften Linie). Ihr Junges antwortet. Es ist wie eine Zwiesprache; auf die Worte: »Ich habe eine Schale mit einem geistigen Trank« folgt die Antwort: „Ich möchte mit dir teilen." Die Schale wird von oben gereicht. Das ist die gesunde Grundlage des Lebens.

Unterste Linie —⊖—: Innerer Frieden. Man bewahrt seine Ruhe, indem man nach nichts mehr sucht.

Das Kernhexagramm führt zu 27 – Die Ernährung.

62 XIAO GUO – DIE UNTERDRÜCKUNG

小
過

Donner ☳ wütet über dem festen Berg ☶.

Wenn das Land mittels Gewalt und Unterdrückung regiert wird, ist es besser, sich bedeckt zu halten, als sich offen zu widersetzen. In Hexagramm 33 – Rückzug konnte man noch entkommen, aber hier ist es zu spät dafür.

Die schwachen Linien überwiegen die starken. Das heißt, daß Erfolg möglich ist, wenn man standhaft bleibt. Das Kernhexagramm weist auf den Bereich hin, in dem man standhaft bleiben muß.
Der Wind ☴, das untere Kerntrigramm, entspricht der Stimme, die man nicht erheben darf, wenn man nicht auffallen will. Die spiegelnden Wasser der Marsch ☱ verweisen auf verschiedene Erscheinungsformen eines Wesens, so wie sie etwa der Mond zeigt. Man paßt sich äußerlich der jeweiligen Situation an und neigt sich nach dem Wind, woher er auch weht.

Das Hexagramm enthält das Bild eines Vogels mit ausgespreizten Flügeln, dessen Gesang über der Erde ertönt. Lieber einen Vogel in der Hand als zehn am Himmel. In einer Lage, in der man auf anständige Weise keine Anerkennung gewinnen kann, ist es natürlich und gerechtfertigt, seine Erkenntnisse zu verheimlichen.

Der Weise fällt nicht auf, sein Verhalten ist von Demut geprägt, seine Trauerklage zeugt von echter Anteilnahme, und in seinen Ausgaben beweist er Mäßigung.

Oberste Linie –×–: Man ist sich der Gefahr der Situation nicht bewußt. Man hat allmählich die angemessene Einstellung verloren und hat sich zu früh oder zu laut geäußert.

Fünfte Linie –×–: Dichte Wolken ziehen von Westen auf, aber sie bringen keinen Regen. Besserung ist nicht in Sicht. Man erlegt einen Vogel – reine Erkenntnis – und verbirgt ihn in einer Höhle – dem Körper.

Vierte Linie –⊖–: Kein Fehler. Man ist sich der Gefahr der Situation bewußt, doch man weicht nicht von seinem Weg ab. Wenn das Herz anfängt zu rasen, ist alles verloren. Man sollte standhaft und höflich bleiben. Die Situation entspannt sich von selbst.

Dritte Linie –⊖–: Man hat keine Vorsichtsmaßnahmen gegen die drohende Gefahr getroffen. Man wird angegriffen und verletzt. Man sollte sein Temperament zügeln.

Zweite Linie –×–: Man besucht den Großvater und trifft die Großmutter an. Man besucht die fünfte Linie – reine Erkenntnis –, doch sie hat sich verkleidet. Man schließt sich ihr wie ein guter Diener an.

Unterste Linie –×–: Der Vogel schwingt sich in gefährliche Höhen empor. Man läßt sich nicht davon abbringen, die Gefahr zu suchen.

Das Kernhexagramm führt zu 28 – Kühner Geist.

63 JI JI – ERFOLGREICHE BEWEGUNG

既濟

Das furchtlose fließende Wasser ☵ wird von der feurigen Lebenskraft ☲ genährt.

Das Hexagramm enthält das Bild des Lebenswegs. Man kann ihn als Leiter betrachten, die zum Himmel führt, oder als Fluß, den es zu überqueren gilt. Die unterste Linie – die erste Sprosse der Leiter – ist stabil, die letzte Sprosse oben ist schwach und unbekannt.
Um den Fluß zu überqueren, verläßt man das feste Ufer und springt von einem Stein zum nächsten. Auch hier führt der letzte Sprung in das Unbekannte.

In sorgsam gewählten Schritten bringt dieses Zeichen Fortschritt und Wohlstand. Das Kernhexagramm zeigt die umgekehrte Situation: Hier ist das Wasser ☵ unten und das Feuer ☲ oben. Das bedeutet, daß man immer darauf achten muß, daß keine Störungen des Gleichgewichts eintreten.
Die starke unterste Linie deutet auf eine vorteilhafte und solide Grundlage. Die schwache zweite Linie verweist auf mutige und geschickte Bewegung.

Zum Schluß, an der obersten Linie, kommt jede Anstrengung zum Erliegen, und der Verstand sieht sich von Chaos überwältigt. Hier sind irdische Ordnung und Regelhaftigkeit außer Kraft. Furchtlos und mit glühendem Herzen geht man in die Ewigkeit ein.

Der Weise bedenkt vorausliegende Gefahren und wappnet sich rechtzeitig.

Oberste Linie —×—: Der Kopf gerät immer wieder unter Wasser. Eine gefährliche Lage. Wie lange wird man noch weiter über Dinge nachgrübeln, die mit dem Verstand doch nicht erfaßt werden können?

Fünfte Linie —⊖—: Jemand im Osten schlachtet seinen Ochsen. Sein Nachbar bringt ein Frühlingsopfer dar. Der Osten ist der Ursprung der Fruchtbarkeit. Der Ochse wurde noch zum Pflügen gebraucht. Wie dumm! Das Frühlingsopfer ist das Knospen der ersten Triebe der Erkenntnis. Großer Erfolg.

Vierte Linie —×—: Man hat Lumpen gesammelt, um all die Lecks im Boot zu stopfen. Den ganzen Tag ist man wachsam und überläßt nichts dem Zufall.

Dritte Linie —⊖—: Der freche Prinz greift das Reich der Dämonen an. Unbedeutende Menschen sollten sich nicht an gigantischen Aufgaben versuchen.

Zweite Linie —×—: Die Frau hat das Dach ihres Wagens verloren. Man zeigt ein offenes und furchtloses Verhalten. Das Dach kehrt von alleine zurück.

Unterste Linie —⊖—: Der Kutscher zieht die Bremse an den Hinterrädern. Man ist wie ein Fuchs mit nassem Schwanz, doch man schreitet fest und höflich voran, nicht zu langsam und nicht zu schnell.

Das Kernhexagramm führt zu 64 – Eingeschränkte Bewegung.

64 WEI JI – Eingeschränkte Bewegung

未濟

Die Sonne ☲ wärmt das strömende Wasser ☵.

Das heiße, energiereiche Feuer kann dem wirbelnden Wasser kaum etwas anhaben. Man verhält sich wie ein junger Fuchs, der die Gefahren des Lebens noch nicht kennt. Sein Schwanz ist naß geworden. Dadurch ist er in seinen geschmeidigen Bewegungen behindert, und er muß warten, bis der Schwanz getrocknet ist. Dasselbe passiert dem, der noch feucht hinter den Ohren ist und handelt, bevor er sich einen klaren Überblick über die Situation verschafft hat.

Die schwache unterste Linie deutet auf einen furchtlosen Anfang, der bei der starken obersten Linie – dem Verstand, der dazu neigt, endlos zu grübeln – ins Stocken gerät. Das Kernhexagramm verweist auf die umgekehrte Situation: Feuer ☲ ist unten und Wasser ☵ oben, was nahelegt, daß noch Hoffnung besteht, den rechten Lebensrhythmus zu finden.

Obwohl die Linien nicht ihre angestammten Plätze besetzen, erfährt man von der starken zweiten Linie Unterstützung. Mit unbeirrbarer Höflichkeit schafft man es, sich Überblick zu verschaffen, bevor man springt. Auch die vierte Linie ist günstig, was bedeutet, daß das Herz kräftig und zielbewußt schlägt.

Der Weise untersucht sorgfältig die Beschaffenheit der einzelnen Kräfte und prüft ihre natürlichen Positionen.

Die sich wandelnden Linien

Oberste Linie —⊖—: Voller Zuversicht genießt man das Fest. Solange man sich nicht wie der Fuchs mit dem nassen Schwanz verhält, begeht man keinen Fehler. Tut man das aber, dann wird alles Positive wertlos, und man hat keinerlei Vorstellung vom angemessenen Rhythmus.

Fünfte Linie —×—: Man verhält sich unbeirrt und höflich und wird das nicht bereuen. Die Klarheit und Aufrichtigkeit eines weisen Menschen beginnen sich abzuzeichnen. Wenn man diesen Kurs beibehält, wird die Dunkelheit verschwinden.

Vierte Linie —⊖—: Unbeirrbare Höflichkeit. Die Reue über die unbedachte Tat der dritten Linie verschwindet. Jetzt ist man stark genug, um sogar ins Reich der Dämonen einzudringen. Mitsamt seinen Anhängern wird man großzügig mit der Eigenschaft der fünften Linie belohnt.

Dritte Linie —×—: Man schreitet voran, obwohl man sich nicht im Griff hat. Der Trieb des Unterleibs ist zu stark. Vielleicht versucht man durch einen mächtigen Schritt nach vorn die Angelegenheit im eigenen Sinn zu regeln. Wird man erfolgreich dabei sein?

Zweite Linie —⊖—: Man bremst an den Hinterrädern. Man ist standhaft und höflich. Erfolg.

Unterste Linie —×—: Man ist wie ein Fuchs mit nassem Schwanz. Der Gipfel der Unwissenheit. Man ist zu vorlaut, und das wird man bereuen.

Das Kernhexagramm führt zu 63 – Erfolgreiche Bewegung.

TRIGRAMME Oben ▶ / Unten ▼	☰	☷	☳	☵
☰	1	11	34	5
☷	12	2	16	8
☳	25	24	51	3
☵	6	7	40	29
☶	33	15	62	39
☴	44	46	32	48
☲	13	36	55	63
☱	10	19	54	60
	☰	☷	☳	☵

rororo

rororo

WEIHNACHTS-GESCHICHTEN

AM KAMIN 39

Gesammelt
von Barbara Mürmann

Rowohlt Taschenbuch Verlag

Originalausgabe
Veröffentlicht im Rowohlt Taschenbuch Verlag, Hamburg,
Oktober 2024

Redaktion Nadia Al Kureischi
Mitarbeit Julia Schrader

Covergestaltung Cordula Schmidt Design, Hamburg
Coverabbildung Daniel Rodgers/Advocate Art
Sociedad Limitada
Satz aus der Foundry Wilson
bei Pinkuin Satz und Datentechnik, Berlin
Druck und Bindung CPI books GmbH, Leck
ISBN 978-3-499-01560-1

FSC
www.fsc.org
MIX
Papier | Fördert
gute Waldnutzung
FSC® C083411

VORWORT

Wie gut ich es doch habe. Jedes Mal, wenn eine Weihnachtsgeschichte bei mir eintrifft, fühle ich mich wie bei der Bescherung zum Fest. Am liebsten würde ich alles, was ich zugeschickt bekomme, in die *Weihnachtsgeschichten am Kamin* aufnehmen! Leider geht das nicht. Ein Grund ist, dass sich jedes Jahr wie von Engelshand die Seiten füllen – und auf einmal ist das Buch prall gefüllt mit den schönsten Erinnerungen, Anekdoten und Kurzgeschichten, obwohl ich doch gerne noch einige Beiträge aufgenommen hätte.

Auf jeden Fall haben Ihre Geschichten immer die Chance, in einem der nächsten Bände veröffentlicht zu werden. Und wenn Sie meinen, ich hätte eine besonders schöne Einsendung übersehen, schicken Sie sie mir gerne noch einmal zu.

Ich möchte mich an dieser Stelle ganz herzlich für Ihre Arbeit, Mühe und Geduld bedanken. Ohne Sie, liebe Autorinnen und Autoren, würde es die *Weihnachtsgeschichten am Kamin* gar nicht geben, und wir könnten nicht im nächsten Jahr mit Band 40 einen runden Geburtstag feiern.

Ich freue mich sehr auf Ihre Post.

Barbara Mürmann

WEIHNACHTLICHES GÄNSEESSEN

Ingrid Maria Schäfer

Onkel Franz und Onkel Hubert
(leiden konnten sie sich nie)
sitzen heut beim Weihnachtsessen
bei der Tante Amelie.

Köstlich, dieser Gänsebraten,
auch die Knödel und das Kraut.
Herzhaft speist die große Sippe.
Lustig geht es zu und laut.

Nur die Onkel Franz und Hubert
starrn sich an in stillem Zwist,
weil des andren Gänsekeule
größer als die eigne ist.

«So ist's immer schon gewesen!»,
zischt der Hubert voller Neid.
«Immer dir die größten Stücke!»
Und der Onkel Franz grinst breit.

«Das ist Unsinn», ruft die Tante.
«Beide Keulen waren gleich!
Meine Gans tat niemals hinken.
So, und jetzt vertragt ihr euch!»

Doch der Streit ist nicht zu bremsen
und entbrennt nun richtig frisch.
Kindersünden, Jugendfehden –
alles kommt jetzt auf den Tisch.

Hei, da sprühen wild die Funken,
und ein jeder mischt sich ein,
und für alle Zeit zerstritten,
ziehn die Gäste wütend heim.

Ach, das Fest ist voll verdorben,
ganz entweiht die «Heil'ge Nacht»!
Und die Gans, würd sie noch leben,
hätte sicher laut gelacht.

DAS WEIHNACHTSKONZERT

Peter Warnecke

Es war im Jahr 1969, als meine Schwester zu Weihnachten ein Akkordeon von unseren Eltern geschenkt bekam. Sie war damals zwölf Jahre alt. Ich, ihr Bruder, bin knapp vier Jahre jünger und staunte nicht schlecht, wie schnell sie mit diesem Instrument zurechtkam. Gewiss, sie hatte bereits einige Jahre zuvor mit einer Blockflöte schon früh die Fähigkeit erworben, einfache Musikstücke nach Noten zu spielen. Nun aber handelte es sich um ein ganz anderes Kaliber. Statt einer einstimmigen und damit einfachen Melodieführung musste sie mit der linken Hand die Bässe und mit der rechten Hand die Melodietasten bedienen, zum Teil sogar mehrstimmig oder als Akkord.

Das Akkordeon meiner Schwester war mit vierzig Bässen bestückt, genau das richtige Format für Anfänger. Die größeren Instrumente mit zweiundsiebzig und sechsundneunzig Bässen waren den Fortgeschrittenen vorbehalten. In diese Liga stieg man, wenn überhaupt, erst nach vielen und intensiven Übungsstunden auf.

Mit dem Akkordeon waren drei wöchentliche Unterrichtsstunden verbunden. Musiklehrer Reinken war dafür gerade der rechte Mann. Er verstand es, meiner Schwester in kurzer Zeit mit entsprechenden Hausaufgaben das Akkordeonspielen beizubringen. Zunächst gab es jeweils am Donnerstag eine private Einzelstunde, und etwas später kam die zweistündige Übungseinheit im Akkordeonorchester dazu.

Meine Eltern schienen auch sehr zufrieden mit der Entwicklung zu sein. Gingen nach der Anfangseuphorie bald schon die Übungen und Proben meiner Schwester nicht nur mir, sondern auch meinen Eltern gehörig auf die Ohren, stellten sich mit der Zeit erste Fortschritte ein. Dann und wann klang es doch schon recht passabel. Gut, dass man frühzeitig Herrn Reinken engagiert hatte!

Tatsächlich hatte ich Gefallen am musikalischen Spiel meiner Schwester gefunden. Während ich in ihren Übungsstunden zu Hause noch immer gern das Weite suchte, war ich in der Unterrichtsstunde mit Herrn Reinken gerne dabei. Zusammen mit meinen Eltern saß ich dann auf dem Sofa und lauschte den frisch eingeübten Musikstücken. Das klang richtig schön, und es war lustig anzusehen, wie geschickt die Hände meiner Schwester über die Tasten huschten. So etwas würde ich auch gern machen, dachte ich.

Und so bekniete ich meine Eltern, bis sie nach einigen Wochen meinem Drängen nachgaben und auch mir erlaubten, Akkordeon spielen zu lernen. Das war eine große Freude für mich. Die erste Stunde bei Herrn Reinken war aufregend, ich konnte es kaum erwarten, meine Hausaufgaben zu erledigen. Zunächst übte ich jeden Tag mehrere Stunden lang. Sobald ich an den Orchesterproben teilnahm, spielte ich auf dem Instrument meiner Schwester, während sie ein geliehenes Orchesterakkordeon mit zweiundsiebzig Bässen nahm.

Doch dann wurde bei mir die Lust schnell zur Last. Die Musik mochte ich, ja, aber die technischen Fertigkeiten zu erlernen machte mir einfach keinen Spaß. Ich wollte lieber draußen mit meinen Freunden Fußball spielen, als bei schönem Wetter im Haus die Tonleitern und die neusten Musikstücke einzustudieren. Und so übte ich immer weniger und mogelte mich bei den Unterrichtsstunden irgendwie durch.

Im November wurde ich überraschend dazu aufgefordert, am Weihnachtskonzert am vierten Advent zusammen mit meiner Schwester teilzunehmen. Durfte ich? Oder musste ich? Meine Eltern freuten sich und waren stolz auf meine Schwester und mich. Herr Reinken freute sich auch. Endlich konnten wir zeigen, was wir draufhatten, und das vor einem größeren Publikum. Denn zu einem Weihnachtskonzert wie diesem kamen nicht nur die Eltern und Geschwister. In der Regel war auch mit den Großeltern und mit etwas Glück mit der entfernteren Verwandtschaft zu rechnen. Da würde der dafür vorgesehene Gemeindesaal gut gefüllt sein. Zudem werden falsche Töne beim aufspielenden Nachwuchs wohlwollend ignoriert. Da hatte Herr Reinken so seine Erfahrungen.

Die für das Konzert ausgesuchten Stücke wurden nur im Orchester eingeübt. Dafür waren die privaten

Unterrichtsstunden nicht vorgesehen. Oje, zu den üblichen Übungen musste ich jetzt auch noch die Weihnachtslieder einüben. Dazu hatte ich nun überhaupt keine Lust. Bei den Orchesterproben verkrümelte ich mich jeweils geschickt in die letzte Reihe und wandte den Trick an, den meine Schwester mir gezeigt hatte, nachdem sie einmal für eine Orchesterprobe nicht genügend geübt hatte. Die Töne im Akkordeon entstehen durch das Auf- und Zuziehen des Blasebalgs, der die Luft durch die eingebauten Tonpfeifen zieht und presst. Wenn ein Musikstück zu Ende und noch Luft im Blasebalg ist, kann diese Luft, ohne ein Geräusch zu verursachen, einfach rausgelassen werden: indem man die Lufttaste auf der Bassseite drückt. Durch andauerndes Drücken der Lufttaste gibt das Akkordeon keine Töne von sich, auch dann nicht, wenn man die ganze Zeit den Blasebalg auf- und zuzieht und wie ein professioneller Spieler mit seinen Fingern über die Tasten saust. Dazu übte ich noch einen angestrengten Gesichtsausdruck ein und war mir ziemlich sicher, dass ich das Weihnachtskonzert auf diese Weise auch bei den schwierigen Stücken durch permanentes Drücken der Lufttaste gut überstehen würde. Zumal ich doch auch in der letzten Reihe sitzen würde. Wer würde da schon etwas bemerken? In der Nacht vor dem Konzert hatte ich zwar ein etwas mulmiges Gefühl im Bauch, aber was sollte schon schiefgehen?

Der Gemeindesaal war dem Anlass entsprechend hübsch geschmückt. Auf den langen Tischreihen vor der Bühne waren Gedecke für Kaffee, Tee und Gebäck platziert. Dazwischen lagen mit goldenen Sternen dekorierte grüne Tannenzweige. Auch einige Zettel mit dem Programm waren ausgelegt. Hier war deutlich nachzulesen, dass das Konzert aus zwei Teilen mit einer kleinen zehnminütigen Pause bestand.

Für Herrn Reinken war dies ein besonderer Tag. Sicherlich freute er sich, seine Arbeit einem größeren Publikum präsentieren zu können. Da darf man nichts dem Zufall überlassen. Alle teilnehmenden Musiker mussten gut zu sehen sein. Also ordnete er das dreireihige Ensemble so an, dass die Kleinsten und Jüngsten ganz vorne saßen, während die Älteren der Größe nach in den beiden hinteren Reihen platziert wurden.

Ich zuckte zusammen. *Das kann doch wohl nicht wahr sein,* dachte ich. So hatte ich mir das aber nicht vorgestellt! Ich saß nun mitten auf dem Präsentierteller direkt vor dem Orchesterleiter. Meine Schwester dagegen saß direkt hinter mir und kicherte fröhlich mit ihrer Sitznachbarin. Und schon klopfte Herr Reinken mit seinem Taktstock auf den Notenständer vor ihm, hob den Dirigentenstab in die Höhe und ließ mit einer schwungvollen Abwärtsbewegung das Konzert beginnen.

Zum Glück spielten wir zuerst die einfachen Stücke, die ich noch problemlos mitspielen konnte. Aber schon bald stieß ich an meine musikalischen Grenzen. Herr Reinken hatte mit seinen Adleraugen alles im Blick. Beim ersten aufkommenden Applaus hatte er mir noch wohlwollend zugenickt. Das änderte sich schlagartig, als sich sein Blick bei den nächsten Stücken immer wieder auf meinen auf der Lufttaste in Dauerstellung liegenden Daumen bohrte. Ich bemerkte ein Zittern auf seinen leicht zusammengekniffenen Lippen. Mein Daumen zitterte mit. Ich starrte weiter unentwegt mit einem äußerst angestrengten Gesichtsausdruck in meine Noten und ließ meine rechte Hand in rasantem Tempo über die Tastatur fliegen. Wobei aus meinem Akkordeon nicht ein Ton das staunende Publikum erreichte. Schließlich brachten wir beide den ersten Teil des Konzertes zu einem vernünftigen Ende. Ein lang anhaltender Applaus honorierte die bisherige Darbietung. Es schien, als ob nur ich und Herr Reinken meinen Daumen auf der Lufttaste bemerkt hatten. In der Pause versuchte ich sofort aus seinem Blickfeld zu verschwinden. Doch er stellte mich und ordnete an, den zweiten Teil des Konzertes nicht auf der Bühne, sondern am Tisch meiner Eltern zu verbringen.

Na fein, so konnte ich bei Tee und Gebäck gemütlich dem Rest des Weihnachtskonzerts lauschen. Durch meinen Abgang hatten sich eine Lücke in der ersten Reihe sowie ein ungehinderter Blick auf meine Schwester aufgetan. Bewundernswert, wie die Finger ihrer rechten Hand über die Tasten flogen. Diese einzigartigen Bewegungen waren sonst bei keinem anderen zu sehen. Auch ihr angestrengter Blick in die Notenblätter fiel mir auf. Und sosehr ich mich auch bemühte, so konnte ich doch keinen Ton aus ihrem Akkordeon wahrnehmen. Dafür bemerkte ich ein Zittern in ihrem Daumen, der in Dauerstellung auf der Lufttaste lag. Wahrscheinlich zitterten die Lippen von Herrn Reinken wieder mit.

Nach diesem Weihnachtskonzert beendete ich meine Karriere als Orchestermusiker.

Ob Herr Reinken auch froh darüber war? Ich weiß es nicht. Trotz der damaligen anstrengenden Übungseinheiten habe ich meinen Lehrer heute in angenehmer Erinnerung. Er hat mir die Notenschrift und die Musik nahegebracht. Und die Musik ist etwas Wunderschönes.

Gehen Sie doch wieder einmal in ein Weihnachtskonzert. Sie werden es genießen. Und achten Sie dabei auf die Daumen der Musiker. Besonders bei einem Akkordeonspieler.

TROTZ ALLEM – MEIN SCHÖNSTES WEIHNACHTSFEST!

Christa Gruhn

Es war Anfang Dezember. Seit Tagen freute ich mich riesig auf die Lesung meiner Weihnachtsgeschichte in der alten Heimat. Hier hatte ich die frühen Jahre meiner Kindheit verbracht. Der Veranstalter warb dafür mit meinem Mädchennamen. Das ließ mich noch mehr darauf hoffen, meinen Spielfreund wiederzusehen, mit dem ich damals dieses eine, besondere Weihnachtsfest erlebt hatte.

Am Morgen meiner Abreise zu der Lesung regnete es in Strömen. Ein düsterer Start.

«Stell dir vor, der Regen wäre Schnee», sagte ich zu meinem Mann, «dann wäre es wie damals!»

«Wenn's so wäre, müsstest du deine Reise witterungsbedingt wohl absagen», antwortete er entspannt.

«Absagen? Um Himmels willen, die Lesung ist ausverkauft!» Ich packte meine Reisetasche, denn ich würde in dem kleinen Städtchen übernachten.

Mein Mann spannte den großen Regenschirm auf

und brachte mich zum Auto. «Mach dir keine zu großen Hoffnungen. Wer weiß, wo der Mann heute wohnt, wenn er überhaupt noch lebt.»

«Aber er ist doch nicht älter als ich.» Leichte Zweifel kamen jedoch auch mir.

Mein Mann gab mir einen Abschiedskuss und setzte auf seine Bedenken noch eins drauf. «Frauen leben länger!»

Ich sah ihn nachdenklich an. Dann stieg ich in mein Auto und fuhr los.

Es war bereits dunkel, als ich vor der Stadtbibliothek ankam. Der Regen hatte aufgehört. Vor dem Eingang standen einige Leute mit der Veranstalterin zusammen. Ich nannte meinen Namen und wurde herzlich begrüßt. Wir gingen nun in den halb abgedunkelten Saal zu den wartenden Gästen. Auf dem Podium stand ein Tisch mit einer Leselampe, einer Flasche Wasser und einem Glas. Nachdem die Veranstalterin die Gäste begrüßt hatte, stellte er mich vor. Ich bedankte mich und gab eine kleine Einführung in die Zeit, in der diese Weihnachtsgeschichte spielte, denn unter meinen Zuhörern waren auch viele junge Menschen, die diese Armut Gott sei Dank nicht mehr erlebt hatten. Dann begann ich zu lesen:

Wir befinden uns im Jahr 1946. Unzählige Menschen in Deutschland waren seit Kriegsende noch immer auf der Flucht oder hausten in zerbombten Häusern. Meine Familie hatte aus damaliger Sicht Glück im Unglück gehabt. Sie fand zusammen mit Vertriebenen aus Schlesien und Pommern Aufnahme in einem schönen, alten Backsteinhaus. Die Bewohner wuchsen rasch zu einer Notgemeinschaft zusammen. Man achtete den Nachbarn. Wer etwas mehr hatte, teilte.

Ende November begann es, heftig zu schneien. Der kälteste Winter der Nachkriegszeit kündigte sich an. In unserem Haus lebten viele Kinder, die den Schnee trotz mangelhafter Kleidung sehr willkommen hießen. Sie tobten draußen in den Schneebergen, benutzten breite Bretter anstelle von Schlitten. Seiften sich gegenseitig mit Schnee ein und warfen Schneebälle in alle Richtungen. Darüber vergaßen sie Kälte und Hunger. Erst wenn die Mütter sie riefen, begannen sie zu frieren, und der Hunger trieb sie schnell nach Hause.

Unter den Kindern war ein Junge, vier Jahre alt wie ich. Peter hieß er. Wir freundeten uns an, weil er kein Rabauke war wie die anderen Jungen. Im Gegenteil, Peter war sehr schüchtern und stand noch lange unter dem Schock der schrecklichen Flucht. Nicht selten starrte er plötzlich in die Ferne und sagte: «Bald fahren wir wieder nach Hause.» Auch wiederholte er immer wieder: «Du hast es gut, du hast noch einen Vater!»

Ich fragte ihn, wo denn sein Vater sei. Er antwortete: «Mein Vater ist gefallen.» Ich sah ihn fragend an. Er senkte seinen Kopf, und ich spürte, dass er traurig war. Später fragte ich meine Mutter, was diese Worte bedeuteten, und sie erklärte, dass Peters Vater im Krieg gestorben sei.

Anfang Dezember verschlechterten sich die Lebensverhältnisse für die Menschen, und viele litten bereits Hunger. Wer dachte da an Festessen, wenn jeder Tag eine neue Herausforderung für das Überleben war? Lebensmittel und Dinge des täglichen Bedarfs gab es ja nur auf Bezugskarten, die nach Alter und Arbeit gestaffelt waren. Schwerstarbeiter hatten den größten Anspruch, Kinder und Alte den geringsten. Die Versorgung war jedoch für alle Menschen gleich katastrophal.

Wir hatten ein dichtes Dach über dem Kopf. Genügend Holz sorgte für einen ständig warmen Kachelofen in den Zimmern trotz der sibirischen Kälte draußen. Und wir lagerten Äpfel im Keller. Holten wir sie hoch, schmorten wir sie in der Bratröhre im Kachelofen zu köstlichen Bratäpfeln, die ich bis heute liebe! Bücher besaßen wir keine mehr, aber meine Mutter kannte viele Lieder, Märchen und Geschichten. Mit diesem kostbaren Schatz unterhielt sie uns Abend für Abend vor dem lodernden, wärmenden Feuer des Kachelofens.

Mein Spielfreund Peter lebte mit seiner Mutter, Großmutter und jüngeren Schwester in einem kleinen Zimmer. In dieser räumlichen Enge war er besonders in der kalten Jahreszeit sehr unglücklich, weil der Aufenthalt im Freien wegen der Kälte nur von kurzer Dauer sein konnte.

Meine Mutter lud ihn deshalb immer öfter zu uns ein. In der Weihnachtszeit lernte er mit mir die Weihnachtslieder, die meine Mutter uns vorsang, und hörte mit mir Märchen der Brüder Grimm und von Hans Christian Andersen. Besonders liebten wir das Märchen «Das Mädchen mit den Schwefelhölzern», welches meine Mutter oft mit dem Satz beendete: «Nun wisst ihr, wie gut es euch geht!»

Einige Tage vor Weihnachten entdeckten Peter und ich auf der Veranda vor unserem Wohnzimmerfenster einen Tannenbaum. Wir glaubten ganz fest, dass der Weihnachtsmann ihn dort abgestellt hatte, um ihn an Heiligabend ins Wohnzimmer zu holen. Von nun an machten Peter und ich täglich einen Kontrollgang, um uns zu vergewissern, dass sich der Tannenbaum noch auf der Veranda befand.

Und dann war endlich Heiligabend!

«Wenn es dunkel ist, kommt der Weihnachtsmann», hatte meine Mutter versprochen. Als der späte Nachmittag hereinbrach, sah ich aus dem Kinderzimmerfenster: Der Baum stand noch auf der Veranda, was mich ziemlich beunruhigte. Da Peter nicht bei uns war, erzählte ich meinem zweijährigen Bruder die Geschichte von dem Tannenbaum auf der Veranda. Er krabbelte auf einen Stuhl und sah nun auch den Baum. Von da an liefen wir alle paar Minuten zum Fenster. Aber der Tannenbaum stand nach wie vor auf der Veranda, obwohl es draußen stockfinster war.

Plötzlich begann mein Bruder, herzzerreißend und laut zu weinen, was meine Mutter sofort alarmierte. Mit zittrigem Stimmchen rief er ununterbrochen: «Der Baum, der Baum ...»

Meine Mutter nahm den kleinen weinenden Jungen auf den Arm, versuchte, ihn zu trösten, und wandte sich dann an mich: «Was meint er damit? Womit hast du ihn beunruhigt?»

«Ich habe nichts gemacht, gar nichts! Er heult, weil auf der Veranda immer noch der Tannenbaum steht!»

Meine Mutter schüttelte den Kopf, warf mir einen verständnislosen Blick zu und versuchte, den Jungen zu beruhigen. Aber die Tränen flossen unaufhörlich weiter.

Plötzlich ertönte ein Glöckchen, und die Tür zum Weihnachtszimmer öffnete sich. Welch ein Anblick! Eine große, wunderschöne Tanne stand dort, über und über mit glitzerndem weißem Schnee auf den Zweigen und brennenden Kerzen. Andächtig betrachteten mein Bruder und ich dieses weihnachtliche Wunder. Schnee, der nicht taute, lag auf den Zweigen! Wie konnte das sein?

Meine Mutter stimmte ein Weihnachtslied an, das ich in der Adventszeit gelernt hatte und nun mitsingen konnte. Da klopfte es zaghaft an der Tür. Es war Peters Klopfzeichen. Die ganze Familie von Peter stand davor. Welch schöne Überraschung für mich. Meine Mutter hatte Peters Familie zum Heiligabend eingeladen!

«Dürfen wir wirklich zu euch kommen?», fragte Peters Mutter zögernd.

«Aber ja! Kommt nur herein. Wir rücken zusammen, dann hat es Platz für alle!» Mein Vater öffnete die Türe noch ein Stück weiter, und die Familie betrat freudig das warme Zimmer. Staunend wie mein Bruder und ich nur wenige Momente zuvor standen sie vor dem Schneebaum, der im Kerzenschein zauberhaft glitzerte. Meine Eltern stellten schnell alle vorhandenen Stühle um den Esstisch, dass jeder einen Platz fand.

Die kleinen Kinder saßen auf dem Schoß ihrer Mütter, ich kletterte auf den Schoß meines Vaters und Peter auf den Schoß seiner Oma. Nun begann mein Vater ein lustiges Spiel mit uns. Jeder sollte sich eine Kerze aussuchen. Derjenige, dessen Kerze am längsten brannte, würde am längsten leben. Mein Vater war der Älteste in der Runde, dennoch brannte seine Kerze am längsten. Wir Kinder staunten. Erst Jahre später kam ich hinter seinen Trick: Er hatte für sich die Kerze gewählt, die er zuletzt angezündet hatte.

In Schlesien und in meiner Familie gab es eine Weihnachtstradition: Mohnpielen. Die dafür nötigen Zutaten hatte meine Mutter über Wochen «organisiert». Mohn und altes Weißbrot hatte sie vom Bäcker unter der Ladentheke erstanden, Milch vom Bauern, Bucheckern ersetzten die Mandeln, nur der Rum fehlte. Nachdem die Kerzen heruntergebrannt waren, stellte meine Mutter zur großen Überraschung unserer schlesischen Gäste nun eine große Schüssel Mohnpielen auf den Tisch. Ein Strahlen ging über die erstaunten Gesichter. Alle, auch wir Kinder, durften ordentlich zulangen, denn es war reichlich da, und die Speise war lecker süß.

Plötzlich fiel mir der Tannenbaum auf der Veranda ein. Ich sprang vom Schoß meines Vaters und rannte zum Fenster. Da stand der Baum immer noch. Uns hatte der Weihnachtsmann also einen anderen Baum gebracht. Was aber sollte mit dem Baum da draußen geschehen? Ich erfuhr es am nächsten Tag, dem ersten Weihnachtstag. Denn da holte mein Vater den Baum von der Veranda und stellte ihn in die Eingangshalle des Hauses. Mit viel Salz und wenig Wasser rührte er einen dicken Brei an und bestrich die Zweige damit, bis auch diese Tanne wie mit Schnee bestäubt aussah. In der Halle befand sich ein offener Kamin, in dem am späten Nachmittag ein Feuer brannte. Die Hausbewohner trauten ihren Augen nicht, als sie aus ihren Zimmern in die Halle kamen und den Weihnachtsbaum sahen. Nun konnten auch sie sich an einem Weihnachtsbaum erfreuen und am Kamin wärmen.

Meine Lesung endete. Nach einer kurzen, wohl auch nachdenklichen Pause spendeten mir meine Zuhörer wohlwollenden Applaus. All meine anfängliche Anspannung hatte sich längst verflüchtigt, denn ich spürte sehr schnell das Interesse und die Aufmerksamkeit der Anwesenden. Meine Hoffnung auf ein Wiedersehen mit Peter würde sich wohl nicht erfüllen. Ich stand auf und bedankte mich herzlich.

Doch keiner der Gäste erhob sich mit mir. Die kleine Leinwand und der Projektor auf dem Podium versprachen ganz offensichtlich noch eine Zugabe.

Und so nutzte ich die Gelegenheit und bat noch einmal um Gehör: «Zum Abschluss möchte ich Ihnen noch ein paar Bilder zeigen, die eine junge Fotografin damals von meiner Familie und Kindern aus dem roten Backsteinhaus hier im Ort aufgenommen hat.»

Ich zeigte und erklärte fünf Fotos, alles fröhliche Sommeraufnahmen. Auf dem letzten Foto waren meine Eltern, meine Geschwister, Peter mit seiner Schwester und mit mir zu sehen. Ich erklärte auch dieses Foto. Dann stellte ich die Frage: «Kennt jemand Peter?»

Da erhob sich plötzlich aus dem Publikum ein Mann mit einem strahlenden Lächeln: «Hier bin ich!»

NÄCHSTE AUSFAHRT: WEIHNACHTEN

Stefanie Weingartz

«Das klappt bestimmt nicht!»
«Doch, mit etwas Planung ...»
«Nie und nimmer, das funktioniert nicht!»
«Aber ja, wir müssen nur wollen.»

1. NOVEMBER, ALLERHEILIGEN, 8:30 UHR

Es war ein ruhiger, nebliger Morgen, der dazu einlud, den Tag gemütlich und entspannt mit einem ausgiebigen Frühstück zu beginnen. Wir saßen am Tisch und lasen zum x-ten Mal die ausgedruckte E-Mail unserer spanischen Freunde Angela und Jordi. Ihre Nachricht hatten wir bereits am vorigen Abend erhalten und uns danach bis spät in die Nacht die Köpfe heiß geredet. Doch auch nachdem wir darüber geschlafen hatten, waren wir nicht einen Schritt weitergekommen. Man hätte meinen können, es handele sich um ein unlösbares Problem, doch das Gegenteil war der Fall. Es war eine Einladung zum sechzigsten Geburtstag von Jordi ... nach Spanien ... am 23. Dezember! Und das war der Knackpunkt.

Meinem Mann, dem außer seinem Garten sonst nicht viel wichtig zu sein schien, waren Weihnachten und die damit verbundenen Traditionen heilig. Alles musste stets nach einem bestimmten Ritual ablaufen, an dem nicht gerüttelt werden durfte. In diesem Jahr hatte er bereits einen schweren Rückschlag einstecken müssen. Unsere Tochter hatte vor ein paar Wochen kurzerhand erklärt, dass wir in diesem Jahr zum ersten Mal alle zusammen bei ihr und ihrer Familie feiern würden und nicht, wie sonst, bei uns. («Das geht doch gar nicht!», hatte mein Mann irritiert gesagt.) Und das auch nicht an Heiligabend, wie sonst, sondern am ersten Weihnachtstag. («Aber wir feiern doch immer Heiligabend zusammen!», empörte er sich.) Und nun diese Einladung für den 23. Dezember.

«Also», versuchte ich es noch einmal. «Wir könnten am einundzwanzigsten Dezember fahren, hätten dann einen schönen ruhigen nächsten Tag, am dreiundzwanzigsten das Fest und würden an Heiligabend morgens zurückfahren. Da wird auf der Autobahn nicht viel los sein, und wir sind am frühen Abend zu Hause. Wir essen Kartoffelsalat und Würstchen, und am ersten Weihnachtstag fahren wir mittags zu den Kindern. Perfekt!»

«Ein ganz schöner Marathon», warf mein Mann ein. «So jung sind wir ja auch nicht mehr!»

«Du sagst doch immer, man sei so jung, wie man sich fühlt, und ziehst auf jedem Foto den Bauch ein.»

«Also gut, aber das wird der pure Stress, das sage ich dir. Und wenn irgendetwas mit Weihnachten nicht klappt, geht es auf deine Kappe.» Unheilvoll deutete mein Mann mit dem Zeigefinger auf mich.

«Es wird schon klappen», erwiderte ich. «Und mehr noch, es wird ein kleines Abenteuer, wie früher.»

24. DEZEMBER, HEILIGABEND, 10:00 UHR

«War das ein schönes Fest, einfach wunderbar! Gut, dass wir da waren. Das habe ich ja von Anfang an gesagt!»

«Ja, stimmt, ich erinnere mich.» Ich schmunzelte. «Du warst direkt Feuer und Flamme für die Reise.»

«Natürlich!», entrüstete sich mein Mann, um dann gleich weiter zu schwärmen. «Der Rotwein ... einfach großartig! Und erst das Tapas-Buffet – fantastisch! Ich habe dir schon immer gesagt: raus aus dem Alltagstrott und ruhig mal etwas wagen.»

Wir befanden uns auf der Heimfahrt nach Deutschland in Südfrankreich auf der Autobahn. Der Verkehr floss ruhig dahin. Wenn es so bliebe, würden wir früher als erwartet ankommen. So zufrieden gestimmt, ließen wir das gestrige Fest Revue passieren. Es war wirklich sehr schön gewesen, alle hatten sich über das Wiedersehen gefreut, und die anfängliche Skepsis meines Mannes hatte sich in Begeisterung verwandelt.

Plötzlich unterbrach ein lautes, aufschlagendes Scheppern seinen Lobgesang.

«Was war das?», rief ich erschrocken.

In diesem Moment überholte uns ein aufblinkender Kleintransporter, in dem ein Mann wild gestikulierte und nach hinten deutete. Zum Glück näherten wir uns gerade einer Nothaltebucht. Mein Mann fuhr rechts ran. Wir liefen um das Auto herum und sahen das Malheur: Mitten auf dem Asphalt unter dem Auto lag das Auspuffrohr. Es hing quasi nur noch an dem sprichwörtlichen seidenen Faden.

«Habe ich es nicht gleich gesagt ...?», schimpfte mein Mann los. «Was für eine Schnapsidee, drei Tage vor Weihnachten nach Spanien zu fahren!»

«Jetzt mal ganz ruhig», versuchte ich die Situation zu entschärfen. «Wir sind gerade an einem Hinweisschild zur nächsten Ausfahrt vorbeigefahren – zufällig ist das der Ort, in dem wir schon mehrmals auf der Hinfahrt übernachtet haben. Und wenn ich mich richtig erinnere, ist gegenüber von unserem Hotel eine kleine Werkstatt: ‹Garage sowieso›. Wenn wir es bis dahin schaffen, kann man uns bestimmt helfen. Mit unserem französischen Wagen wird man uns doch wohl nicht hängen lassen.»

«Bis nach Deutschland kommen wir so jedenfalls auf gar keinen Fall!», meinte mein Mann und kramte widerwillig im Kofferraum rum. «Irgendwo muss ich doch noch Draht aus dem Garten haben», murmelte er, tauchte mit einem Stück von ebendiesem wieder auf. Dann fummelte er unter dem Wagen herum und versuchte, das Rohr zu fixieren, damit es bis zur Werkstatt hielt.

Als alles notdürftig befestigt war, rollten wir langsam Richtung Autobahnausfahrt. Ein wenig später hielten wir vor der kleinen Werkstatt und schauten durch das geöffnete Rolltor in das dämmrige Innere. Ein junger Mann in einem ölverschmierten Overall kam uns entgegen und gab uns zu verstehen, dass wir hier nicht parken durften. Ich raffte all mein vergrabenes Schulfranzösisch zusammen und schilderte gestenreich die Situation, unterstützt von meinem Mann, der stolz seine Drahtkonstruktion demonstrierte. Der junge Mann murmelte etwas Unverständliches und verschwand dann in den Tiefen der Werkstatt. Wir schauten uns an. Und warteten. Nach ein paar Minuten erschien der Mechaniker wieder und setzte zu einer langen Erklärung an.

«Oje», sagte ich, «wenn ich ihn richtig verstanden habe, hat er das passende Teil nicht da, aber sein Cousin Jacques könnte uns helfen. Er hat ebenfalls eine ‹Garage› zehn Kilometer von hier. Er kommt vorbei, aber erst nach dem Mittagessen. Seine Frau hat eine ‹Daube› gemacht, und die will er erst genießen.»

«Was ist denn das, eine Daube?», fragte mein Mann.

«Ein provenzalisches Schmorgericht», erklärte ich.

«Ich habe auch Hunger», sagte mein Mann.

Es stellte sich heraus, dass wir uns von dem Gedanken verabschieden mussten, heute noch nach Hause zu fahren. Es sei denn, wir wollten mitten in der Nacht ankommen.

«Wie ich es befürchtet habe», stöhnte mein Mann. «Weihnachten fällt aus!»

«Da gibt es nur eine Möglichkeit», sagte ich. «Wir übernachten hier und fahren morgen in der Frühe weiter.»

Ich zog meinen Mann zum kleinen Hotel gegenüber der Garage. Wir hatten Glück. Die nette Hotelbesitzerin, Madame Fournier, schien sich sogar an uns zu erinnern.

«Kein Problem», meinte sie. «Wir haben genügend Zimmer frei, ist ja Weihnachten. Sie wissen schon, dass wir kein Restaurant haben, falls Sie heute Abend etwas essen wollen?» Mein Mann würde gleich in Ohnmacht fallen, so schien es. «Aber», so ergänzte Madame Fournier zu unserer Erleichterung, «nebenan ist das ‹Sanglier›. Das hat heute Abend geöffnet. An Heiligabend ist da immer etwas los.»

Am Gesichtsausdruck meines Mannes konnte ich ablesen, was er davon hielt. Noch bevor er etwas erwidern konnte, sagte ich: «Jetzt holen wir erst einmal ein paar Sachen aus dem Auto und beziehen unser Zimmer. Dann sehen wir weiter.»

In den nächsten Stunden telefonierten wir mit den Kindern und unseren Nachbarn, die uns zu Hause erwarteten. Nachdem wir uns etwas ausgeruht und frisch gemacht hatten, war es bereits später Nachmittag. Mein Mann drängelte, er wollte etwas essen. Also machten wir uns auf zum «Sanglier», zum «Wildschwein», wie es auf Deutsch heißt. Das jedoch entpuppte sich nicht als Restaurant, es war auch kein Bistro, nein, wir fanden uns vielmehr vor einem Tabak-Zigaretten-Verkauf mit Lottoannahmestelle wieder. Im vorderen Bereich standen drei Stehtische, die wohl dazu dienten, die Lottoscheine auszufüllen und Rubbellose zu bearbeiten. Im hinteren Bereich gruppierten sich fünf kleine Tische um eine Eckbank, die den ganzen Raum einnahm. Dort und an der Bar konnte man den Wein eines lokalen Weinguts verkosten. Dazu wurden kleine Speisen angeboten. Wir studierten die Karte, die vor dem Laden aushing. Es gab eine Käse-, eine Wurst- und Schinkenplatte sowie eine Quiche.

«Na, das ist doch was», meinte ich.

«Davon soll ich satt werden?», maulte mein Mann. «Was ist das überhaupt für ein Heiligabend-Essen?»

«Sei froh, dass wir überhaupt etwas gefunden haben», entgegnete ich. «Komm, da gehen wir jetzt rein!»

Als wir eintraten, verstummten auf einen Schlag sämtliche Gespräche, und zwölf Augenpaare starrten uns an. Fremde, augenscheinlich auch noch Touristen, erwartete hier an Heiligabend wohl niemand.

«Ähm, bonjour, guten Tag, hätten Sie für zwei Personen noch einen Tisch frei? Wir würden gerne etwas essen und trinken», versuchte ich es auf Französisch.

Einer der beiden jungen Männer hinter der Theke zuckte mit den Schultern. «Wir haben heute eine Weihnachtsfeier, da ist jeder willkommen.» Er deutete auf den hinteren, menschenleeren Raum. «Suchen Sie sich einen Platz aus. Die Küche hat allerdings geschlossen, heute wird gefeiert! Was möchten Sie trinken?»

Mein Mann sah erneut aus, als würde er gleich in

Ohnmacht fallen, und ich bestellte schnell zwei Gläschen vom hauseigenen Rosé.

Der Kellner kam mit unserem Wein und zwei Schälchen mit Oliven und Erdnüssen. Sofort stürzte sich mein Mann darauf. Ich schaute mich in der Bar um. Es waren ausschließlich Männer aller Altersstufen in schmutziger Arbeitskleidung anwesend. Narben und Tattoos, wohin man sah.

In diesem Moment flog die Tür auf, und mit einem lauten «Bonjour, mes amis!» fegte eine Frau in den Raum. Sie war klein und mollig, hatte knallrote Haare und trug schwarze Kunstleder-Leggings. Die ausladende Oberweite zierte ein enges Pailletten-T-Shirt, und unter dem Arm trug sie einen großen Korb. Sofort kam Bewegung in die anwesenden Männer.

«Bonjour, Claudette, wie geht's?»

Ihr wurde der Korb abgenommen, es gab Küsschen links und rechts, und lautes Palaver erhob sich.

«Ach, du meine Güte», murmelte mein Mann.

Unterdessen gab Claudette lautstark Anweisungen, wobei ihre Stimme rau wie die einer starken Raucherin war – Gauloises ohne Filter. Die Tische wurden auseinandergeschoben und Stühle aus einem Lagerraum geholt. Dann öffnete sich die Tür abermals, und mehrere Frauen, ebenfalls mit Körben, einige mit Kisten beladen, traten ein.

Sprachlos sah ich von unserer Ecke aus zu. Selbst mein Mann versagte sich jeglichen Kommentar. Kurze Zeit später kam einer der jungen Angestellten, Pierre, wie sein Namensschild verriet, an unseren Tisch.

«Wir bauen nun das Buffet auf und brauchen Ihren Tisch. Wenn Sie helfen, geht's schneller!»

Ich stieß meinen Mann an. «Los, steh auf!»

Claudette und die anderen Damen deckten weiße Tücher über die Tische, dann wurde das Buffet aufgebaut. Und was für ein Buffet! Es waren lauter Köstlichkeiten: ein riesiger Schmortopf mit einem Fleischgericht, Hähnchen, Gemüseplatten mit Aioli, knuspriges Baguette, Käse, Oliven und natürlich die für die Region berühmten dreizehn Desserts. Jedes der Gerichte wurde unter großem Jubel und Applaus aufgetragen und jeweils der Name der Köchin genannt. Es duftete köstlich in dem Raum hinter dem Kiosk.

«Ich denke, jetzt kommt der private Teil der Weihnachtsfeier. Am besten zahlen wir und gehen», meinte ich. Mein Mann, dem wohl schon das Wasser im Mund zusammenlief, nickte ergeben. «Was sind wir schuldig?», fragte ich Pierre.

«Sie wollen schon gehen?», erwiderte er. «Bleiben Sie denn nicht zum Essen? Heute sind doch alle eingeladen.» Er strahlte und wies auf die Anwesenden. «Alles Freunde. Viele sind ohne Familie, daher die Tradition, zusammen zu feiern. Heute soll keiner alleine sein.»

Wir starrten ihn mit großen Augen an.

«Wir sind eingeladen?», fragte mein Mann fassungslos, der zum ersten Mal den Mund aufmachte. «Aber wir sind doch Fremde.»

Mit einer wegwerfenden Bewegung deutete Pierre auf das Buffet. «Sie sind hier und feiern jetzt mit uns.»

Er winkte Claudette zu sich heran, sprach ein paar

Worte mit ihr, worauf sie ein strahlendes Lächeln zeigte und mit ausgebreiteten Armen auf uns zukam. Nach etlichen Wangenküsschen – wobei sie meinen Mann mehrmals an ihre Brust zog und er mir einen ängstlichen Blick zuwarf – schien die Sache klar zu sein.

«Das Buffet ist eröffnet!»

Das ließ sich niemand zweimal sagen.

Der Wein floss in Strömen, und die Stimmung wurde immer ausgelassener. Überall sah man glückliche, zufriedene Gesichter. Und mittendrin zwischen den einheimischen Gästen waren wir, mein Mann und ich, und redeten mit Händen und Füßen, wobei die Sprachhürden mit jedem Gläschen Wein niedriger wurden. So vergingen die Stunden. Irgendwann fing jemand an zu singen, und alle stimmten mit ein. Obwohl wir die meisten Lieder nicht kannten und verstanden, spürten wir doch deren Bedeutung. Es waren lustige und traurige Lieder, besinnliche und fröhliche. Von irgendwoher schlugen die Glocken Mitternacht.

Ein alter Mann stand auf, erhob sein Glas und rief: «Frohe Weihnachten, meine Freunde!»

Alle stimmten ein. Ergriffen schaute ich meinen Mann an, der meine Hand genommen hatte, und schluckte. «Frohe Weihnachten, mein Schatz!»

Wir ließen es uns nicht nehmen, am Ende mit aufzuräumen. Dann verabschiedeten wir uns dankbar von allen, nachdem man uns noch das Versprechen abgenommen hatte, irgendwann wiederzukommen, und gingen durch die klare Weihnachtsnacht zum Hotel.

25. DEZEMBER,
1. WEIHNACHTSTAG, 12:00 UHR

«Was für ein schöner Heiligabend!» Mein Mann strahlte. «Ich hab's ja immer gesagt, man muss mal etwas anderes machen. Raus aus der Komfortzone, rein ins Abenteuer. Nur so erlebt man solch wunderbare Dinge!»

Ich zog die Augenbrauen hoch. Wir fuhren auf der Autobahn Richtung Heimat. Mein Mann schwärmte gefühlt seit Stunden vom gestrigen Abend, und ich lächelte vor mich hin. Wer hätte gedacht, dass aus unserem Missgeschick so etwas Schönes entstehen würde? Unverhofft und unerwartet hatten wir Hilfsbereitschaft und Gastfreundschaft erfahren dürfen und waren als Ausländer in einem anderen Land, noch dazu an Weihnachten, mit offenen Armen empfangen worden – keine Selbstverständlichkeit. Wenn das kein schönes Weihnachtsgeschenk war!

«Du hast recht, mein Lieber», erwiderte ich und stellte die Weihnachtsmusik lauter. «Da haben wir den Kindern nachher was zu erzählen. Und jetzt gib Gas, nächste Ausfahrt: Weihnachten!»

EMMA ODER DIE GEBURT

Monika Roncuzzi

Emma wohnte im zweiten Stock unseres Häuserblocks in einer winzigen Wohnung. Sie kam schon etwas merkwürdig daher, die kleine, alte, etwas verwirrte Frau in ihrer schwarzen Lederjacke, mit ihrem grauen Pagenschnitt und dem verkniffenen Mund. Wir haben sie alle ein wenig belächelt.

Die Lausbuben machten sich einen Spaß daraus, sie in ein Gespräch zu verwickeln und sich über sie lustig zu machen. Manchmal merkte sie es und wurde böse. Emma war oft abwesend, vergaß hin und wieder, das Radio auszustellen, wenn sie ins Bett ging, und regelmäßig zu essen. Und manchmal quoll ihr Briefkasten über.

Eigentlich hätte sie in ein Seniorenheim gehört, aber dafür war sie zu eigenwillig, und mit etwas Unterstützung schaffte sie ihren Alltag recht gut. Ein Beistand half ihr, das Geld zu verwalten, und die Wirtsleute unserer «Krone» hatten sie – mehr aus Mitleid als aus Bedarf – als Küchenhilfe eingestellt. Emma wusch dort die Kochtöpfe. «Das kann ich», sagte sie stolz, «ich bin der Kasserolli.» Zweimal in der Woche ging sie hin und bekam bei dieser Gelegenheit eine warme Mahlzeit.

Keiner wusste so recht, wie es dazu kam, aber nach und nach fasste Emma Zutrauen zu mir, ihrer Nachbarin, und kam immer öfter auf einen Kaffee vorbei. Sie erzählte mir von ihrem bösen Stiefvater, von ihrer Mutter und von ihrer Schwester, die sie nie besuchen kam. Emma hatte auch Erinnerungen an ein Kinderheim: «Beim Essen bekamen wir alle nur einen Löffel, kein Messer und keine Gabel, damit die Heimbewohner nicht aufeinander losgingen.»

Wenn Emma Schwierigkeiten hatte, wandte sie sich vertrauensvoll an mich. «Welchen Wochentag haben wir heute?», fragte sie dann. Oder: «Ich kann heute nicht waschen, die Waschmaschine ist kaputt.» Einmal stand sie aufgelöst vor meiner Wohnungstür: «Was soll ich bloß tun? Meine Kanarienvögel sind aus dem Käfig geflogen, als ich ihn putzen wollte!»

Als ich für unser erstes Pflegekind das Gitterbettchen neu anstrich und einrichtete, saß Emma dabei und sagte immer wieder: «Das Baby wird es gut haben bei dir, wenn ich ein Baby wäre, würdest du mich dann auch hüten?»

«Natürlich würde ich dich hüten», versicherte ich ihr jedes Mal.

Nach einer Stunde wurde es mir dann zu viel, und ich sagte: «Liebes Emmachen, jetzt musst du wieder einmal nach oben.»

Emma begleitete mich überallhin im Haus, so kam es, dass sie bei einem Gang in den Keller eine große

Zierpuppe entdeckte, die einst als spanische Prinzessin auf einem italienischen Ehebett gethront hatte.

«Oh, die ist aber schön!», rief Emma entzückt. «So eine möchte ich auch haben, die könnte auf meinem Bett sitzen und mir Gesellschaft leisten, dann wäre ich nicht mehr so allein.»

Ich wollte Emma die Puppe gern schenken, da aber das lange Prinzessinnenkleid zerschlissen war und Weihnachten bevorstand, beschloss ich, der Puppe zuerst moderne Kleider zu nähen und sie Emma neu eingekleidet zu überreichen.

Die Prinzessinnenpuppe sah dann recht hübsch aus, in ihren Jeans und der geblümten Bluse. Ich wickelte sie in ein großes Stück Papier, und da kam mir der Gedanke, Emma für den Heiligen Abend zu uns einzuladen.

Zum Fest hatte Emma sich hübsch gemacht und strahlte mit dem Weihnachtsbaum um die Wette. Sie aß mit Appetit und redete vergnügt und treuherzig drauflos. Dann kam der große Moment der Bescherung: Jeder packte sein Geschenk aus, freute und bedankte sich. Als ich Emma das unförmige Paket überreichte, war sie sprachlos.

«Für mich?», fragte sie. «Ein solches Paket?»

«Du musst es auspacken», drängten wir.

Hilflos wendete sie das Geschenk hin und her. Wir halfen ihr beim Auspacken, rissen das Paket an einem Ende auf, und Emma begann, ängstlich und vorsichtig an dem Geschenk zu ziehen. Wir beteiligten uns alle:

Die einen machten ihr Mut, die anderen halfen zu ziehen, bis – ganz langsam und unter größter Anstrengung – die große Puppe hervorkam. Es war wie eine Geburt – Steißlage!

Emma schrie entzückt auf: «Ein Kind ... für mich!» Sie umarmte und küsste die Puppe immer wieder, lachte froh und drückte sie ans Herz. Emma war selig!

Und wir? Wir schauten betroffen auf die kleine, alte, stets ein wenig belächelte Frau und sahen für einen Augenblick das Wesentliche aufleuchten, wie ein kleines Stück Himmel.

WEIHNACHTSGELD

Tim Nockemann

Endlich wieder Weihnachtszeit! Die mit Abstand schönste Zeit des Jahres.»

Zufrieden schlenderte Mike Miller durch die Spielwarenabteilung im dritten Stock seines Stammkaufhauses. Die vielen Kunden, die sich um ihn herum in einer zähen Masse durch die viel zu engen Gänge quetschten, störten ihn nicht im Geringsten. Im Gegenteil, er liebte den erbarmungslosen Kampf um die letzten Schnäppchen an den unzähligen Wühltischen, die endlosen Warteschlangen an nur sporadisch besetzten Kassen und das orientierungslos wirkende Gedränge auf hoffnungslos überfüllten Rolltreppen.

Natürlich, auch er war keineswegs zum Vergnügen hier, und doch genoss er den vorweihnachtlichen Trubel in vollen Zügen. Bessere Arbeitsbedingungen konnte man sich gar nicht wünschen. Lauter stressgeplagte Menschen, die geistesabwesend durch die Gegend irrten und sich bei Gott um andere Dinge zu kümmern hatten, als auf ihre Portemonnaies und Brieftaschen zu achten. Ja, er wusste gar nicht, wo er zuerst zugreifen sollte in diesem riesigen Selbstbedienungsladen.

Auch heute hatte er nicht lange gezögert und schon ordentlich Kasse gemacht. Gerade eben bei dieser aufgetakelten alten Fregatte hatte er es besonders genossen, sie um mehrere Scheinchen zu erleichtern, während sie sich auf der Suche nach einer «Kleinigkeit» für ihre Tochter etliche Schmuckstücke vorführen ließ. Tja, da war der so siegessicheren Verkäuferin wohl im letzten Moment noch ein dickes Geschäft durch die Lappen gegangen. Dass die Leute im Zeitalter von Kreditkarten und E-Commerce aber auch immer noch so viel Knete mit sich herumschleppten. Ihm war's nur recht.

Selbst der aufgeblasene Yuppie in der Fußgängerzone hatte neben der protzigen Gold-Card schön altmodisch dreihundert Dollar im Portemonnaie gehabt. Wie gesagt: gehabt!

Mittlerweile war Mike in der Abteilung für Herrenmode angekommen, und da bot sich bereits die nächste Gelegenheit für einen Coup. Dort, der elegante Typ Anfang sechzig vor dem Regal mit den Oberhemden, was blinkte Mike denn da aus der Tasche des grauen Kaschmirmantels entgegen? So eine Einladung auszuschlagen wäre einem Verrat an der gesamten Zunft der Taschendiebe gleichgekommen. Nur zwei Schritte, dann stand Mike neben dem ahnungslosen Hemden-Fan, und nur einen Augenblick später steuerte er mit der Brieftasche unter der Jacke bereits auf die Rolltreppe Richtung Erdgeschoss zu.

«Halt! Stehenbleiben! Haltet den Dieb!»

Jäh fuhr Mike herum. Sein jüngstes Opfer kam hinter ihm hergerannt. Mike zögerte nur eine Schrecksekunde, dann nahm er die Beine in die Hand. Zur Rolltreppe? Auf keinen Fall, viel zu voll! Also ab ins Treppenhaus. Verdammt, für sein Alter war der Kerl aber außergewöhnlich schnell auf den Beinen. Na gut, sollte er seine Kohle doch behalten. Mike ließ die Brieftasche einfach fallen und war mit dem nächsten Satz im Treppenhaus. Er hastete die drei Stockwerke hinunter, nahm die letzten vier Stufen auf einmal, bog in vollem Tempo um die Ecke – und sah auf einmal nur noch rot.

Der Aufprall war so heftig, dass Mike zurückgeschleudert wurde und sich beinahe der Länge nach auf die Nase gelegt hätte. Er konnte den Sturz gerade noch abfangen.

«Ho, ho, ho, wohin so eilig, junger Mann? Noch nicht alle Geschenke beisammen? Das ist doch kein Grund, in Panik zu verfallen!»

Verdattert blickte Mike auf. Hinter der roten Wand, mit der er gerade Bekanntschaft gemacht hatte, verbarg sich niemand anderes als ein großer stämmiger Kaufhaus-Weihnachtsmann, der ihm nun freundlich zuzwinkerte.

«Ver... Verzeihung», stammelte Mike, rappelte sich hoch und versuchte, sich durch die Menschenmenge einen möglichst direkten Weg zum Ausgang zu bahnen. Hat diese billige Santa-Claus-Kopie nichts Besseres zu tun, als im Weg rumzustehen?, ärgerte er sich. Wo waren denn die unzähligen nach Geschenken plärrenden Gören, wenn sie mal gebraucht wurden? Fürs Rumstehen wurde dieser Kerl doch nicht bezahlt!

Als er endlich durch den Ausgang ins Freie gelangt war, verkrümelte Mike sich auf direktem Weg in die nächste U-Bahn-Station.

Das war gerade noch mal gut gegangen. Anscheinend hatte der Typ mit dem Kaschmirmantel, froh darüber, seine Brieftasche wiederzuhaben, die Verfolgung aufgegeben. Mike beschloss, es für heute gut sein zu lassen. Er musste sich von dem Schock erholen, und außerdem hatte er bereits mehr als genug eingenommen. Also nahm er kurzerhand die nächste U-Bahn nach Hause.

Dort angekommen, ließ Mike sich aufs Sofa fallen, um in aller Ruhe Kassensturz zu machen. Doch er durchsuchte seine Taschen vergeblich nach dem Geld. Nichts! Dafür förderte er ein Paar grob gestrickte dicke Wollsocken zutage. Und – halt, da war noch etwas. Ein kleines Grußkärtchen mit einem kitschigen Weihnachtsmann-Motiv. Ungläubig las Mike die Worte auf der Rückseite:

Für Langfinger, die kalte Füße bekommen haben.
Frohes Fest!

Er las die Worte noch einmal. Und noch einmal. Er konnte einfach nicht verstehen, was das zu bedeuten hatte. Hatte ihm da jemand einen bitterbösen Streich gespielt – oder …? Nein, das konnte doch nicht sein!

Seit diesem Tag versucht Mike vergeblich, das Rätsel zu lösen, wie man ihm seine Beute abluchsen konnte, ohne dass er das Geringste bemerkte, und macht in der Weihnachtszeit um alle Kaufhäuser einen großen Bogen.

DAS VERSCHWUNDENE GESCHENK

Waltraud Götz

Michael Gruber war das, was die Freundinnen seiner Frau einen Glücksfall nannten. Denn gewiss gibt es nicht viele Männer, die sich schon im Laufe des Jahres Gedanken über ein Weihnachtsgeschenk für die geliebte Gattin machen. Oft läuft es darauf hinaus, dass erst im letzten Moment etwas – Passendes oder Unpassendes – besorgt wird, wenn überhaupt.

Aber bei Gruber, der von seiner Frau meistens liebevoll Michi genannt wurde, war das anders. Wenn er mit seiner Anni gelegentlich in der Stadt unterwegs war, spitzte er sehr genau die Ohren, um etwaige Signale zu registrieren, was zur Erfüllung eines geheimen Weihnachtswunsches geeignet sein könnte. Es musste schon etwas Besonderes sein, denn niemals wäre es ihm eingefallen, seiner Anni etwa ein Haushaltsgerät, eine Heizdecke oder gar eine Antifaltencreme zu kaufen. Da es nicht oft vorkam, dass Gruber sich der Tortur eines Stadtbummels mit seiner Frau aussetzte (welcher Mann tut das schon gern?), konnte es schon mal vorkommen, dass er bereits im Mai einen nebenbei geäußerten Wunsch seiner Anni erfüllte und das Geschenk dann sorgfältig in seiner «Weihnachtsschatztruhe» deponierte.

«Oh, schau nur, ist das aber eine schöne Tasche. Die würde mir gefallen, wenn sie nur nicht so teuer wär.» Gruber hatte sofort den Sehnsuchtsblick und den Preis registriert und war am nächsten Tag nach der Arbeit in den Laden geeilt, um genau diese Tasche zu erstehen. Das war vor fünf Jahren gewesen, und Annis Freude über dieses liebevoll ausgesuchte Geschenk war unermesslich gewesen. Nun ja, zwischenzeitlich hatten ihr zwar noch viele andere Taschen sehr gut gefallen, aber Anni konnte sich trotzdem noch an den einst geäußerten Wunsch erinnern.

Ähnliches war vor drei Jahren beim Juwelier Goldmann geschehen: Sehnsüchtig hatte Anni vor der Auslage gestanden und ein Paar Ohrringe bewundert. «Die würden gut zu meiner Kette passen», flüsterte sie und wusste mit weiblicher Intuition, dass ihr Michi das sehr wohl in seinem Hinterkopf speicherte. Na gut, ihre Überraschung an Heiligabend war zwar ein wenig gespielt, aber Gruber war in seiner Arglosigkeit so begeistert von ihrer überschwänglichen Freude gewesen, dass er nie auf ihre listige weibliche Manipulation gekommen wäre. So war es auch mit anderen Dingen gewesen: der Armbanduhr oder der sündhaft teuren Kosmetikserie mit angeblichem Wellnesseffekt. Immer hatte Gruber an Heiligabend ihre laut geäußerten und doch geheimen Wünsche erfüllt. Er hielt sich für den besten Schenker weit und breit. Was er ja auch war. Es gibt sicher viele Männer, oder vielleicht sind es auch die meisten, die absolut taub sind, wenn es um die von ihren Liebsten geäußerten Wünsche geht.

Auch in diesem Jahr hatte sich Gruber den Einflüsterungen seiner geliebten Frau gefügt und schon im – *wann war das noch gleich?* – September oder Oktober so ein ... na, ein Dings eben ... erstanden. Er überlegte, aber es fiel ihm partout nicht ein, was das noch einmal war. Er hatte es im Keller in seiner Werkstatt versteckt, wo er alle Geschenke hortete.

«Muss es ja nur holen», murmelte er und schüttelte irritiert den Kopf. «Dass ich das jetzt vergessen habe!»

Er öffnete die Tür des Verstecks und griff hinter die Ordner mit den Bedienungsanleitungen verschiedener technischer Geräte. «Da muss es sein!» Er war sich sicher, dass das Geschenk kleiner war als die Handtasche vor einigen Jahren, aber er erfühlte – nichts. Absolut gar nichts. Hektisch räumte er die Ordner heraus, doch außer einer Menge Staub war dort nichts zu finden.

«Dann war's wohl doch was Größeres», brummte er und begab sich zum Regal mit den Bohrmaschinen, Stichsägen und anderem Gerät. Aber hier lag und stand alles an seinem Platz, und dazwischen tummelte sich keinerlei Fremdkörper, der als Weihnachtsgeschenk für die Gattin hätte durchgehen können.

«Das kann nicht sein!», grummelte Gruber und zermarterte sich das Gehirn. «Ich weiß genau, ich habe das in Ingolstadt – oder war es in Neuburg? – gekauft. Sie hat gesagt, dass ihr das gefällt, und ich bin am nächsten Tag ... ja, zum Kuckuck noch mal, welches Geschäft war das denn? Und habe das Geschenk dort gekauft. Oder war es im Urlaub im Bayerischen Wald? Vielleicht irgendetwas aus Glas? Aber das müsste ja zu finden sein.»

Gruber durchforstete mit der ihm angeborenen Akkuratesse seine geliebte Werkstatt. Eine andere Versteckmöglichkeit kam nicht infrage. Aber sosehr er auch suchte, er wurde nicht fündig. Gut, bei der Gelegenheit entdeckte er einige Dinge, die er irgendwann einmal vermisst hatte, den Austauschakku für den Mähroboter oder die Marderfalle, aber für seine Anni war nichts dabei.

Die Zeit drängte, denn es war tatsächlich schon Heiligabend. Und er sollte den Baum noch aufrichten. Aber vorher ... vorher ... Gruber grübelte und grübelte.

Er wusste, irgendwann war es zu spät. Hatte er heute kein Geschenk, war sein Image als einfallsreicher und aufmerksamer Schenkender «beim Teufel», wie es so schön hieß. Und es hatte ihm immer gefallen, wenn Annis Freundinnen neidvoll erblassten. Nein, diesen Ansehensverlust durfte er auf keinen Fall riskieren.

Nachdem die systematische Inspektion negativ verlaufen war, folgte die zweite, noch akribischere Suche, inzwischen arbeitete er mit hochrotem Kopf und durchsuchte hektisch noch einmal die Räumlichkeiten. «Wenn ich nur wüsste, wonach ich überhaupt suche. Aber ich bin mir sicher, so ein ... so ein Dings gekauft zu haben!»

Annis Aufforderung zum Mittagessen ignorierte er, und als sie, alarmiert durch sein Nichterscheinen, in den Keller gestürzt kam, schob er sie nur energisch aus der Werkstatt und brummte: «Hab heute keinen Hunger», was seine Frau mit Verständnislosigkeit und leichter Besorgnis quittierte.

Aber wo Gruber auch suchte, er konnte einfach nichts finden, und sosehr er auch grübelte, er kam nicht darauf, was das Geschenk war und wo er es versteckt hatte.

Mittlerweile drängte Anni energisch, doch endlich den Baum aufzustellen.

«Ist ja schon bald Zeit für die Kirche. Wann soll ich den Baum denn schmücken? Und später kommen ja auch noch die Kinder», murrte sie, und Gruber musste sich schweren Herzens geschlagen geben.

Noch nie, nein, kein einziges Mal war es vorgekommen, dass er kein Geschenk für seine geliebte Frau gehabt hatte. Zu allem Überfluss waren die Geschäfte inzwischen geschlossen, und so stellte er den Baum in den Ständer, installierte die Lichterkette, während Anni, mittlerweile schon völlig nervös, Christbaumkugeln und andere Dekorationen auf dem Baum verteilte.

«Was soll heute diese Trödelei?», schimpfte sie, und Gruber dachte daran, wie sie erst reagieren würde, wenn sie bemerkte, dass er kein Geschenk für sie hatte. Das Fest war bereits verdorben, noch bevor es stattfand.

Anni drapierte endlich die diversen Geschenke unter dem Baum, aus Zeitgründen dieses Mal weitaus weniger dekorativ als sonst. Dann drängte sie ihren Mann, sich für den Kirchgang umzuziehen, und verschwand selbst im Bad. Sonst hatte sich Gruber immer auf den Heiligen Abend gefreut, aber heute ...? Müde schlurfte er ins Schlafzimmer und brütete noch immer über dem verschwundenen Geschenk. Anni drängte weiter, und so blieb ihm nichts anderes übrig, als endlich das Festtagsgewand anzuziehen. Jetzt nur noch die Winterjacke. Gewohnheitsmäßig griff er in die Tasche und fühlte plötzlich Papier zwischen seinen Fingern.

«Was ist das denn?» Neugierig zog er einen Briefumschlag hervor. Und da fiel es ihm wie Schuppen von den Augen. Vor sechs Wochen hatte er eine kleine Winterreise für sie beide gebucht, weil Anni doch endlich mal wieder wegfahren wollte. Vielleicht etwas mit Wellness oder so, hatte sie so nebenbei bemerkt: «Wäre doch schön und täte uns beiden gut.»

Und dann hatte er den Briefträger abgepasst, damit sie nur ja nichts davon ahnen sollte. Die Bestätigung hatte er schnell in seine Jackentasche gestopft und dann einfach vergessen. Und nun knisterte das Kuvert wohltuend zwischen seinen Fingern. Wen wundert es, dass Gruber ein wahrer Felsbrocken vom Herzen fiel?

«Gerettet!», flüsterte er selig, und auf den fragenden Blick seiner Anni lächelte er geheimnisvoll. «Der Abend ist gerettet!»

Nachdenklich stimmte ihn später allerdings, dass er bei der Bescherung zwischen Pullover, Rasierwasser und spannendem Krimi diesmal auch eine große Packung mit Ginkgokapseln fand.

DER WEIHNACHTSENGEL

Jochen Remy

Hallo miteinander, ich bin Seraphina. Ich bin ein E.I.S. Nein, kein Eis, ein E.I.S. Ein Engel im Sondereinsatz.

Ich bin heute hier, um den Heiligen Abend, die geweihte Nacht, um Weihnachten zu feiern. So ist es mir zumindest gesagt worden, als man in der Schule für Engel geeignete Kandidaten und Kandidatinnen dafür gesucht hat.

Zuerst wollte ich mich überhaupt nicht melden, denn ich bin in allen Fächern die Schlechteste in meiner Klasse. Erzengel Gabriel, unser Klassenlehrer, hat zunächst einmal Engel für den himmlischen Chor gesucht, um das Jesuskind mit einem feierlichen Gesang zu begrüßen.

Ich war selbst ergriffen, als ich die Stimmen meiner Klassenkameradinnen und Klassenkameraden gehört habe: so hell, so zart, so lieblich – fast so, als könnte man ihre Töne wie einen Mantel um sich legen, der die Seele von innen wärmt. Als ich dann an der Reihe war, um ein «Halleluja, Christ ist geboren» vorzusingen, haben alle gelacht, weil meine Stimme nicht wie eine Nachtigall, sondern eher wie eine Saatkrähe klang. Ich bin innerlich in mich zusammengesunken.

Als Nächstes stand das Casting für das Formationsfliegen an. Es sieht sehr schön aus, wenn alle beteiligten Engel nebeneinander fliegen, Flügel an Flügel, sich dabei im Takt des Chores wiegen, Pirouetten schlagen und auf diese Art die Geburt des Heilands verkündigen.

Habe ich euch schon erzählt, dass ich gänzlich unmusikalisch bin?

Ach so, ja, gerade eben, bei der Geschichte mit dem Chor. Auf jeden Fall konnte ich den Takt nicht halten, tanzte aus der Reihe, kollidierte mit den anderen Engeln und habe die ganze Formation abstürzen lassen. Ein Teil meiner Klassenkameraden hat laut geschimpft, als sie ihre Flügel wieder gerichtet haben, die anderen, welche nicht Teil meiner abgestürzten Gruppe waren, haben erneut gelacht. Und ich habe sofort gemerkt, wie ich wieder ein Stück kleiner und unscheinbarer geworden bin.

Als Drittes wurden dann die Engel für das große Leuchten gesucht. Wir Engel können nämlich von innen strahlen und so unsere Umgebung erhellen.

Theoretisch zumindest.

Ihr ahnt es vermutlich.

Die größten Leuchten unserer Klasse wetteiferten darum, wer am hellsten strahlen würde, um den Stall von Bethlehem in ein helles Licht zu tauchen.

Benjamin, Raphael, Tabita und Maria (nicht die Mutter Jesu, eine andere, hier heißen echt viele Maria) strahlten am hellsten und wurden sofort ausgesucht, um diese wichtige Aufgabe zu übernehmen. Am liebsten hätte ich mir eine Sonnenbrille angezogen, nicht nur, weil ihr Licht so hell leuchtete, dass es fast zu grell für meine Augen war, sondern weil ich mich auch hinter ihr verstecken wollte vor lauter Angespanntheit, denn als mein Leuchttest an die Reihe kam, war ich so aufgeregt, dass sich meine inneren Funken kaum entzünden wollten.

Ich bekam einfach kein richtiges Leuchten hin.

Das war beileibe kein Scheinwerferlicht, das war noch nicht einmal so hell wie eine Straßenlaterne, selbst die Deckenleuchte in unserer Abstellkammer konnte heller erstrahlen.

Und als mich die anderen Engel ein drittes Mal auslachten, war es fast so, als würde mein Leuchten weiter heruntergedimmt. Ich merkte, dass mir die Tränen in die Augen schossen. Jetzt noch vor den anderen zu weinen, wie peinlich.

«Perfekt», hörte ich die Stimme von Erzengel Gabriel.

Ich wunderte mich nicht weniger als die anderen aus meiner Klasse.

«Das ist genau das Licht, was uns noch gefehlt hat», sprach Gabriel weiter.

Und dann übertrug er mir die Aufgabe, im Stall von Bethlehem als Nachtlicht ganz schwach zu leuchten, damit die Heilige Familie sich von den Anstrengungen im Schlaf erholen konnte und doch von einem sanften Licht beschützt war.

Ich hatte meine Aufgabe gefunden.

DIE NÄHKÄSTCHEN

Monika Benz

Es war in der Adventszeit des Jahres 1941. Meine Schwester Lore war elf Jahre alt und ich ein Jahr jünger. Wir lebten mit unserer Mutter und unserem älteren Bruder in einem kleinen Dorf. Unsere Mutter war geschieden, schuldlos. Heute würde man das einfach nur alleinerziehend nennen. Unser Vater lebte mit seiner neuen Familie ebenfalls im Dorf, jedoch hatte er kein Interesse mehr an uns.

Mutter war eine stolze Frau. Nie hätte sie unseren Vater um Hilfe gebeten oder ihn in irgendeiner Weise in die Pflicht genommen. Sie arbeitete hart, um uns über die Runden zu bekommen. Dennoch waren die finanziellen Mittel äußerst knapp. Für irgendwelche Extras war kein Platz.

Und nun war es wieder mal Adventszeit. Wir freuten uns auf Weihnachten, auch wenn die Geschenke nur aus einem neuen Kleid für unsere Puppe und vielleicht einem Paar selbst gestrickten Handschuhen oder einer Mütze bestehen würden.

Unser täglicher Schulweg führte uns an dem Krämerladen vorbei, einer Art Mini-Kaufhaus. Alles Mögliche gab es hier: von Haushaltswaren über Zubehör für Garten und Landwirtschaft bis hin zu Stoffen, Spielwaren und Büchern.

Anfang Dezember sahen wir sie dann auf unserem morgendlichen Schulweg im Schaufenster stehen: zwei Nähkörbchen! Wie wunderschön sie waren, aus geflochtenem Bast, ausgelegt mit einem roten und einen grünen Stoff.

«Ich würde das rote nehmen», sagte meine Schwester. Klar, sie als Ältere bestimmte immer als Erste.

Ich zuckte nur mit den Schultern. «Dann nehme ich das grüne, es ist genauso schön.»

Was sollte ich mich auch mit ihr streiten? Uns würden diese beiden Körbchen nie gehören. Dafür hatte unsere Mutter nun wirklich kein Geld, und unser Vater hatte sowieso nie ein Geschenk für uns.

«Die würden auch in unseren Schulschrank eingeschlossen werden», meinte meine Schwester, während sie wie ich ganz versonnen die Körbchen betrachtete.

Da hatte sie wohl recht. Unsere Dinge für den Handarbeitsunterricht lagerten, wie bei den meisten Mädchen, in einer Zigarrenschachtel. Diese wurde zum Unterrichtsende ins Regal gestellt. Die Körbchen jedoch wurden im Schrank eingeschlossen, damit sie nicht gestohlen werden konnten. Eine Zigarrenschachtel bekam man ohne Geld, die war es nicht wert, im Schrank zu lagern. Die Körbchen halt schon.

Aber das würde mit diesen hier nie geschehen, denn dass es sie überhaupt gab, würden wir unserer Mutter nicht erzählen. Es würde sie traurig machen, weil wir uns das nicht leisten konnten, und das Letzte, was wir wollten, war eine traurige Mutter. Die heutigen Mütter würden den Vater ihrer Kinder in die Pflicht nehmen und einfordern, was ihnen zusteht. Aber der Stolz unserer Mutter ließ das nicht zu. Was sie nicht erarbeiten konnte, wurde nicht angeschafft.

So standen wir nun jeden Morgen vor der Schule und jeden Mittag nach der Schule vor dem Schaufenster und betrachteten die Körbchen, und jeden Morgen und jeden Mittag waren wir glücklich, wenn wir sie dort noch vorfanden.

Es war doch eigentlich ein bescheidener Wunsch, ein praktischer noch dazu, wenn man bedenkt, wie üppig die Kinder heute bedacht werden können. Insgeheim beneideten wir die beiden Mädchen, die die Körbchen irgendwann ihr Eigen nennen würden. Würden sie sich genauso darüber freuen, wie wir es wohl täten?

Kurz vor Weihnachten kam dann das schreckliche Erwachen. Als wir nach der Schule wieder einmal hoffnungsvoll zu dem Schaufenster eilten, konnten wir die Körbchen nicht mehr entdecken. Sie waren weg. Einfach weg! Etwas anderes stand nun auf ihrem Platz. Wir brachen in Tränen aus, es dauerte eine Weile, bis wir uns beruhigten. Unsere Mutter durfte doch unseren Kummer nicht merken.

Und dann kam endlich Heiligabend, wir freuten uns natürlich darauf, obwohl wir nichts Besonderes erwarteten. Neue Kleidung für unsere Puppen, ja, das war natürlich sehr schön. Wie überrascht waren wir da, als unter dem Baum etwas stand, das wir nie erhofft hätten: ein Nähkörbchen und noch eines! Woher hatte unsere Mutter das nur wissen können? Wie hatte sie diese überhaupt bezahlt? Wir waren so sprachlos, dass wir zunächst zu keiner Regung fähig waren. Dann allerdings brachen wir in Jubel aus.

Später irgendwann hat unsere Mutter uns alles erzählt. Der netten Krämersfrau war unser Begehren nicht entgangen. Sie hatte daher unsere Mutter beiseitegenommen und ihr davon erzählt. Dass Mutter kein Geld für die Körbchen hatte und weder Almosen noch Geschenke dieser Art angenommen hätte, wusste die Krämersfrau. Daher schlug sie unserer Mutter vor, die Körbchen in Naturalien abzubezahlen: mit Eiern von unseren Hühnern, Milch von den Ziegen.

Damit war meine Mutter durchaus einverstanden. Es war auf dem Land oft üblich zu tauschen. Und so konnte sie uns diesen sehnlichen Wunsch erfüllen. Wir sind ihr sehr dankbar gewesen. Dies war unser schönstes Weihnachtsfest.

ALS MARIA WEIHNACHTEN WIEDERFAND

Andrea Harings

Über Weihnachten kamen Marias Töchter mit ihren Familien zu ihr, und jedes Jahr feierten sie gemeinsam ganz traditionell. Besonders Marias ältere Tochter, Elisa, legte Wert darauf, dass für die Kinder alles genauso stattfand wie damals in ihrer Kindheit. Marias Mann war zwar schon seit ein paar Jahren verstorben, aber das große Weihnachtsfest mit allen Kindern und Enkelkindern sollte trotzdem in ihrem Häuschen stattfinden, dem Elternhaus ihrer Töchter.

Elisa wohnte nicht weit entfernt, Mia hatte eine etwas weitere Anreise. Doch beide Töchter freuten sich immer, ein paar Tage in ihren alten Kinderzimmern zu übernachten, auch wenn diese über die Zeit umfunktioniert worden waren. Die Schwiegersöhne zogen mit, und die Enkelkinder liebten es, es sich unter dem Dach auf dem provisorischen Bettenlager, das ihre Großmutter jedes Jahr baute, gemeinsam gemütlich zu machen. Und Maria liebte es, wenn das Haus wieder zum Leben erwachte und sie mit ihren liebsten Menschen eine schöne unbeschwerte gemeinsame Zeit verleben konnte. Auf Weihnachten freute sie sich deshalb schon das ganze Jahr.

Auch dieses Mal war sie gut in der Zeit: Bereits Wochen vorher hatte sie – wie stets – mit den Vorbereitungen begonnen. Nun war das Haus geputzt, die Betten waren frisch bezogen, alle Geschenke verpackt, der Weihnachtsbaum stand bereits im Wohnzimmer, um geschmückt zu werden. Aber keine Eile, dachte Maria, ich habe ja noch zwei Tage Zeit. Es war der 22. Dezember.

Wo war noch einmal die Krippe? Ach ja, im Keller. Und die Plätzchendose ebenfalls.

Als sie die Kellertreppe wieder hochging, fühlte Maria zum ersten Mal, wie erschöpft sie eigentlich war. Stets hatte sie behauptet, dass ihr die Vorbereitungen viel Freude bereiteten, dass sie daraus auch Kraft schöpfen könne – und das entsprach bisher auch der Wahrheit.

Nun ja, ich werde halt nicht jünger, dachte Maria und nahm sich vor, gleich ein Päuschen einzulegen und sich eine Tasse Kaffee zu gönnen, bevor es weiterging.

Und dann geschah alles ganz anders als gedacht.

Während sie am Küchentisch ihren Kaffee trank und in das trübe Dezemberwetter hinausschaute, verstand sie, warum sie so müde war. Ihr fehlte die Vorfreude, Weihnachtsschmuck und Krippe auszupacken und das Zimmer für das Fest zu schmücken.

Das letzte Gespräch mit Elisa fiel ihr wieder ein. Ob ihre Stimmung wohl mit den Äußerungen ihrer Tochter zusammenhing? Letzten Dienstag war Elisa auf eine

Tasse Kaffee zu ihr vorbeigekommen und hatte bei dieser Gelegenheit mitgeteilt, dass sie es nicht schaffen würde, einen Kuchen zu backen, wie ursprünglich vereinbart. Und dabei mochte gerade der kleine Tom den Schokokuchen so gerne.

Maria seufzte. Zugegeben, ihre Tochter hatte immer viel zu tun mit zwei Kindern, Beruf und Haushalt. Aber schafften das nicht auch andere Eltern, zumal sich Elisas Mann Emil auch tatkräftig um Kinder und Haushalt kümmerte? Sie, Maria, bereitete schließlich Jahr für Jahr das Weihnachtsfest der ganzen Familie vor. Da hätte sie sich gefreut, wenn ihre Tochter wenigstens einen einfachen Schokoladenkuchen beisteuern würde.

Maria seufzte erneut. Dann werde wohl ich den Kuchen backen, beschloss sie. Auch Lisschen aß viel lieber Kuchen als Kekse. Und es sollten sich doch alle wohlfühlen, besonders die Enkelkinder. Bei dem Gedanken an Max, Lisa, Tabea und Tom schlich sich ein Lächeln in ihr Gesicht. Und bald duftete es im ganzen Haus herrlich nach leckerem Kuchen aus dem Ofen.

So, dachte Maria zufrieden, Zeit, den Christbaum zu schmücken. Sie überprüfte noch einmal die Temperatur des Backofens, dann ging sie ins Wohnzimmer.

Jetzt war auch die Vorfreude wieder zurück. Maria packte vorsichtig die filigranen Kugeln, Engel und Sterne aus und schwelgte beim Schmücken in Erinnerungen an vergangene schöne Zeiten. Plötzlich schrak sie auf. Der Kuchen! Eilig rannte sie in die Küche. Doch es war zu spät. Dunkler Qualm quoll aus dem Ofen.

Oh nein, wie ärgerlich. Jetzt konnte sie den Kuchen ein zweites Mal backen.

Am Abend fiel Maria todmüde ins Bett und hatte eine unruhige Nacht. Am nächsten Morgen saß sie erschöpft bei ihrer ersten Tasse Kaffee am Frühstückstisch. Da klingelte das Telefon.

«Mama, stell dir vor», tönte es ihr entgegen, als sie den Hörer abgenommen hatte, «Oma Inge und Opa Klaus schenken uns Weihnachten auf den Malediven – mit ihnen zusammen – wir müssen schnell packen – die Flüge sind gebucht – heute Abend geht es los. Tom und Tabea sind ganz aufgeregt. So ein Abenteuer. In einer Woche sind wir zurück. Weihnachten holen wir nach, ja? Du bist doch nicht traurig, Mama? Du hast ja noch Mia über die Festtage da.»

Maria war bei diesem Redeschwall ihrer Tochter gar nicht zu Wort gekommen. Außerdem war sie viel zu perplex, als dass sie überhaupt einen klaren Gedanken fassen konnte. War das ihre Elisa, die so viel Wert auf Tradition zu Weihnachten legte? Und wieso schmiedeten die Schwiegereltern ohne Rücksprache Pläne für die ganze Familie, einfach so? Und so kurzfristig – und so weit weg? Malediven – waren das nicht mindestens zwanzig Stunden Flug? Maria saß wie betäubt auf ihrem Stuhl am Küchentisch, in der einen Hand noch den Hörer, in der anderen ihre Tasse mit dem inzwischen kalten Kaffee.

Wie konnten die anderen Großeltern nur so rücksichtslos sein, ihr, Maria, nicht im Vorfeld über deren Pläne Bescheid zu geben, obwohl sie doch wussten, dass sie jedes Jahr das Weihnachtsfest vorbereitete!

Kaum hatte Maria den Hörer aufgelegt, klingelte das Telefon erneut. Dieses Mal war es Mia, die ihr mitteilte, dass deren Auto nicht ansprang und schon auf dem Weg in die Werkstatt sei.

«Dann kommt doch mit der Bahn», schlug Maria vor.

«Ach nein, Mama», antwortete Mia. «Das ist doch viel zu umständlich – mit Sack und Pack, mit den ganzen Geschenken und zwei Kindern. Und weißt du, wie überfüllt die Züge zu Weihnachten sind?! Dazu diese ständigen Ausfälle und Verspätungen. Wir müssten zweimal umsteigen. Nein, den Stress möchte ich mir nicht antun. Sei nicht böse. Wir holen uns einfach den kleinen Tannenbaum mit der Lichterkette aus unserem Garten ins Wohnzimmer und machen es uns zu Hause kuschelig und gemütlich. Das ist auch eine gute neue Erfahrung für die Kids.»

Maria war zu enttäuscht und verletzt, um noch viel zu sagen. Als sie das Telefonat beendet hatte, kam zuerst die Wut: Wussten ihre Kinder eigentlich, wie viel Zeit und Mühe sie jedes Jahr in dieses Fest steckte?! Da hatte sie sich nun am Ende auch noch abgehetzt, damit alles rechtzeitig fertig würde – und wofür?! Maria schäumte innerlich.

Danach setzte Traurigkeit ein. Maria weinte bitterlich und schluchzte laut. Wie konnten sie ihr das antun?! Alle Mühe umsonst, kein Fest im Kreise ihrer Familie, keine glänzenden Kinderaugen, wenn das Glöckchen klingelte, alle in gespannter Erwartung in die Weihnachtsstube treten würden und den wunderschönen Christbaum bewunderten, keine Weihnachtsgeschichte, kein gemeinsames Singen, kein gemeinsames Essen – nichts, gar nichts!

Sie war allein.

Maria ließ den Kopf hängen, denn nachdem sie sich ausgeweint hatte, überkam sie Scham: Sie war eine erwachsene Frau! Und es war nur eines von vielen Festen – nur ein Fest! Sie wusste doch, dass niemand sie verletzen wollte.

Und dann geschah ein kleines Wunder.

Sie stand – einsam und unglücklich – am Fenster im dunkler werdenden Raum und fühlte sich erbärmlich und leer. Da schwebte eine kleine weiße Schneeflocke vom Himmel. Und als Maria nach oben blickte, da war der ganze Himmel voller dicker weißer Schneeflocken, die sacht und sanft zur Erde schwebten. Maria war so fasziniert von diesem stillen wunderschönen Spiel der Flocken, dass sie sich für einen kurzen Moment ganz und gar vergaß und sich eine klitzekleine stille Freude in ihr Herz schleichen konnte. Langsam wurde diese Freude größer, und Wärme breitete sich in Maria aus, bis ihre Leere einer scheinbar grundlosen Freude gewichen war, die sie noch nie erlebt hatte. Ihr Herz begann, schneller zu schlagen, und sie musste hinaus in die Dunkelheit lächeln.

Wie wundersam, dachte sie, ich glaube doch gar nicht so richtig an einen Gott.

Doch in diesem Moment, in diesem Moment der stillen, alles ausfüllenden Freude hatte Maria zum ersten Mal in ihrem Leben das Göttliche in ihrem Innersten erkannt und die Liebe Gottes zu jedem einzelnen Menschen gespürt.

Sie war nicht allein.

An diesem Heiligen Abend wurden die Lichter an ihrem Christbaum nicht angezündet. Es brauchte keinen äußeren Glanz. Der Schein einer schlichten Kerze reichte Maria, die Weihnachtszeit einzuläuten.

UNSER CHRISTBAUMSTÄNDER

Renate Berlik

Es war in unserem Haus im Jahr 1945 in Berlin, Glasgower Straße 25, sicher nicht zu überhören, dass hier im vierten Stock eine Familie mit drei Kindern wohnte. Vierzehn, zwölf und sechs Jahre alt waren wir damals. Wie oft am Tag sind wohl unsere nicht immer leisen Füße treppauf und treppab gejagt! Trotzdem waren die Nachbarn nett, und ein Ehepaar schenkte unseren Eltern nicht lange vor Weihnachten einen Christbaumständer mit Spieluhr. Da war die Vorfreude natürlich besonders groß.

Endlich war der Weihnachtsabend da! Große Geschenke erwartete niemand, es war keine leichte Zeit nach dem Krieg. Weil das kleine Zimmer am besten zu heizen war, stand auch dort der Christbaum, lieb geschmückt, in einer Ecke auf dem großen silberfarbenen Musik-Christbaumständer, der mit einem antiken Muster hübsch verziert war. Aber die Musik der Spieluhr war vor dem Heiligen Abend natürlich tabu.

Als das traditionelle Weihnachtsessen vorbei war, das Mutti trotz der viel zu knappen Zuteilungen auf den

Lebensmittelkarten irgendwie gezaubert hatte, mussten meine Schwester und ich erst noch das Geschirr abwaschen und abtrocknen. Doch endlich war auch das geschafft. Wir drei Geschwister versammelten uns ausnahmsweise lieb und brav im langen Korridor vor der Tür zum kleinen Zimmer und warteten gespannt auf das zarte Läuten des kleinen silbernen Christbaumglöckchens.

Endlich!

Die Tür ging auf, und Eltern- und Kinderaugen leuchteten mit den brennenden Kerzen am Christbaum um die Wette. Feierlich schritt Vati nun zum Baum und stellte die Spieluhr an. Doch schon nach den ersten süßen Tönen von «Stille Nacht, heilige Nacht» ertönte ein fünfstimmiger Schreckensschrei: «Der dreht sich ja!»

Und in der Tat: Der ganze Baum drehte sich – nein, er versuchte es tapfer – mit den brennenden Kerzen. Da er ganz in der Ecke stand, wurde sein Temperament jedoch gefährlich gebremst.

«Die Tapete!»

«Das Holzregal an der Wand!»

Glücklicherweise ging alles gut. Der tanzende Baum wurde fröhlich gestoppt und erst einmal aus der Ecke geholt. Wir selbst rückten gerne mehr zusammen, um dem Baum Platz zu geben. Und da wurde offensichtlich, dass nur seine Vorderseite geschmückt war.

«Wie sieht denn *das* aus?»

Trotzdem, der Familienrat beschloss: «Er bleibt so!»

An der «Mond- und Sonnenseite» unseres Christbaums hatten wir viel Freude. Allerdings bemerkten wir zu spät, dass eine Kerze, trotz des Vorrückens aus der Ecke, das Wandregal mit einem schwarzen Halbmond verziert hatte. Doch sogar Mutti und Vati lächelten nur darüber. Jedes Mal waren wir dankbar verzaubert, wenn wir die beiden Strophen von «Stille Nacht» und «O du fröhliche» hörten und dem Baum zuschauten, wie er sich drehte. Mit einem großen, antik geschmiedeten Schlüssel wurde der Ständer aufgezogen. War die Feder zu stark gespannt, brachten uns die flotten Pirouetten des Baumes stets zum Lachen. Aber wenn er nach einigen Umdrehungen langsamer wurde, überwältigte er unsere Herzen unwiderstehlich mit seiner innigen Feierlichkeit.

Sosehr auch der Weihnachtsglanz unsere Herzen beglückte – das neue Jahr 1946 ließ den Hunger in unseren Mägen von Tag zu Tag schmerzender werden. Niemand in Berlin hatte genug zu essen, und der Hunger tat weh. Zwar hatte unser Vati schon Arbeit gefunden – wenn auch nicht in seinem Beruf –, aber die Schwarzmarktpreise waren von seinem Lohn nicht zu bezahlen. So beschloss Vati eines Tages, unseren Christbaumständer gegen etwas Essbares einzutauschen, weil wir nichts anderes zum Tauschen hatten. Als er am Morgen mit dem Ständer fortging, sah er sehr traurig aus, und genauso betrübt guckten wir ihm nach. Er kam lange nicht zurück. Wir warteten den ganzen Tag. Gegen Abend stand er endlich vor der Wohnungstür mit dem Paket unter dem Arm, in dem er am Morgen den Christbaumständer transportiert hatte. Was hat er wohl stattdessen darin mitgebracht?, fragten wir uns.

Ganz ernst sah er aus, aber ruhig und gefasst sagte er: «Nur ein einziges Brot hätte ich für den Christbaumständer bekommen! Und wie schnell haben fünf hungrige Münder ein Brot aufgegessen! So hungern wir eben ein bisschen mehr und ... behalten unseren Christbaumständer!»

Und wir alle fielen ihm um den Hals. An so vielen folgenden Weihnachtsfesten erfreute der gerettete Ständer mit seiner lieben Musik und dem Lichterglanz des tanzenden Baumes danach noch unsere Herzen. Und wie dankbar waren wir jedes Mal, dass Vati ihn in der Hungersnot behalten hatte.

Heute kenne ich unseren Christbaumständer schon fast achtundsiebzig Jahre. In dieser Zeit hat er wahrlich schon einen ganzen Wald heißgeliebter Bäume feierlich getragen und bewegt. Träumend und dankbar wandere ich erinnernd durch diesen Wald, schaue hinauf zu den Sternen und bitte sie, in jedes Herz Weihnachtsfreude zu bringen.

DER VERSPÄTETE WEIHNACHTSBAUM

Petra Horn

In den 1960er-Jahren waren meine Großeltern Pächter des Albertturms, einer Waldgaststätte mit Aussichtsturm auf dem Iberg bei Bad Grund. Für meinen Vater und seinen Bruder Gunther war es Tradition, am Heiligen Abend nachmittags ihre Eltern auf dem Albertturm zu besuchen und dabei unseren Weihnachtsbaum abzuholen, eine etwas über zwei Meter große Fichte, die dort in einem Schuppen aufbewahrt wurde.

Bei meinen Großeltern in der Gaststube ging es damals oft recht zünftig und gemütlich zu. Es wurde viel gesungen und gejodelt, denn mein Opa Harry war damals Harzer Jodelmeister und leitete den Harzklub-Chor. An diesem Heiligabend-Nachmittag musste es wohl besonders gesellig gewesen sein, denn mein Vater und mein Onkel blieben viel länger als geplant weg. Es hatte schon den ganzen Tag geschneit, als die beiden aufbrachen. Der Schnee lag ordentlich hoch, und es fielen weiter dicke Flocken, als die Brüder den großen Baum auf dem Autodach festzurrten und losfuhren.

Die Forststraße zum Turm war fast zugeschneit, aber ganz langsam und mit einigem Geschlittere schafften sie es hinunter zur Hauptstraße. Richtig schwierig wurde der Weg erst vom Hübichenstein zur Taubenbornsiedlung, in der wir wohnten. Auf dem letzten Stück des Heimwegs hatte der Wind den frischen Schnee zu Schneewehen zusammengeschoben. Die Brüder fuhren mit Schwung durch mehrere lose Schneehügel.

Aber dann, sie konnten die Lichter der Taubenbornsiedlung schon in der Ferne blinken sehen, lag vor ihnen eine besonders mächtige Schneewehe. Der Schnee bedeckte die Straße in ihrer ganzen Breite. Mein Vater gab ordentlich Gas und hoffte, auch durch diesen Schneehaufen wie durch die vorherigen durchfahren zu können. Der lose Schnee wirbelte in einer großen Wolke auf, das Auto ruckte kurz, dann blieb es stecken. Der Ford, die sogenannte «Badewanne», war auf den Schneeberg gerutscht und hing mit allen vier Rädern in der Luft. Der Wagen war nicht mehr von der Stelle zu bewegen.

Jetzt war guter Rat teuer, denn bei uns zu Hause sollte um achtzehn Uhr Bescherung sein – natürlich mit Weihnachtsbaum.

Uns Kindern wurde die Zeit vor der Bescherung schon immer lang, doch in diesem Jahr dehnte sie sich ins Unendliche. Ich war damals sieben, und meine Geschwister waren fünf und vier Jahre alt. Wir konnten nicht verstehen, dass das Christkind uns nicht fand. Meine Mutter erklärte uns, dass der viele Schnee schuld sei und das Christkind sich daher verspäten würde. Sie konnte uns natürlich nicht sagen, dass mein Vater und mein Onkel mit dem Weihnachtsbaum immer noch unterwegs waren. Den ganzen Nachmittag hatten meine Mutter und meine Tante mit uns gespielt, doch nun wurden auch sie unruhig. Sie wussten ja nicht, warum die Männer sich so arg verspäteten.

Die beiden Brüder buddelten derweil im Schnee, wühlten ihn unter dem Auto weg und versuchten, den Wagen über die Schneewehe zu schieben. Inzwischen war es achtzehn Uhr, und vom nahen Taubenborn war schon der Klang der Kirchenglocken zu hören. Die Zeit drängte also, aber sie hatten nur einen Klappspaten und einen Handfeger als Werkzeug zur Verfügung.

Wir Kinder wurden langsam ganz zappelig. Das Christkind kam einfach nicht. Mutter und Tante konnten uns kaum noch beschäftigen.

Dann endlich, nach vielen Mühen, konnten die Männer das Auto von der Schneewehe schieben und die Fahrt fortsetzen. Zu Hause angekommen, wurde der inzwischen dick verschneite Baum schnellstens vom Autodach genommen, kurz abgeklopft und in die Stube getragen. In aller Eile schmückten die Erwachsenen die tropfende Fichte und legten kurzerhand Handtücher darunter, die die Wasserlachen aufnahmen.

Kurz darauf wurde das Glöckchen geläutet. Das Christkind war endlich doch da gewesen, und wir Kinder durften zur Bescherung in die Weihnachtsstube!

Ich kann mich heute nicht mehr daran erinnern, ob wir Kinder damals von diesen schwierigen Umständen etwas mitbekommen hatten. Noch für viele Jahre behielten wir allerdings eine Erinnerung an den verspäteten Weihnachtsbaum zurück. Die tropfende Fichte hatte die Weihnachtszeit nämlich in einem eisernen Weihnachtsbaumständer verbracht, der einen großen Rostfleck auf dem Fußbodenbelag hinterließ.

ERFÜLLTE WEIHNACHTEN

Wolf-Ulrich Cropp

Am Vormittag des 24. Dezember wurde ein Mann gesehen, wie er den Laubsängerweg in Richtung Altonaer Friedhof schlurfte. Zusammengesunken, den Rücken so krumm, als müsste er eine schwere Last tragen. Den grauen Filzhut hatte er tief ins Gesicht gezogen. Sein müder Blick suchte schweren Schritts den Pfad. Mit der rechten Hand stützte er sich auf einen Stock. In der Linken trug er einen Strauß Nelken. Weiße Nelken, die die Köpfe hängen ließen. Ausgelaugt, kraftlos waren die Blumen, wie die Hand, die sie hielten. Da schien ein vom Schicksal gebeutelter alter Mann des Wegs zu ziehen. Erst bei näherem Hinsehen erkannte ein Nachbar ihn – es war Werner Hinrichsen.

Werner Hinrichsen, sechzig Jahre alt, frühpensionierter Lehrer aus Hamburg-Altona, fürchtete sich vor Weihnachten. Besonders der Gedanke an Heiligabend machte ihm zu schaffen. Er war allein, furchtbar allein! Die Festtage sind Notstand für Singles, das wusste Werner, eigentlich ein Familienmensch, allzu gut. Einsamkeit hatte er bei Menschen, die allein lebten, stets bedauert – und sich so etwas nie gewünscht. Oft hatte er sich ausgemalt, wie schrecklich Alleinsein in der Zeit der Liebe, der Freude, des Beisammenseins wäre.

«Die Trauer kommt, wenn man alleine ist», murmelte der Alte im Selbstgespräch. «Manchmal verwandelt sie sich in Wut und Ohnmacht. Ich bin überrascht, wie weh sie mir tut, die Trauer. Ich bin zu schwach, all die schlechten Gefühle auszuhalten!» Und nach einer Weile seufzte er vernehmlich: «Dieser Teufelskreis. Wie komme ich bloß wieder aus ihm heraus? Wie nur? Der Schmerz ist groß – Trennung und Verlassenheit.»

Herr Hinrichsen hatte den Friedhof erreicht, schwankte an den Gräbern vorbei, fiel an einem Stein auf die Knie. Der Name *Gerda Hinrichsen* stand darauf gemeißelt. Hinrichsen legte die Nelken rechts neben das Grab, senkte den Kopf noch tiefer und weinte. Weinen ist der Wolkenbruch der Seele, heißt es. Emotionen hatten den letzten Rest seiner Beherrschung überspült. Da brach etwas aus ihm hervor: die Liebe zu seiner Frau, die Harmonie, das glückliche Leben mit ihr. Und der so plötzliche Unfalltod, der ihrem Leben so brutal ein Ende gesetzt und ihn in Einsamkeit und Depression gestürzt hatte. Acht Monate war das jetzt her, und Hinrichsen fürchtete sich vor der leeren Wohnstube ohne Tannenbaum, ohne Gerda, ihr Lächeln und die Liebkosungen. Wie sollte es denn jetzt weitergehen? Oh ja, ihm war die Lebenslust abhandengekommen. Im Teufelskreis schien er gefährlich zu rotieren!

Mühsam richtete er sich auf. «Tschüs, Gerda! – Ich werde schon bald folgen, um endlich wieder glücklich zu sein – bei dir!»

Und auf einmal war es, als hörte er aus dem Grab die Stimme seiner Frau: «Werner, mein Gott noch mal, reiß dich zusammen! Wo ist dein Optimismus bloß geblieben, deine Stärke und dein Mut? Dafür habe ich dich stets bewundert. Mensch, Werner!»

«Ach, Gerda, das Schicksal hat mich bestraft, du wurdest mir entrissen. Was soll ich denn noch hier?», murmelte er über dem Grab.

«Schäm dich, Werner, so hätte ich dich nie geliebt.»

Und Hinrichsen schleppte sich vom Friedhof. Er wollte sich in sein Stammlokal begeben. Dort einsam seinen Kummer im Alkohol ertränken, um Heiligabend nichts Schlimmeres zu tun. Auf dem Weg dorthin wurde er von Passanten übersehen, von Jugendlichen geerempelt. Von der Welt ignoriert …

An einem Haus im Lüdersring verharrte er jäh. Stutzte, sah im Fenster einen geschmückten Tannenbaum mit Kerzen, die jedoch noch nicht leuchteten. Und dann hörte er Kinderstimmen, die sangen: «O du fröhliche, o du selige gnadenbringende Weihnachtszeit! Welt ging verloren, Christ ist geboren …» So hell und fröhlich sangen sie, dass die Musik Werner Hinrichsen berührte, ans Herz ging und sein Inneres durchflutete. Und als er da am Fenster dem Gesang der Kinder so inbrünstig lauschte, ging in ihm etwas Seltsames vor: Plötzlich hörte er die Stimme seiner Frau Gerda, das zweite Mal an diesem Tag: «Werner, so niedergeschlagen, so schwach hätte ich dich nie geliebt!»

Da packte ihn etwas Starkes, Unwiderstehliches. Ein neues und doch wohlbekanntes Gefühl, voller Energie, es kochte gleichsam in ihm hoch.

Zielstrebig marschierte er nach Hause, bestellte ein Weihnachtsmannkostüm mit Kapuze, weißem Bart und einem Jutesack. Nun steckte er noch etwas Geld ein, kaufte im Supermarkt Gebäck, Marzipanbrote, andere Süßigkeiten und Obst. Er hatte es mit einem Mal eilig, dort hinzukommen, wo Obdachlose mit Schlafsäcken vor Schaufenstern lagen. Oder in Gruppen eng beisammensaßen, um sich zu wärmen, bewegungslos, Pflanzen gleich, die aufs Sonnenlicht hofften. Wieder andere, von der Gesellschaft Ausgeschlossene, umarmten sich weinend. Ein jeder tröstete sich auf seine Weise durch den Heiligen Abend.

Werner Hinrichsen gesellte sich zu ihnen, teilte Geschenke aus, fand helfende Worte. Er kam mit ihnen ins Gespräch, hörte zu, vernahm ihre Geschichten, ihre Sorgen, Träume, ihre vergrabenen Hoffnungen. Von Schicksalsschlägen erfuhr er, bisweilen herzzerreißender als seine eigenen.

Werner besuchte viele Plätze in der Stadt – bis ihm die Füße wehtaten und alle seine Geschenke verteilt waren. Es war kurz vor Mitternacht, als er St. Pauli erreichte. Müde war er, doch er fühlte sich zufrieden, leicht, wie Glück sich anfühlt. So in der Mitte der Reeperbahn, gegenüber der Davidwache, saß ein Obdachloser. Einsam, der Kopf war ihm auf die Brust gefallen, er schlief. In seinem Bettelhut hatten sich Schneeflocken gesammelt, doch kein einziges Geldstück, nicht das geringste Almosen lag darin.

Werner beugte sich herab, rüttelte den Bettler wach und sagte: «Stehen Sie auf, wir gehen etwas essen.»

Der Mann hob seinen Kopf, aus einem faltendurchzogenen Gesicht schaute er Werner an. Noch schlaftrunken und verdattert antwortete er: «Was? Essen? Willst du mich verarschen? Lass mich schlafen!»

«Nein, nein, es ist Heiligabend! Los, kommen Sie.»

«Ach du liebe Zeit!» Erst jetzt schien der Obdachlose zu bemerken, wer vor ihm stand. «Du bist ja der leibhaftige Weihnachtsmann. Welcher Engel hat dich denn geschickt?»

«Meine Frau, die Selige, sie hat mich geschickt. Auf geht's!»

«Wenn du dir unbedingt Läuse holen willst.»

Also zogen sie los, die Reeperbahn hinunter. Sie fanden eine offene Kneipe. Dort zog Werner die rote Zipfelmütze vom Kopf und trennte sich von seinem Wallebart. Sie bestellten. Und Werner erfuhr: Der Obdachlose nannte sich Jonny. Mit lauten Schmatzgeräuschen verzehrte er Currywurst und Pommes. Ein kräftiger Rülpser schloss das Mahl ab, zeigte, dass es ihm geschmeckt hatte.

«Satt?», fragte Werner.

«Nicht so ganz», meinte Jonny kleinlaut.

Werner bestellte das Gleiche noch einmal. Und dann erzählte Jonny von seinem Abstieg. Es war durchaus keine ungewöhnliche Geschichte: Jobverlust, Alkohol,

Scheidung, Sorgerechtsstreit, Geldsorgen, Kündigung der Wohnung – alles nun schon zwei Jahre her.

«Auch für mich wird die Sonne wieder scheinen!», sagte Jonny, dabei hellte sich sein Gesicht auf. «Ganz gewiss, Weihnachtsmann. Ganz gewiss! Ich bin Klempner, man braucht mich. Im Frühjahr hab ich einen Job und werd mich aus der Scheiße rausarbeiten, das schwör ich dir!»

«Ein Bier?», fragte Werner.

«Ein Wasser – gern. Und hab Dank für die Einladung, Weihnachtsmann.»

Sie saßen noch geraume Zeit in der Kneipe beisammen. Dann stand Jonny abrupt auf, als hätte er einen wichtigen Termin wahrzunehmen. Über die Schulter rief er: «Weihnachtsmann, du hast mir Hoffnung gemacht – nochmals vielen Dank!»

Werner antwortete: «Ich habe zu danken – euch allen! Ihr habt mich aus einem verdammt schwarzen Loch geholt! Auch ich werd's schaffen. Erfüllte Weihnachten, die haben geholfen!»

Jonny vernahm die Worte auf der Türschwelle, wunderte sich – ließ die Tür zufallen und verschwand.

DEN STAB WEITERGEBEN? EIN GLANZVOLL-GLANZLOSER KRIPPENSPIELAUFTRITT

Björn Steiert

In diesem Advent, als ich in unserer Kirche die Krippe mit den lebensgroßen Figuren sah, musste ich wieder einmal an eine weit zurückliegende Begebenheit denken:

Es war zu meinen Grundschulzeiten gewesen. Die Klasse sollte für eine kleine Weihnachtsfeier im Beisein der Eltern ein Krippenspiel aufführen. Mir kam die Rolle eines Hirten zu. Als einer von vielen sollte ich dem von einer Puppe verkörperten Jesuskind huldigen. Nacheinander hatten wir ehrfurchtsvoll vor die Wiege des Neugeborenen hinzutreten, um es zu beschenken. Doch ich würde mich von allen anderen abheben, und zwar wegen des langen Stabs, den ich mit mir führen wollte, denn er war handgemacht und wirklich etwas Besonderes – die rechte Gabe für das «liebe Jesulein».

Mein Vater hatte – unter meiner geringfügigen Mitwirkung – mit seinem Taschenmesser schöne, helle

Muster in die dunkle Rinde geschnitzt. Eine, zumal für Kinder, nicht ganz ungefährliche Tätigkeit, bei der man leicht mit dem Messer ausrutschen konnte. Doch es hatte sich gelohnt! Wunderschön war der Stab geworden, zierlich und doch kraftvoll und Halt gebend. Mein Stab würde sich auf dem Foto, für das mein Vater mit seinem Apparat schon sorgen wollte, gewiss gut machen. Ich fand, dass er sehr echt aussah.

So stand ich also am großen Tag mit meinen Mitschülerinnen und Mitschülern in unserem zum Theater umfunktionierten Klassenzimmer in einer langen Reihe. Wir alle warteten darauf, das Jesuskind anbeten und ihm darbringen zu dürfen, was wir ihm jeweils mitgebracht hatten. Ich war nervös, denn jeder von uns hatte dabei einen Text aufzusagen. Und wenngleich dieser nur aus zwei, drei Sätzen bestand, die sich trotz der Reime kaum Gedicht nennen durften, konnte dabei doch manches schiefgehen.

Wie ich es erwartet hatte, zog mein Stab schon im Vorfeld manchen Blick auf sich und erntete viel Lob. Er ließ mich unter den Mitgliedern unseres Laienensembles regelrecht hervorleuchten. Ich kam mir als Hirte mindestens so eindrucksvoll vor wie alle Heiligen Drei Könige zusammen.

Einem ebenfalls als Hirten auftretenden Mitschüler, mit dem ich befreundet war, gefiel er sogar ganz besonders. Und da er nichts Ähnliches bei sich hatte, wurde er neidisch. Halb im Flüsterton fing er an, mich zu bereden. Ich möge ihm doch diesen Stab für seinen Auftritt, der noch vor dem meinen erfolgen sollte, ausleihen. Nur kurz, bat er, ich würde ihn dann ja schon wiederbekommen, versprochen.

Mir gefiel dies einerseits zwar nicht recht, andererseits tat der Freund mir leid. Und der Stab passte ja auch tatsächlich sehr gut zu seiner Rolle und dem für das Jesuskind bestimmten Lammfell. Er würde das spärliche, nur aus einem schlichten, volkstümlichen Hut bestehende Kostüm meines Klassenkameraden vervollständigen und auf seine Art krönen.

Zuletzt trug wohl die weihnachtsselige Stimmung, in der ich mich befand, dazu bei, dass ich mir einen Ruck und dem Mitschüler – wenngleich immer noch ungern – den Stab gab. Oder war es mir nur zu peinlich geworden, dass er die Blicke der Anwesenden mit seinem halblauten Gebettel auf uns zog?

Vor mir in der Reihe stehend, trat mein Kamerad nun als Erster von uns beiden vor die ebenfalls vom Klassenensemble dargestellte Heilige Familie. Dem Jesuskind brachte er, wie vorgesehen, seine Verse dar – allerdings wohl auch das schöne Schnitzwerk meines Vaters. Oder hatte er den Stab am Ende doch wieder mit sich genommen, als er die Spielfläche in eine andere Richtung verließ? Merkwürdigerweise habe ich diese Umstände, nur meinem eigenen Auftritt entgegenfiebernd, gar nicht recht mitbekommen oder verdrängt.

Ich weiß nur noch, dass ich den Stab während des Krippenspiels nicht zurückbekam und in meinem historisch völlig untypischen, hellblauen Pullover mit leeren Händen vor dem Kind stand. Ich hatte ihm nichts zu bieten, außer mein warmes Sprüchlein. Als

Hirte konnte man mich nicht mehr erkennen, dieses ohnehin bescheidene Amt hatte ich gewissermaßen mit meinem Stab abgegeben. Ich war, jenseits jeder Rolle, nur noch ich selbst.

Man sieht auf dem Foto, das diesen von meinem Vater festgehaltenen Augenblick zeigt, die Ergriffenheit und Begeisterung in meinem Gesicht. Sie überwogen alles andere und kamen zweifellos von Herzen.

«Nimm meine Gabe freudig an!»

Hatte ich es so gesagt, mit glänzenden, leuchtenden Augen? So empfunden hatte ich es ganz bestimmt – auch wenn mein Geschenk nun lediglich in guten Wünschen und Gedanken, verpackt in ein paar freundliche Worte, bestand.

Nach dem Spiel meinten meine Eltern, dass ich meinen Hirtenstab doch besser behalten hätte. Es sei schade, dass er nun nicht mit auf dem Bild zu sehen sei. Man solle es mit der Selbstlosigkeit nicht übertreiben. Eigentlich musste ich ihnen und einem gemeinsamen Schulfreund recht geben. Dieser – ich glaube, der dritte Hirte im Bunde – tadelte mich deutlich: «Also, ich hätt's nicht gemacht!» Ich schämte mich wohl sogar ein wenig, obschon ich vielleicht christlich gehandelt hatte.

Mit den mir heute zur Verfügung stehenden Argumenten hätte ich zu meiner Verteidigung manches vorbringen können. Etwa, dass auch Gott, wie es gerade zu Weihnachten in vielen Kirchen heißt, doch als Jesus in die von ihm geschaffene Welt gekommen war, ohne irgendetwas von dieser zu besitzen. Er hatte es getan, um sich den Menschen ganz und gar hinzuschenken – selbstlos sich selbst, als Vorbild für alle – und dergestalt zum Heiland, zum Messias zu werden.

Die Jahre vergingen, der Stab – nun wieder ganz und endgültig in meinem Besitz – war später noch gelegentlich Gegenstand mancher Abenteuer und Spiele im Freien. Und obwohl ich dabei sehr darauf achtete, dass er nicht beschädigt wurde, wurde er mit der Zeit doch unansehnlicher – die einstmals weißen Schnitzmuster erschienen immer bräunlicher.

Was aus ihm geworden ist, ist dem Familiengedächtnis entfallen, ebenso wie der Ursprung des Stabes – nur, dass er von einem Haselnussstrauch stammte, weiß ich noch. Wurde er zuletzt verbrannt, verschenkt? Ging er beim Umzug verloren? Ich vermag es nicht zu sagen. Auch, wo die anderen Hirtenburschen inzwischen verblieben sind, ist mir unbekannt.

Noch heute frage ich mich allerdings, ob ich damals, bei unserem Krippenspiel, das Richtige getan habe. Hatte ich mich als großherzig und edelmütig erwiesen – oder mich schlichtweg übertölpeln lassen? Aber vielleicht ist diese Frage auch gar nicht so wichtig. Das Entscheidende war allemal gewesen, dass das Jesuskind meinen Stab zum Geschenk bekommen oder sich zumindest für eine kurze Zeit an seinem Anblick erfreut hatte, nicht wahr? Von wem es welche Gabe erhalten hatte, ist demgegenüber ja wohl unbedeutend, zumal ihm ohnehin alles gehören sollte, ja letztlich gehört ... auch diese ihm abermals gewidmeten Worte und meine kleine, in sie verpackte Erinnerung.

Um aber niemanden erneut zum Tadel über meine falsche Selbstlosigkeit zu verleiten, erlaube ich mir zu betonen, dass ich diesen Text – anders als damals mein Sprüchlein – auch selbst verfasst habe. Satz für Satz, Wort für Wort, Buchstabe für Buchstabe daran feilend (man könnte wohl auch sagen: schnitzend), bis ich damit zufrieden war. Man soll ja sein Licht, mit der Bibel gesprochen, nicht unter den Scheffel, nicht ins Verborgene stellen.

So will ich es hiermit, wenigstens für einen kerzenflammenlangen Augenblick, adventlich-stimmungsvoll leuchten lassen.

WEIHNACHTEN, DIESMAL GANZ ANDERS

Christa Lindemann

Fröstelnd wachte Lore Lehmann auf und schaute missmutig auf die Eiskristalle am Fenster. Nach langer Regenphase war der Frost eingetreten. Eine dicke Schneedecke hatte sich gebildet, und die Landschaft wirkte wie mit Puderzucker bestäubt. Die Sonne blitzte durch den Himmel hindurch. Früher hätte Lore sich an diesem schönen Anblick erfreut, aber inzwischen hatte sich viel verändert. Sie sah keinen Sinn mehr im Leben, seit ihr Mann Alex mit fünfundsiebzig Jahren infolge eines Herzinfarkts gestorben war. Nun musste sie sich mit Dingen auseinandersetzen, von denen sie keinen blassen Schimmer hatte. Alex hatte sich immer um finanzielle Angelegenheiten, Einkäufe, Gartenarbeit und viele andere Dinge gekümmert. Zum Glück bekam Lore Unterstützung von ihrem Schwager.

Leider ging es ihr auch finanziell nicht gut. Alex hatte sich mit Aktien verspekuliert und viel Geld verloren, was sie erst von ihrem Schwager erfuhr. Notgedrungen musste sie Mitmieter für ihr Haus suchen, um einigermaßen zurechtzukommen. Die Wohnung in der ersten Etage war nur fünfundvierzig Quadratmeter groß. Nebenan befand sich ein Raum, der früher zum Abstellen für ausrangierte Möbel, Weihnachtsschmuck und dergleichen genutzt worden war. Da aber die unteren Räume ausreichend Platz boten, hatte das Zimmer schon jahrelang niemand mehr betreten.

Gerne hätte sie ein älteres Ehepaar genommen, aber das scheiterte an der steilen Treppe. Dazu kam, dass viele Interessenten eine größere Wohnung suchten. So entschied sie sich schließlich für ein junges Paar, Jana und Leo Reimers. Beide waren Mitte zwanzig und konnten einen festen Arbeitsplatz vorweisen, was Lore besonders wichtig war. Es gab keinen gesonderten Eingang zum ersten Stock. Die neuen Mieter waren angenehm ruhig, nur wenn sie die Holztreppe nutzten, hörte Lore das Knarren, aber das ließ sich nicht vermeiden. Lore gab sich allgemein distanziert, und Jana und Leo drängten sich nicht auf.

Die letzten sechs Jahre hatte Lore mit ihrem Mann das Weihnachtsfest immer abwechselnd mit zwei weiteren Ehepaaren gefeiert. Dieses Jahr hätte es bei Familie Müller stattfinden sollen, und Lore hatte sich schon darauf gefreut. Anstatt einer Einladung hatte sie jedoch nur eine Weihnachtskarte mit den besten Grüßen erhalten. Auch sonst verhielten sich einige Bekannte ungewöhnlich zurückhaltend. Lore war mit neunundsechzig Jahren noch eine recht attraktive Frau. Und anscheinend, so dachte sie, hatten einige Frauen aus dem Bekanntenkreis Angst, dass sie sich nun an deren Ehemänner ranschmeißen würde. Verbittert und traurig dachte sie an Weihnachten. Drei Wochen noch, und sie hatte keine Lust, irgendwelche Vorbereitungen dafür zu treffen.

Am frühen Nachmittag schaute sie sich gerade eine Quizsendung an, als sie durch leises Klopfen an der Wohnzimmertür aufschreckte. Jana und Leo traten ein und machten einen aufgelösten Eindruck.

«Bitte entschuldigen Sie die Störung», stammelte Leo erregt, «aber wir haben heute eine furchtbare Nachricht erhalten.»

Lore schaute die beiden irritiert an und bedauerte, die Quizsendung nicht in Ruhe weiterverfolgen zu können. Etwas ungehalten antwortete sie: «Und was kann ich da tun?»

«Mein Bruder und seine Frau hatten einen schweren Autounfall. Nur unsere vierjährige Nichte hat überlebt. Wir möchten sie gerne zu uns holen.»

«Sie wollen Ihre Nichte in meiner Wohnung aufnehmen?»

«Ja», meinte Leo leise. «Wir können sie doch jetzt nicht alleine lassen. Wir sind ihre Paten.»

Sichtlich überfordert mit dieser Situation, fasste Lore einen klaren Entschluss. «Erst mal können Sie Ihre Nichte zu sich holen, aber das kann kein Dauerzustand sein. Für drei Personen ist die Wohnung zu klein. Sie sollten schleunigst einen anderen Platz für sie suchen.»

Aufatmend bedankten sich die beiden und eilten los. Denn, so informierten sie Lore, die Kleine wartete beim Roten Kreuz auf sie. Einige Zeit später beobachtete Lore durch das Wohnzimmerfenster die Rückkehr ihrer Mieter. Aus dem Auto stieg ein zierliches Mädchen mit lockigen dunklen Haaren. Oh, wie verloren die Kleine aussah. Ohne dass Lore es wollte, wurde ihr plötzlich ganz schwer ums Herz.

«Reiß dich zusammen», ermahnte sie sich. «Du hast genug mit dir selbst zu tun.»

Am nächsten Tag klopften die Reimers an die Tür und stellten Lore das Mädchen vor. Mina hieß sie. Wieder war Lore seltsam ergriffen und versuchte, möglichst teilnahmslos zu bleiben.

«Also, wie schon besprochen, nehmen Sie das Mädchen erst mal auf, und kümmern Sie sich dann um eine andere Unterbringung.» Daraufhin fing Mina heftig an zu weinen. Sie war kaum zu beruhigen.

Etwas weicher meinte Lore: «Es wird schon alles gut werden.»

Leise gingen die drei zurück in ihre Wohnung.

Doch nachts weckten Lore laute Schreie des Mädchens. Ungeduldig wälzte sie sich im Bett. Am nächsten Morgen entschuldigten sich die Mieter bei ihr.

«Es ist nicht leicht für die Kleine, sie hatte wohl einen Albtraum», sagte Jana.

In der nachfolgenden Zeit ging Lore das schwere Schicksal der Familie nicht aus dem Kopf. Sie vergaß darüber sogar ihre eigene schwierige Situation. Und als sie beim Einkaufen ihre Nachbarin Frau Stelzer traf, fragte diese neugierig: «Was war denn das für ein Mädchen, das letztens aus dem Auto stieg?»

Lore klärte sie kurz über die Situation auf.

«Oh nein, die arme Kleine», sagte die Nachbarin. Lore zuckte mit den Schultern. Sie wusste, dass Frau Stelzer sensationslüstern war, daher nahm sie die Anteilnahme der Nachbarin nicht sonderlich ernst. «In der kleinen Wohnung können doch gar nicht alle leben», sprach Frau Stelzer einfach weiter.

«Darüber machen Sie sich mal keine Gedanken», fuhr Lore sie unwirsch an. «Wir werden schon eine Lösung finden.» Und eilig verabschiedete sie sich.

Am Montag spätnachmittags teilten ihr die Mieter mit, dass wegen der Adoption alles geregelt sei und sie nun versuchten, eine größere Wohnung zu finden.

Seltsamerweise machte Lore die Ankündigung traurig. Das Ehepaar Reimers hatte ihr in der kurzen Zeit nie Schwierigkeiten gemacht und war ihr inzwischen ans Herz gewachsen. Schließlich kam ihr ein Gedanke.

Sie ging nach oben und klopfte zaghaft an die Tür. Erstaunt öffneten ihre Mieter, sahen sie besorgt an und boten ihr erst einmal einen Platz an. Beim Blick durch den Raum nahm Lore wohlwollend zur Kenntnis, dass alles sehr geordnet und sauber aussah. Die Möbel waren überwiegend einfach gehalten, und doch wirkte es sehr gemütlich. Sie hätte sich niemals vorstellen können, dass man diesen Raum so wohnlich gestalten konnte.

«Ja, also, ich habe mir Folgendes gedacht. Wenn Sie den Abstellraum ausräumen, ihn streichen, einen neuen Fußboden auslegen und wieder aufmöbeln, könnten Sie ihn zusätzlich zur Wohnung nutzen. Dort gibt es sogar ein kleines Fenster.» Zufrieden sah Lore in die überraschten und glücklichen Gesichter des jungen Ehepaares.

Gemeinsam betraten sie den Abstellraum. Leo und Jana waren von seiner Größe überrascht und überlegten, dass sie ihr Schlafzimmer hierhin verlegen könnten. Ihr jetziges würde dann zum Kinderzimmer werden. Im Abstellraum fanden sich sogar einige brauchbare Möbel, die ihnen Lore zur Verfügung stellen wollte.

Lächelnd verabschiedete Lore sich von der glücklichen neuen Familie und ging beschwingt in ihre Wohnung zurück. Sie verspürte neue Lebenslust und nahm sich für den nächsten Tag vor, ihre Weihnachtseinkäufe zu machen. Als sie ins Kaufhaus trat, begegnete sie Frau Müller, die bei ihrem Anblick das Weite suchen wollte. Doch so weit ließ Lore es nicht kommen. Schnurstracks eilte sie zu ihr.

Frau Müller war sichtlich verlegen und meinte leise: «Du nimmst es uns doch hoffentlich nicht übel, dass wir dich nicht zu Weihnachten eingeladen haben, aber wir dachten, so ganz alleine unter den Ehepaaren fühlst du dich bestimmt nicht wohl.»

«Aber nein», antwortete Lore übertrieben. «Unsere Gespräche drehen sich doch überwiegend um Krankheiten. Es ist erfrischend, mal mit jungen Leuten zu feiern.»

Frau Müllers irritierter Blick amüsierte sie.

«Mit wem feierst du denn dieses Jahr?», fragte Frau Müller.

«Wir haben ja lange nichts voneinander gehört, daher weißt du nicht, dass ich jetzt ein nettes junges Ehepaar zur Miete genommen habe, und deren Nichte zieht auch bei mir ein. Ich werde mit den dreien Weihnachten mal ganz anders feiern. Darauf freue ich mich schon sehr.»

Mit dieser Äußerung hatte Lore zwar gelogen, aber die Vorstellung gefiel ihr, und sie würde tatsächlich ihre Mieter fragen, ob sie Lust hätten, Heiligabend oder am ersten Weihnachtstag zu ihr zu kommen. Schwungvoll verließ sie Frau Müller mit der Bemerkung: «Ich werde jetzt mal in die Kinderabteilung gehen und ein schönes Geschenk aussuchen.»

Mit diesem neuen Lebensgefühl sprudelten viele Gedanken aus Lores Kopf hervor – was sie nicht alles noch organisieren musste!

«Nun kann Weihnachten kommen», dachte sie glücklich.

DIE WEIHNACHTSKATZE

Jörg Arndt

Entspannt saß Friedel Wegner auf ihrem Sessel, in den Händen hielt sie ihr Häkelzeug. Sie arbeitete an einer Mütze für den jüngsten Enkel. Im Ofen brannte ein Feuer, im Radio lief leise weihnachtliche Musik, und vor ihr auf dem Tisch stand eine dampfende Tasse Tee. Gleich würde das Hörspiel beginnen. Es war also ein ruhiger, gemütlicher Adventsabend, der jedoch durch ein heftiges Klopfen und Scharren jäh gestört wurde.

Friedel Wegner schreckte hoch. Das Geräusch war von der Terrassentür gekommen. Sie lauschte eine Weile, während ihre Finger wie von selbst mit der Handarbeit fortfuhren. Da, jetzt hörte sie es wieder. Entschlossen legte sie ihr Häkelzeug aus der Hand und ging zur Tür, um nach dem Rechten zu sehen. Bange war sie noch nie gewesen. Dennoch fuhr sie beim nächsten Scharren und Klopfen unwillkürlich zusammen. Angestrengt schaute sie in die Dunkelheit hinaus und musste lachen, als sie endlich die Ursache der Geräusche erkannte: Eine Katze stand draußen vor der

Tür und begehrte Einlass. Sie öffnete maunzend das Schnäuzchen, als müsse sie gähnen.

«Tut mir leid», sagte Friedel durch die geschlossene Tür hindurch. «Du musst dich verlaufen haben! Hier wohnst du nicht!»

Die Katze, ein kräftiges grau-weißes Tier, sah sie nachdenklich an, und gab sich offensichtlich mit dieser Auskunft nicht zufrieden, denn sie stellte sich auf ihre Hinterbeine und trommelte mit den Vorderpfoten energisch an die Scheibe.

Kopfschüttelnd wandte Friedel Wegner sich ab und ging zurück zu ihrem Sessel. Das fehlte noch, dachte sie, eine Katze in meinem Haushalt, die alles schmutzig macht und durcheinanderbringt. Und ich werde auch ganz bestimmt nicht eine von diesen komischen alten Schachteln, die mit ihren Tieren reden!

Der Radiosprecher kündigte das Hörspiel an. Sie drehte den Ton lauter und widmete sich erneut der Handarbeit. Übermorgen war Heiligabend, da musste alles fertig sein. Zufrieden blickte sie auf den Weihnachtsbaum in seiner angestammten Ecke. Wie jedes Jahr hatte sie ihn mit den kostbaren Glaskugeln geschmückt, die ihre Mutter ihr hinterlassen hatte. Selbst die kleinen Enkel hatten schon früh gelernt, ihre Händchen davonzulassen und sich auf staunende Bewunderung zu beschränken. Nein, hier war wirklich kein Platz für eine dahergelaufene Katze.

Friedel huschte ein Lächeln übers Gesicht. Mittlerweile waren die beiden großen Enkel dreizehn und fünfzehn Jahre alt. Aber noch immer bestanden sie darauf, Heiligabend bei ihrer Oma zu feiern, wo es die leckeren Plätzchen gab. Bei dem Gedanken hätte sie fast eine Masche fallen lassen. Die Plätzchen! Die hatte sie völlig vergessen. Sie schmeckten am besten, wenn sie schon ein paar Tage gelegen hatten. Sie musste sich also schleunigst ans Werk machen. Eilig legte sie die Mütze beiseite, stand auf und ging in die Küche. Zwei Stunden später, es ging bereits auf Mitternacht zu, stellte Friedel ein lecker duftendes Blech zum Abkühlen in die Vorratskammer. Dann fiel sie todmüde ins Bett.

Als sie am nächsten Morgen in ihrer Küche beim Frühstück saß, war die Katze plötzlich wieder da – diesmal starrte sie Friedel durchs Küchenfenster an. Friedel schüttelte amüsiert den Kopf. «Nein, du Dickkopf, ich habe dir doch gesagt, dass es hier keinen Platz für dich gibt. Ab nach Hause!» Sie klatschte in die Hände, und das Tier verschwand.

Dann räumte sie das Geschirr zusammen und ging hinüber zur Vorratskammer, um ihr gestriges Werk zu begutachten. In ordentlichen Reihen lagen die Plätzchen auf den beiden Blechen und dufteten verführerisch. Friedel lächelte zufrieden, bis ihr auffiel, dass eines der Plätzchen fehlte. Es lag auf dem Fußboden, zur Hälfte aufgefressen, nicht weit davon glänzten kleine schwarze Kötel. Oh nein, eine Maus! Wenn Friedel eins nicht leiden konnte, dann waren es Mäuse, die sich an ihren Vorräten zu schaffen machten. Sie musste unbedingt eine Falle aufstellen. Sofort. Doch dann fiel ihr ein, dass das blöde Ding beim letzten Einsatz kaputtgegangen war und sie es bislang versäumt hatte, Ersatz zu besorgen. Sie überlegte. Wollte sie wirklich am Tag vor Heiligabend in die Stadt fahren, stundenlang nach einem Parkplatz suchen und sich durch die Menschenmassen zwängen, nur um eine Mausefalle zu kaufen? Nein, dazu hatte sie nicht die geringste Lust. Ihr würde aber wohl nichts anderes übrigbleiben, wenn sie nicht wollte, dass die Mäuse sie über die Festtage plagten. Missmutig ging sie ins Wohnzimmer zurück, um ihren Autoschlüssel und das Portemonnaie zu holen. Von der Terrassentür drang das mittlerweile wohlbekannte Scharren und Klopfen herüber. Friedel stutzte. Dann fasste sie einen Entschluss.

«Kannst du Mäuse fangen?», fragte sie die Katze durch die Scheibe. Das Tier sah sie kurz an, dann klopfte es noch heftiger mit der Tatze gegen die Scheibe. «Gut, ich mache dir folgendes Angebot: Du darfst ins Haus. Aber natürlich nicht ins Wohnzimmer! Du bleibst bei der Speisekammer und im Abstellraum. Ich stelle dir sogar eine Schale mit Milch hin. Dafür fängst du die Mäuse. Einverstanden?»

Ohne eine Antwort abzuwarten, ging Friedel zur Hintertür und setzte ihren Teil der Abmachung in die Tat um. Begeistert stürmte das Tier ins Haus und rieb sich an Friedels Bein.

«He, he», rief Friedel mit strenger Stimme, wobei sie sich ein Lächeln jedoch nicht verkneifen konnte. «Wir wollen es doch nicht übertreiben! Vergiss nicht, du bist nur vorübergehend hier!»

Sorgfältig zog sie die Tür zum Wohnbereich zu und beschloss dann, noch eine Tasse Kaffee zu trinken.

Während das Radio leise im Hintergrund lief, dachte sie darüber nach, dass ihr Gast einen Namen brauchte. Auch wenn die Katze nur kurz zu Besuch war, allerhöchstens so lange, bis das Mäuseproblem beseitigt war, wäre ein Name natürlich schon praktisch. Es könnte ja sein, dass sie sie rufen müsste. Aber wie sollte das Tier heißen? Triviales wie «Mieze», «Muschi» oder «Minka» kam selbstverständlich nicht infrage.

Im Radio ertönte «Santa Claus is coming to town». Friedel wippte mit den Füßen im Takt und summte leise mit. Dann machte sich ein Lächeln auf ihrem Gesicht breit. «Santa Claus», das war eine gute Idee! Der Name Klaus passte. Ihr erster Freund hatte Klaus geheißen, und der war auch so hartnäckig gewesen wie dieses Katzentier. War das denn überhaupt ein Kater? Egal, befand Friedel, was verstehen Katzen schon von Vornamen? Er oder sie heißt jetzt Klaus und basta.

Mitten in ihre Gedanken hinein klingelte das Telefon. Ihre Tochter Hannah war am Apparat.

«Mutti, ich habe schlechte Nachrichten», begann sie zögerlich. Friedel erstarrte. «Was ist passiert?»

«Keine Sorge, es ist kein Unfall oder so was. Aber wir haben die Grippe. Heiner liegt mit Fieber im Bett, und die Kinder sind auch schon ganz kränklich. Ich fürchte, wir werden Heiligabend nicht kommen können.»

Friedel schluckte. Sie hatte sich schon so auf diesen Abend im Kreis der Familie gefreut. Wie konnte man nur für ein bisschen Fieber den Heiligen Abend ausfallen lassen? Aber sie wollte sich deswegen mit ihrer Tochter nicht streiten.

«Gut, dann ist das eben so», sagte sie tapfer. «Werdet ihr nur erst mal wieder gesund!»

«Ach, Mutti, es tut mir so leid, dass du an Heiligabend jetzt alleine sein musst!»

«Macht euch um mich keine Sorgen», sagte Friedel. «Ich bin nicht allein. Ich habe Besuch von Klaus. Wenn ihr wieder gesund seid, stelle ich ihn euch vor.» Dann legte sie ohne einen weiteren Kommentar auf und grinste.

Was wäre Weihnachten ohne kleine Geheimnisse?

AUF DER FLUCHT ODER WEIHNACHTEN EINMAL GANZ ANDERS

Lothar Hildebrand

Es war zu Weihnachten 2014, auf dem Hochpunkt der Zeit, in der viele Geflüchtete nach Deutschland kamen, am Vormittag des Heiligabends, vielleicht gegen 9:30 Uhr. Normalerweise baute ich zu diesem Zeitpunkt beim Klang des Weihnachtsoratoriums unsere Krippe auf, als der verzweifelte Anruf eines meiner afghanischen Freunde einging: «Darf ich zu dir kommen, kannst du mir helfen? Es ist etwas ganz Schlimmes passiert!»

Und nun saß Amir vor mir. Mit tränenerstickter Stimme legte er ein gelbes Briefkuvert auf den Tisch, welches den Ablehnungsbescheid auf seinen Asylantrag enthielt. So abgeschickt und gestempelt, dass die Einspruchsfrist an diesem Tag um Mitternacht ablief.

Amir lebte zu dieser Zeit in einer Sammelunterkunft, die keine in sich geschlossenen Wohneinheiten bot: Zwischen vier und sechs junge Männer lebten in einem Zimmer, die Gemeinschaftsküchen befanden sich am

Ende der Gänge auf den Etagenfluren, und die Duschen waren im Keller. Es gab eine zentrale Postausgabestelle im Büro der Betreuung. «Ich habe wirklich jeden Tag nachgefragt, bis gestern war dieser Brief nicht da.»

Amir, das ist in Afghanistan ein Name, der ungefähr so selten ist wie in Deutschland Klaus, Peter oder Heinz. Und sein Nachname war ebenfalls ungefähr so selten wie Müller, Maier, Schulze oder Schmidt. Gut möglich, dass der Brief zuerst dem falschen Menschen ausgehändigt worden war, dachte ich.

Als Erstes versuchte ich, einen der mir bekannten Rechtsanwälte zu erreichen. Heiligabend am Vormittag – da waren nur noch die Anrufbeantworter im Einsatz. Der zweite Schritt war ein heißes Gebet: «Herr Jesus, jetzt sag du mir bitte, was ich da noch machen kann.»

Kurz darauf wurde mir klar: Auch wenn du kein Rechtsanwalt bist – dann musst du eben selber etwas tun ... Hängen lassen kannst du Amir jetzt nicht.

Eine kurze Recherche im Internet brachte ans Licht, dass vor einem Verwaltungsgericht im ersten Rechtszug kein Anwaltszwang bestand. Anwälte durften später eine Klage ergänzen, ändern und auch zurückziehen. Aber die Frist zur Einreichung, die musste zwingend eingehalten werden. Okay, also so viel konnte ich da ja wohl nicht falsch machen ...

Und nun saß ich mit Amir auf der Eckbank in der Küche und brachte Stück für Stück sein Flüchtlingsschicksal aus ihm heraus, um Ansätze für einen gut begründeten Widerspruch zu finden. Dabei hatte ich nicht einmal die Protokolle der Anhörung vorliegen. Das, was sonst vor bezahlten Rechtsanwälten und Entscheidern geschah, vollzog sich nun plötzlich und mit Urgewalt bei mir am heimischen Küchentisch.

Und schlagartig wurde mir klar: Den Anfang der Weihnachtsgeschichte, der viel geliebten Weihnachtsgeschichte, die mit Hirten, Engeln, Gelehrten oder Königen endet, mit dem Erlöser, der in der Heiligen Nacht geboren wird – ihn hörte ich erneut hier an meinem Küchentisch. Die Geschichte endet schonungslos, dramatisch, in einem Bericht von einer überhasteten Flucht vor einem herannahenden Massaker an kleinen Kindern. Aber ihr gutes Ende stand noch aus. Diese Erkenntnis traf mich wie ein Blitz. *«... steh eilend auf, nimm das Kind und seine Mutter und fliehe nach Ägypten.»*

Da war nichts mehr mit gemütlichem Geschenkeauspacken bei Kerzenschein und feierlichem Festschmaus und heißen Getränken. *«Lauf, Josef, es geht um euer Leben.»*

Das, was vor über zweitausend Jahren geschah, wiederholte sich in Amirs Bericht. Ein junger Mann, knapp sechzehn Jahre, war halb gelockt und halb gepresst worden von den Taliban. Mit dem Willen, dem Kreislauf aus Mord und Gewalt zu entkommen, floh er über abenteuerliche Wege in das gelobte Land seiner Hoffnungen. Und kassierte dort eine schallende Ablehnung. Flucht als letzter Ausweg. Wohin nun? Wieder dorthin zurück, woher er kam?

Mittlerweile zeigte die Uhr schon 12:30 Uhr. Um

15:00 Uhr sollte der Weihnachtsgottesdienst beginnen, und ich war in die Vorbereitung und Ausgestaltung eingebunden. Spätestens um 14:00 Uhr würden wir losfahren müssen. Und wie könnte der Brief noch vor Mitternacht zum Verwaltungsgericht in die nächste Großstadt gelangen?

Ein zündender Gedanke: Mathias! Mathias und seine Frau hatten erwachsene Kinder dort. Vielleicht besuchten sie ihre Kinder zu Weihnachten heute?

Ein Anruf klärte die Frage. «Wir können helfen, wenn der Brief bis halb zwei fertig ist.»

Unter extremem Zeitdruck suchte ich die nötigen Paragrafen heraus, erstellte die letzten Zeilen. Und betete, dass jetzt bitte nur nicht der Drucker streiken möge. Ich sendete den Druckbefehl, und brav tat das Gerät seinen Dienst. Unterschrift, Kopien machen, kuvertieren. Mit fliegender Hast und zitternden Händen tat ich die letzten Handgriffe, da klingelte es schon an der Wohnungstür. Mathias holte den Brief ab. Die verbleibende Zeit reichte gerade noch zum Umziehen.

Wenige Minuten vor dem Beginn des Krippenspiels ereilte mich dann die erlösende SMS: *Alles erledigt, der Brief ist im Kasten.*

Vom Krippenspiel und von der Predigt bekam ich an diesem Nachmittag ehrlich gesagt nicht allzu viel mit, auch weiß ich nicht mehr, wie ich es hinbekommen hatte, am Ende den Segen zu sprechen, denn das war an diesem Tag meine Aufgabe gewesen.

Noch am Vormittag des Heiligabends aus der bürgerlichen deutschen Beschaulichkeit gerissen und hineingezogen in das Schicksal eines Flüchtlings, war ich am Abend dieses Tages emotional völlig ausgepumpt.

Und das Ende der Geschichte?

Amir erhielt nach langem Ringen zunächst das dauerhafte Bleiberecht in Deutschland. Er ist heute deutscher Staatsbürger, Kfz-Meister in Festanstellung, verheiratet und Vater eines von Gott erbetenen süßen kleinen Jungen. Aber wie es dazu kam – das wäre wahrlich Stoff für eine neue spannende Geschichte.

Die Namen in dieser Geschichte wurden zur Wahrung der Anonymität geändert.

DER MÄRCHENONKEL VOM STRIEZELMARKT

Dietmar Sehn

Ich bin der Märchenonkel vom Dresdner Striezelmarkt. Ich locke frierende Weihnachtswanderer in die warme Märchenstube. Schneewittchen und die sieben Zwerge schauen wie im Zeichentrickfilm von der Wand. Unter einem stattlichen Tannenbaum liegen Kekse und Schokobonbons. Und in dem großen roten Ledersessel mit einem dicken Märchenbuch auf dem Schoß sitze ich, der Märchenonkel.

Der Striezelmarkt am Dresdner Altmarkt gehört zu den ältesten Weihnachtsmärkten Deutschlands. Und tatsächlich gibt es hier auch Striezel, also den klassischen Dresdner Stollen. Neben dem Märchenhaus stehen ein Pflaumentoffel- und ein Knusperhaus, eine Weihnachtsbäckerei und ein Kino für die kleinen Leute, das Wichtelkino.

Eine Kindereisenbahn mit bunt bemalten Wagen dreht ratternd und unaufhörlich ihre Runden durch den Märchenwald, vorbei an bemalten Pappfiguren: Rotkäppchen, Froschkönig, Hänsel und Gretel, Herr

Fuchs und Frau Elster. Die Lokomotive mit dem Emblem Königlich-Sächsische Eisenbahn trötet emsig. Die Figur des Rumpelstilzchens plärrt blechern dazwischen: «Keiner weiß, wie ich heiß!» Und wenn ein kleiner Fahrgast es doch zu wissen glaubt und ruft: «Du bist Rumpelstilzchen!», dann krächzt das Männlein: «Das hat dir der Teufel gesagt!» Der Eisenbahner mit der roten Mütze malträtiert dazu seine Trillerpfeife.

An den Märchenwald grenzt das Märchenhaus – eine Holzhütte mit einem spitzen Dach, zwei Fensterchen mit Klapptüren und einer Eingangstür, über der der Schriftzug *Märchenhaus* steht.

Es pocht, und ein junger Papa fragt: «Gibt es hier Geschichten zu hören?»

«Ja, hier gibt es Geschichten, nur herein!», antworte ich.

Und flugs eilen auch Mama und zwei blondgelockte Mädchen mit erzgebirgischem Dialekt in die gewärmte Märchenstube. Rasch werfen sie ihre Anoraks auf die Sitzbank und nehmen Platz.

«Sonst bin ich vorm Schlafengehen der Märchenerzähler für Katja und Anna», brummt Papa in seinen Bart. «Mal sehen, ob ich hier was lernen kann!»

«Kennt ihr die Geschichte vom Dresdner Pflaumentoffel?», frage ich.

Die Familie schüttelt einträchtig den Kopf. Ich setze meine altertümliche Lesebrille auf und erzähle. «Es war einmal eine Frau, die konnte ihre Miete nicht mehr bezahlen. Der Wirt drohte mit Kündigung. Was tun? Da kam eine ihrer Töchter auf eine Idee: ‹Wir haben doch so viele Backpflaumen, daraus könnten wir Männlein basteln!› Gesagt, getan. Sie bastelten. Und so entstand das erste Pflaumenmännlein. Und gleich noch eines. Und dann viele. Damit gingen die Kinder auf den Striezelmarkt und riefen: ‹Pflaumenmänner, schöne Pflaumenmänner!› Und die Leute schauten auf die lustigen Figuren und kauften sie. So bekam die Frau genügend Geld, um die Miete zu bezahlen. Und schließlich wurde aus dem Pflaumenmännlein der Pflaumentoffel.»

Papa brummelt: «Die Geschichte ist mir neu, aber net schlecht! Die speichere ich mal ab.» Er applaudiert, die Familie schließt sich an.

«Noch eine Geschichte, aber nicht so eine lange!», bettelt Katja, die Sechsjährige, und wuschelt durch ihre Haare.

Anna, ungefähr vier, popelt selbstvergessen. «Was von einer Prinzessin! Oder aus dem Erzgebirge! Da wohnen wir, am Wald!»

Es klopft. Weitere Gäste möchten ins Märchenhaus. Eine Oma kommt mit Enkelzwillingen, Paul und Paula. Beide tragen die gleichen Strickmützen, nur an den Stimmen sind sie als Bruder und Schwester zu unterscheiden.

Paul hat die kräftigere Stimme: «Das mit den drei Haselnüssen!»

«Ja, ja!», rufen die anderen Kinder.

Das Märchen kenne ich natürlich. Auch die Umstände der Verfilmung. «Rund um das Schloss Moritzburg wurde vor vielen, vielen Jahren der Film gedreht, Drei Haselnüsse für Aschenbrödel. Die Filmleute brauchten eine Winterlandschaft. Doch in dem Winter war kein Schnee gefallen. Also besorgten sie Fischmehl. Denn über die Landschaft gestreut, sah das Fischmehl aus wie Schnee. Nur stank es ganz entsetzlich. Die Schauspieler mussten sich die ganze Zeit die Nase zuhalten – das war allerdings nicht möglich, wenn sie gerade eine Szene drehten.»

Die Kinder quietschen vor Lachen. Als das Gekicher verstummt, frage ich: «Kann denn jemand das Märchen selbst erzählen, das Märchen vom Aschenbrödel?»

Paula prustet: «Den Film habe ich schon hundert Mal gesehen!»

Ihr Bruder fordert: «Na, dann schieß mal los!»

Paula nimmt erst mal ihre Mütze vom Kopf und zeigt sie stolz in die Runde: «Hat Oma gestrickt! Und der rosa Schal ist auch von ihr. Sie ist die beste Strickliesel im ganzen Strickverein!» Und dann stottert sie: «Ein Mädchen, also Aschenbrödel, äh, ja, genau.» Und verstummt.

Oma meldet sich: «Aber Paula, du kennst die Geschichte doch, fang noch mal an, du bist nur aufgeregt!»

Das ist gar nicht so einfach. Und dann klappt es doch so einigermaßen. «Es war einmal ein Mädchen mit Namen Aschenbrödel ...»

Am Ende bekommt die junge Erzählerin Beifall von allen, der Märchenonkel – «Bravo, toll gemacht!» – ergänzt, dass Aschenbrödels Brautkleid bei einer Ausstellung im Schloss Moritzburg gestohlen und die Diebin gefasst wurde.

Paul fragt: «Ist das auch ein Märchen oder wahr?»

Der Märchenonkel behauptet, die Wahrheit gesagt zu haben.

Die beiden Familien brechen auf. Sie wollen noch zum Puppentheater. Jeder grapscht nach einem Schokoladenbonbon. Nur der bärtige Papa schnappt sich einen Keks. Einen Vollbart könnte ich eigentlich auch tragen, als Märchenonkel. Das Erscheinungsbild wäre noch respektabler, denke ich. Vielleicht nächstes Jahr.

Der eine oder andere schaut nur aus Neugierde ins Märchenhaus. Einige verweilen ein paar Minuten, lauschen einer möglichst kurzen Geschichte und gehen wieder. Und einmal springt die Tür auf, und eine junge Frau fragt: «Kann ich hier mein Baby stillen?»

Ich gerate ins Stottern: «Ja, nein, doch, also, dies ist ein Märchenhaus!»

Die junge Mutter findet das genau passend: «Ist ja sonst keiner da!»

Ich schließe vorsorglich die Tür ab, nehme diskret Abstand, esse zur Überbrückung der Zeit einen echten Pulsnitzer Pfefferkuchen und blinzele zum offenen Fenster hinaus.

«Das war's schon!», lächelt sie irgendwann. «Wenn Sie zugesehen haben, können Sie jetzt ein Ammenmärchen erzählen!»

Habe ich nicht. Will ich nicht. Und sind nicht ohnehin alle Märchen von Ammen erzählt worden?

Der Stollenbäcker schaut herein und verrät, dass die Einlassfrau des Wichtelkinos gestern Oma geworden ist. Der dicke Klomann mit der roten Nase bringt eine Karte zur kostenlosen Toilettennutzung für alle Tage: «Am Markteingang an der Polizeistation. Normalerweise wären das fünfzig Cent pro Sitzung.»

Im Märchen muss niemand aufs Klo; beim Märchenerzähler hingegen kommt es schon mal vor. «Danke!», rufe ich, als er davontrabt, vorbei an seinem Zwilling, dem aufblasbaren Schneemann an der Bratwurstbude von Meister Schulze. Vor Gretels Puppenhaus haben sich Kinder versammelt, Grete, die Puppenspielerin, beginnt mit dem Drama, wie Kasperle das Weihnachtsfest rettet.

Ein Großelternpaar – die Enkel hocken vor der Puppenbühne – drängt in die Märchenstube. «Nur zum Aufwärmen!» Ein Märchen wollen sie nicht, aber wie der Striezelmarkt zu seinen Namen kam, das interessiert sie schon. «Wir kommen nämlich aus Düsseldorf!» Und was der sächsische Kurfürst damit zu tun hat, August der Starke, das möchten sie auch wissen, und wie viele Stollen der täglich aß. Drei, tatsächlich? Sie hören zu, bis ihnen wieder warm ist.

Und dann spaziert die frischgebackene Großmutter vom Wichtelkino herbei, in ihrem glitzernden Engelskostüm. «Ich bin zum dritten Mal Oma geworden!», frohlockt sie beschwipst. Sie hebt einen mit Tannenbäumchen bemalten Glühweinbecher.

«Herzlichen Glückwunsch», rufe ich, «dann grüß mir den Jahresendflügler!» So nannte man die Engel in Zeiten des volkseigenen Fortschritts. Sie und ich erinnern uns noch daran.

«Was ist das für ein dickes Buch da auf dem Tisch?», will sie wissen.

«Die Weihnachtsgeschichte von Dickens.» Ich reiche ihr das Exemplar, das aus dem Tauschregal im Supermarkt stammt.

«Das wollte ich schon immer mal lesen!», behauptet sie. «Schreib mir was rein!»

«Frohes Fest mit dem neugeborenen Enkel!», schreibe ich und unterzeichne: «Ihr Charles Dickens.»

«Perfekt!»

Zwei Jungs mit ihrer Mutter schlurfen herein, dem Märchenalter fast schon entwachsen. Sie hängen ihre dicken Jacken an die Kleiderhaken, und der Größere fragt: «Märchenonkel, kennst du die Geschichte von der Weihnachtsgans Auguste?»

Ich muss erst meine Lesebrille suchen. Der kleinere Bruder findet sie auf dem Sessel. Ja, das Kunstmärchen von Friedrich Wolf kenne ich. Jedes Kind zwischen Rügen und Zittau hat es gekannt, als Erzählung, als Hörspiel, als Puppentrick, als Spielfilm, und jedes Kind hat sich gefreut, dass die Gans nicht nur das Mästen überstand, sondern sogar das Rupfen und dass sie zum Ausgleich einen Strickpullover bekam.

«Der Film ist bei uns im Dorf gedreht worden!», berichtet die Mutter. «In Obercunnersdorf!»

Das ist das Dorf der alten Umgebindehäuser, siebzig Kilometer von hier entfernt in der Oberlausitz. Aber auch auf dem Striezelmarkt wurden Szenen gedreht, und vor allem ist die leibhaftige Fernsehgans, die eigentlich ein Ganter war, später immer noch auf dem

Striezelmarkt herumstolziert, unter Aufsicht eines Tiertrainers. Fünfundzwanzig Jahre alt ist sie oder er am Ende geworden.

«Na, so alt werden unsere Gänse nicht!», lacht die Mutter.

Die Turmuhr der Kreuzkirche schlägt die sechste Stunde. Der Himmel wirkt schwarz. Der Striezelmarkt ist in goldenes Licht getaucht. Ein Knirps weint, weil er nicht mehr Karussell und Kindereisenbahn fahren darf. «Die Euros sind alle», informiert ihn die Mutter.

Grete, die Puppenspielerin, packt ihre Puppen zusammen, dazu die Requisiten, die Kunstblumen, eine Glocke, den Schirm. Mit zwei schweren Taschen zieht sie davon. «Bis morgen, Märchenonkel!»

Der Tassenträger eilt vorbei. Von zehn Uhr morgens bis zehn Uhr abends transportiert er einige tausend Tassen zur Reinigung und wieder zu den Verkaufsständen. Ein Weihnachtsmann mit leerem Geschenksack über der Schulter stiefelt vorüber: «Hallo, Märchenonkel! Alles im grünen Bereich?»

Bis eben noch, ja. Da drängt eine Mittvierzigerin ins Haus.

«Hi, ich bin die Jessica aus Kreuzberg! Hier soll es Weihnachtskekse geben! Darf ich mal probieren?» Sie bedient sich schon selbst.

«Eigentlich erzähle ich hier Kindern Geschichten.»

«Ach!» Sie sinkt auf ein purpurrotes Kissen. «Geschichten kann ich auch erzählen.»

Ich schiebe die Keksteller außer Reichweite.

«Ich komme gerade vom Friedhof aus Tolkewitz.

Meine Omi ist gestorben, mit neunundachtzig. Und ich hab gedacht: Mensch, Jessy, da fährst du hin zum Begräbnis, du wolltest dir immer mal den Striezelmarkt ansehen, na, und eben habe ich drei super Glühwein getrunken, einen roten und dann einen weißen und einen rosé. Euer Zeug wirkt ja echt sofort!»

«Ich wollte gerade Schluss machen», versuche ich sie zu unterbrechen.

Das beeindruckt sie nicht. «Soll ich dir was sagen? Mein Großvater hat heute schon mit Dating angefangen, als frischgebackener Witwer, was sagst du dazu? Ist das feierlich?»

«Wenn er das im Märchen machen würde», fällt mir ein, «würde ein magischer Knüppel durchs Fenster hereinfliegen und ihn verprügeln.»

Sie lacht. «Das würde ihm auch noch gefallen!» Sie schnipst Kekskrümel vom Pullover auf den Boden. «Ich brauch noch Keksstoff! Meine Verwandten hier unten behaupten, ich sehe aus wie 'ne Punkerin. Stimmt das?»

Vielleicht möchte sie das. Aber es stimmt nicht, mit ihrer rosaroten Haarspange und dem viel zu weiten Wollmantel, der sie noch molliger erscheinen lässt, als sie ist. «Stimmt», sage ich.

«Oh Mann, das ist cool, und ich fühl mich auch so, ich bin eine Rebellin!» Sie sieht sich um. «Hast du noch Glühwein? Oh Gott, ich glaub, ich muss jetzt erst mal eine qualmen!»

«Wie gesagt: Ich wollte gerade Schluss machen», sage ich etwas nachdrücklicher. «Und das mache ich jetzt auch. Die Bude drüben, die vom Meißener Weingut, die bleibt geöffnet. Die hat Glühwein in allen Farben.»

Jessica macht ein enttäuschtes Gesicht. Warm auf Kissen sitzen kann sie an der Bude nicht. «Du wolltest mir doch ein Märchen erzählen?»

«Morgen ab zehn Uhr ist hier wieder geöffnet», sage ich, so freundlich es geht.

Sie stemmt sich seufzend hoch. «Diese Sachsen!»

Später im Wohnzimmer, unter den wachsamen Augen meiner Frau und einiger erzgebirgischer Nussknacker, verschwimmen die Bilder des Tages: Pflaumentoffel, Aschenbrödel, Auguste, die Wichtel, die Puppen.

«Du schnarchst ja schon!», sagt meine Frau.

Das muss am Weihnachtsbier liegen. Als Decke habe ich nur den schwarz-gelben Dynamo-Schal.

«Überhaupt nicht!», murmele ich. Auf dem Bildschirm hat der Dresdner Kreuzchor Aufstellung angenommen. «Sind die Lichter angezündet?» Wir haben nur noch LED-Kerzen, damit ich beruhigt wegdämmern kann.

«Bist du noch wach?», fragt meine Frau.

«Nu freilisch, ich bin der Märchenonkel vom Striezelmarkt!»

DURCH DEN WOLF GEDREHT

Gabriele Frisch

Prächtig gelaunt pfiff Philipp vor sich hin, während er wieselflink Teigstränge in Kränze, Buchstaben oder Zahlen verwandelte und damit ein Backblech nach dem anderen bestückte. «Ich bin begeistert», jubelte er. «Ein höchst rekordverdächtiges Tempo legen wir vor, findest du nicht?»

«In der Tat!» Missmutig räumte Merle die bereits abgekühlten Kekse in eine Vorratsdose, ehe sie zum Herd eilte und die Backbleche austauschte. «Allerdings gerate ich dabei schon fast unter Zugzwang!»

«Ach, das bildest du dir ein», behauptete Philipp. «Warte mal ab, bald wirst auch du meine tolle Errungenschaft zu schätzen wissen!»

«Nein, bestimmt nicht.» Merle schielte wehmütig zu dem altgedienten Fleischwolf ohne Elektroantrieb hinüber, der seit ihrer Kindheit bei der Weihnachtsbäckerei nicht fehlen durfte, nun jedoch ausrangiert werden sollte, weil Philipp aus heiterem Himmel adäquates Zubehör für die Küchenmaschine angeschleppt hatte. Glaubte er ernsthaft, ihr damit einen Gefallen zu tun?

«Ohne dass wir uns bisher mordsmäßig anstrengen mussten, ist schon fast die Hälfte des Teiges aufgebraucht», verkündete Philipp euphorisch. «Wir sparen also nicht nur Zeit, sondern auch jede Menge Kraft!»

«Dafür steigt der Stromverbrauch», lenkte Merle ein. «Und außerdem nervt das permanente Jaulen des Motors allmählich!»

«Tatsächlich?», wunderte sich Philipp. «Du bist doch sonst nicht so empfindlich! Der zusätzliche Energiebedarf wird sich im Übrigen in Grenzen halten, und manchmal heiligt eben der Zweck die Mittel.»

«Darüber kann man geteilter Meinung sein», schmollte Merle. «Im Gegensatz zu dir habe ich unser einträchtiges Teamwork in Sachen Spritzgebäck nämlich immer genossen.»

«Ich natürlich auch», beteuerte Philipp hitzig. «Aber das hindert uns garantiert nicht daran, geringfügig den Ablauf zu verändern.»

Merle sog hörbar die Luft ein. «Mit dem Erfolg, dass wir jetzt beide hektisch vor uns hin fuhrwerken und es einzig und allein darum geht, mit der ganzen Angelegenheit möglichst schnell fertigzuwerden. Nein, damit kann und will ich mich nicht arrangieren!»

«Merle, das ist total albern», begehrte Philipp auf und produzierte im Eifer des Gefechts ziemlich schiefe Kringel. «Arbeitserleichterungen haben dich bisher noch nie gestört; wie hätte ich also ahnen sollen, dass du vehement gegen einen weiteren Küchenhelfer rebellieren würdest? Und von stundenlangem Kurbeln hängt die Seligkeit wahrhaftig nicht ab!»

Unwirsch wirbelte Merle herum. «Kapierst du wirklich nicht, worum es mir geht?», fauchte sie ihren Mann an. «Dieses unpraktische Mistding bringt alles durcheinander und vergiftet völlig die Atmosphäre! Abgesehen davon ...»

«Meine Güte, man kann echt alles übertreiben», fiel Philipp ihr ins Wort, schaltete die Küchenmaschine ab und wandte sich zur Tür. «Melde dich, sobald du wieder für vernünftige Argumente empfänglich bist!»

«Wie bitte?» Merle traute ihren Ohren nicht. «Soll ich mich jetzt etwa allein um den gesamten Hokuspokus kümmern?»

«Von mir aus kannst du die Kekse und den restlichen Teig entsorgen», donnerte Philipp. «Weihnachten ist für mich abgehakt!»

«Das sind ja Aussichten», schmetterte Merle erbost zurück. «Fragt sich nur, wer von uns gerade ausflippt!»

«Nett von dir, dass du mir die Schuld in die Schuhe schiebst», schimpfte Philipp vom Flur aus. «Du benimmst dich absolut kindisch!»

«Danke gleichfalls», grummelte Merle. «Schließlich hast du zuerst die Flinte ins Korn geworfen.»

«Erstaunt dich das?» Philipp polterte lautstark die Kellertreppe hinunter. «Mein Bedarf an Vorwürfen ist hinreichend gedeckt!»

«Hauptsache, du selbst hast deine Ansichten herausposaunt», schleuderte Merle ihm hinterher, obwohl ihr klar war, dass die Ursache des Konflikts dessen Eskalation nicht im Geringsten rechtfertigte. Dermaßen zornig hatte sie Philipp, der normalerweise selbst ausgewachsene Krisen souverän zu meistern vermochte, seit einer Ewigkeit nicht mehr erlebt. Warum hatte sie ihr Temperament nicht rechtzeitig zügeln können, und was war aus dem Plan geworden, die diesjährige Weihnachtsbäckerei in aller Behaglichkeit zu eröffnen?

Zähneknirschend betrachtete Merle die beim Backen übliche, nun jedoch extrem inakzeptable Unordnung. Wäre es nicht ein Leichtes, ebenso harsch zu kapitulieren? Das Signal des Kurzzeitmessers mahnte sie zur Vernunft, und sie erledigte mechanisch alles Notwendige. Philipp hatte wirklich Nerven, ihr die Unterstützung zu verweigern! Leuchtete ihm denn nicht ein, wie sehr sie auf seine Hilfe angewiesen war? Nein, offenbar verschwendete er in Anbetracht der Tatsache, dass Merle die Konfrontation heraufbeschworen und auch im Nachhinein nicht eingelenkt hatte, keinerlei Gedanken daran! Zweifelsfrei hatte sie nicht nur sich selbst, sondern auch Philipp den Nachmittag gründlich verdorben, vielleicht sogar mit tiefgreifenderen Konsequenzen, über die sie lieber nicht nachdenken wollte. Verbissen kämpfte sie gegen den dicken Kloß im Hals und die aufsteigenden Tränen an.

Ungefähr zwanzig Minuten später waren die vorrätigen Teiglinge abgebacken. Merle lief spärlich motiviert zum Küchentisch, haderte dort aufgewühlt mit sich und der noch zu einem Drittel gefüllten Teigschüssel und fügte sich aus rein praktischen Erwägungen in ihr Schicksal. Rasch erkannte sie, dass sie Philipp gegenüber ordentlich Abbitte zu leisten hatte. Der Elektrowolf schien den Teig förmlich zu verschlingen und blitzartig in Form von endlosen Strängen wieder auszustoßen. Flott modellierte Merle und spürte, wie sie trotz anfänglicher Gegenwehr von Philipps Begeisterung angesteckt wurde. War die Investition eventuell doch nützlich? Je nach vorhandener Teigmenge und verfügbarer Zeit wäre der jeweilige Einsatz des einen oder des anderen Geräts nahezu perfekt! Konnte dieser Impuls den unseligen Streit schlichten?

Merle atmete tief durch. Unkontrolliert aus dem Keller heraufdringendes Scheppern und Rumpeln überzeugte sie eher davon, dass Philipp nicht so leicht zu besänftigen war. Grübelnd fing Merle weitere Teigstränge auf, und plötzlich erhellte ein Lächeln ihre Züge. Kurz darauf zierte der Satz «Es tut mir leid!» ein ansonsten leeres Backblech.

Philipp pfefferte Schraubenzieher, Hammer und Zange in eine Kiste, klappte geräuschvoll deren Deckel zu und stieß ein paar Bretter zur Seite, denn das ununterbrochen rotierende Gedankenkarussell blockierte jeglichen Ablenkungsversuch. Es wurmte ihn inzwischen mächtig, dass er sich nicht von vornherein gegen Merles Provokationen abgeschirmt hatte. Wie bescheuert musste man eigentlich sein, mit einer völlig unangebrachten Auseinandersetzung in den Advent zu starten, noch dazu wegen eines an sich entbehrlichen Objekts? Seufzend bezwang Philipp seinen inneren Zwiespalt, um die Versöhnung einzuleiten. Mittlerweile hatte sich gewiss auch Merle abreagiert. In der Hoffnung, die richtigen Worte für eine Entschuldigung zu finden, stapfte Philipp nach oben.

Das Klingeln des Telefons empfing ihn im Erdgeschoss, und Merle eilte an Philipp vorbei ins Wohnzimmer. Ihr Mienenspiel hatte sich tatsächlich enorm aufgelockert, und es bereitete ihr keinerlei Schwierigkeiten, munter die Konversation zu starten. Scheinbar machte ihr der Zwist weitaus weniger zu schaffen als ihm! Philipp betrat zögernd die Küche, sah sich um und stutzte beim Anblick der Botschaft auf dem Backblech. Welch eine entwaffnende Geste, die regelrecht um Antwort bettelte. Fix und mit einem zufriedenen Lächeln widmete sich Philipp dem Rest des Teiges.

Merle schlich sich neben ihn und inspizierte sein Werk.

«Ich liebe dich», las sie mit sanfter Stimme vor, und in der nächsten Sekunde lagen sie einander in den Armen.

MEINE BURGRUINE

René Thurberg

Früher war bekanntlich alles besser. Das sagen zumindest die alten Leute. Warum sie das sagen? Vielleicht ist es Gerede, oder sie sagen es, weil sie alt sind, die Leute! So sind die Zeitläufte. Obwohl, was die dunkle Jahreszeit betrifft, und dazu zählt vor allem auch Weihnachten, so scheint mir, dass sie recht haben könnten, die Alten, weil sie sich an ihre Kindheit erinnern und daran, was damals alles geschah.

In der Eingangshalle der Schule hing pünktlich zum ersten Advent ein großer Kranz aus frischem Tannengrün mit vier dicken, roten Kerzen, von denen eine entzündet worden war. Der Pedell hatte den Auftrag vom Lehrerkollegium erhalten und wie jedes Jahr den Schmuck angebracht. Niemand hatte Furcht, das Schulgebäude könnte abbrennen, und auch die Kinder kamen nicht auf die hässliche Idee, mit dem Grünzeug irgendeinen Schabernack anzustellen. In einigen Klassenzimmern zierte den Lehrertisch ebenfalls ein Adventsgesteck mit einer oder auch vier Kerzen, und manche Lehrer zündeten sie für die Zeit der Unterrichtsstunde an. Zu Hause gab es einen echten Weihnachtsbaum mit richtigen Wachslichtern. Die Menschen spotteten, falls in ihrem Bekanntenkreis jemand seinen Baum mit elektrischen Lämpchen ausstattete. Die Kabel störten, hieß es, ließen sich zwischen den Zweigen nur ungenügend verbergen, und, das war wohl der wahre Grund, die feierliche Stimmung wollte sich nicht einstellen.

Die Erinnerung an früher, an die Kindheit, präsentiert uns Dinge, Bilder und Gedanken. An die kürzer werdenden Tage, wenn im späten Herbst die letzten Blätter fielen und der Winter sich mit morgendlichem Raureif ankündigte; an den Laternenumzug am Martinstag – dafür musste man nicht katholisch sein – und an das Warten auf den Nikolaus am 6. Dezember, der einige Süßigkeiten oder, ein Vorgriff auf die Bescherung des Heiligen Abends, ein kleines Geschenk bringen sollte. Nur wegen seines prallen Jutesacks wurde dieser wenig angenehme Mann geschätzt, trotz seiner drohenden Rute und dem elterlich eingeforderten Wohlverhalten der Kinder.

Was mich damals zur Frage führte: Gibt es den Weihnachtsmann? Die Erwachsenen blieben mir die Antwort absichtlich schuldig. Es dauerte eine geraume Zeit, bis ich zu der Erkenntnis gelangte, dass es so einen Kerl nicht geben konnte. Und die mit Wattebärten und Zipfelmützen ausstaffierten Reklameburschen vor den Kaufhäusern zählten sowieso nicht.

Aber, und das muss ich anstandshalber auch erwähnen, ich erhielt damals zum Nikolaustag das schönste

Geschenk, das mir in Erinnerung geblieben ist: eine Burgruine. Ja, eine romantische Ruine. Das braucht eine Erklärung.

Es handelte sich um ein Modell für die geliebte Spielzeugeisenbahn. Für mich war es mindestens so wertvoll wie eine richtige Ruine irgendwo an Rhein oder Mosel. Mithilfe der Eltern hatte ich den Bausatz zusammengefügt und auf der Holzplatte der Miniaturwelt zwischen Bahnhof und Schuppen, See und Wald fest einmontiert.

Es vergingen viele Jahre. Der Kosmos aus Gleisovalen und Weichen, mit Lokomotiven und Waggons, beleuchteten Häuslein und Figürchen war langweilig geworden und sollte demontiert werden, um Platz für anderes zu schaffen. Eines Abends, die dunkle Jahreszeit kündigte sich bereits an, stand ich wie zum Abschied vor der im Laufe der Zeit vollständig überfrachteten Landschaft und wanderte mit den Augen an Stadtmauer, Häusern mit und ohne Schaufenstern sowie an den zur Unzeit blühenden Obstbäumen entlang hinaus zum Steinbruch, weiter zum Tunnelportal und den Rangiergleisen. Schließlich war ich auf meiner Reise bei dem Modellwald angekommen. Er beanspruchte eine stattliche Fläche, konnte mit Fug und Recht als «Forst» bezeichnet werden.

Es hatte jahrelange Mühe bereitet, ihn mit viel Klebstoff und Farbe gedeihen zu lassen. Nun wurde er Ziel kritischer Betrachtung, denn in meinen Gedanken hatte ich längst begonnen, von dem riesigen Sammelsurium abzurücken, daran herumzumäkeln, rechnete mit

Maßstabszahlen aus, dass zwar die Figuren, der Bahnhofsvorsteher, die Reisenden und die Dame im Badeanzug auf der Luftmatratze, die das gesamte Jahr auf dem See verbrachte und auch nachts nicht fror, die vorgeschriebene Größe von knapp unter zwei Zentimetern aufwiesen, auch die Gleisbreite entsprach der Norm, aber – die Bäume und damit der gesamte Wald waren deutlich zu niedrig geraten. Eine lächerliche Liliputbotanik, denn eine ausgewachsene Tanne hatte gefälligst fünfzehn oder zwanzig Zentimeter zu messen. Außerdem sahen aus Kunststoff gefertigte Nadelbäume schlichtweg furchtbar aus. Hinzu kam die komplette Überbevölkerung des Waldes mit Rehen und Hirschen! Auf ein Dutzend Bäume kam ein Tier. Kein Förster in Sicht, der hätte ordnend eingreifen können. Immerhin existierte ein überdachter Anstand mit einer Leiter, ein schwieriges Modell, weil daran leicht etwas abbrechen konnte.

Es dämmerte draußen, eine gute Gelegenheit, ein letztes Mal die gesamte Elektrik einzuschalten. Viele Fensterchen leuchteten auf, eine Lokomotive rumpelte ein paar Runden, und die Feldbahn sauste auf schmaler Spur mit aberwitziger Geschwindigkeit durch meinen Plastikforst. Ein umgestürztes Reh lag auf der Strecke, schnell nahm ich es fort. Das Reh fühlte sich recht eigentümlich an, das musste wohl die Staubschicht machen. Ich stellte es mit spitzen Fingern rasch unter ein Bäumchen.

Es gibt in der erzählenden Literatur das Motiv des Verkleinerns, des Einschnurrens auf Zwergengröße oder eine ähnliche Deformation. Die vielleicht bekannteste Geschichte ist die des ungezogenen Jungen, der einem aus dem Nichts auftretenden Wichtelmännchen dumm kommt und zur Strafe nicht nur eine kräftige Backpfeife erhält, sondern auch mit den Folgen dieses Streiches fertigwerden muss. Er tritt selbst als Wichtel mit der Hausgans eine lange Reise durch die Wildnis zusammen mit anderen Gänsen an – und lernt dabei viel, tut Gutes, lässt einen eingesperrten Adler frei und andere schöne Dinge, die heute nicht jedem gefallen.

Und das ist der ganz unerklärbare Vorgang.

Das Reh schaute mit einem Mal freudig hinüber zur Burgruine, musste weder den nie angeschafften Waidmann noch einen Unfall mit der außer Rand und Band geratenen Lorenbahn fürchten. Neun Volt, dachte ich damals, das regele ich herunter, das Bähnle beruhigte sich, verschwand hinter Bäumen und Pappfelsen. Ich war an das Schaltpult getreten, drückte noch einmal auf zahlreiche Tasten. Weichen schnappten, und Signale gaben grünes Licht, ein großer Zug fuhr in den Tunnel ein, dann hörte ich nichts mehr. Ein altes Ärgernis, ein Fahrzeug blieb im Tunnel liegen, weil die Schienen nicht gereinigt waren.

Aber was war das nun wieder? Hatte das glückliche Reh wirklich den Kopf gedreht? Wie sollte so etwas vor sich gehen? Ich beugte mich ganz nah heran, es knackte. Ein Flügel der Windmühle war abgebrochen und hinterließ eine Schramme am Handgelenk. Ich rieb die schmerzende Stelle, schimpfte über den unnützen Plunder – aber es klang merkwürdig leise und gedämpft.

Denn ich fand mich zwischen den künstlichen Bäumchen meines Modellwalds wieder. Das eben gerettete Reh lief vor meinen Augen davon, verschwand im Unterholz aus gefärbtem Isländischem Moos. Ich griff nach einem dicken Baumstamm, das war zweifelsfrei Kunststoff, die Schwellen der Feldbahn ebenfalls. Ich sprang zur Seite, denn dieses Maschinchen ratterte riesengroß auf mich zu. Der Führerstand schien unbemannt. Klar, neun Volt, heruntergeregelt soeben, das Dingelchen fuhr automatisch. Der kleine Zug hielt an, und ich war maßstäblich passend, um auf einer Bank des letzten Wagens Platz zu nehmen. Wie von Zauberhand nahm das Gefährt wieder Fahrt auf. Es ruckelte und schaukelte bedenklich, ich musste mich ordentlich festhalten. Welche Strecke war das? Rechts und links erblickte ich Unbekanntes. Aha, mein See, die winzigen Schwäne und die Dame auf der Luftmatratze ... sie waren enorm gewachsen. Dann ging es über einen kleinen Fluss, den ich mit Spachtel, blauer Farbe und einem Glitzerpulver gebastelt hatte – jetzt rauschte da Wasser.

Bald stoppte die Lok. Haltepunkt Burgruine. Übermächtig ragte der Turm ins Dunkel. Ich sprang vom Wägelchen, und schon setzte sich die Lorenkette rumpelnd und polternd wieder in Bewegung. Die werden spätestens bei der Weiche aus den Schienen springen, dachte ich und ging schnell den Weg hinauf zur Ruine. Die Treppe zum Turm konnte ich leicht ersteigen, der Maßstab der Stufen war hier offenbar korrekt. Die Tür ließ sich öffnen, das war eine Neuerung, das war so nicht gewesen. In einer früheren Zeit. Die Angelegenheit begann unheimlich zu werden.

Im Turm führte eine Treppe in den Keller. Ich wusste nur allzu gut, dass dieses von mir so heiß geliebte Modell keine derartige Innenarchitektur hatte. Vorsichtig spähte ich nach unten, dumpfige Luft schlug mir aus dem Verlies entgegen. Eine schwere Kette hing aus der Höhe des Turms herunter, sie glänzte silbrig im bläulichen Licht, das den Schatten eines Gitters auf den Boden warf. Richtig, das Burgmodell besaß ein Kerkerfenster. Vor Hunderten Jahren war an einem solchen Ort das böse Gelichter weggesperrt gewesen oder was dafür gehalten worden war.

Ein Geräusch, als fiele eine Tür hinter mir ins Schloss. Klapperte da ein Schlüsselbund? Wer sollte ... unmöglich! Ich würde jetzt das Kunststoffgitter aus der Wand brechen und hinausklettern. Doch das Gitter bestand aus rostigem Eisen. Draußen rauschte der Fluss. Ich drehte mich um. Hinter einem Pfeiler nahm ein enger Gang seinen Anfang.

Schluss mit diesem Spuk. Ich ergriff die Flucht, stürmte jenen Gang hinauf, passierte eine niedrige Maueröffnung, stieß mir den Kopf, logisch, wieder mal der Maßstab.

Beinahe wäre ich im Schlaf vom Stuhl gefallen. Ich rieb mir die Augen. Die Modellbahnanlage lag dunkel und still. Ich holte einen Hammer und weiteres Werkzeug, stemmte mit kräftigen Schlägen das Ruinenmodell von der Holzplatte.

Aus dem oberen Teil des Turms fiel ein silbernes Kettchen. Es folgte ein kleiner bunter Würfel, ein winziges Stück goldfarbenen Pyrits, ein ebenso kleines, zartes Schneckengehäuse aus Perlmutt, ein Juwel aus Strass. Das waren vergessene Schätze aus Kindheitstagen! Jetzt erinnerte ich mich, dass ich kleine Gegenstände in die Turmluke hatte fallen lassen, die auf Nimmerwiedersehen verschluckt worden waren. Ein besonderes Versteck war das, von dem die Erwachsenen nie etwas geahnt hatten.

DER ANTEIL DES ENGELS

Anja Puhane

John zog seine Mütze tiefer über die Ohren und blickte über den Hof. Der Wind pfiff um die Hausecken. Chilly, der alte Cairn Terrier seines Vaters, drückte sich an Johns Bein, sein Blick sagte deutlich, dass er ins Warme wollte. Dieser Hund war eines der Probleme, die John zu lösen hatte. Er konnte ihn unmöglich behalten. Vielleicht würde sich ja ein Nachbar finden, der den Vierbeiner aufnehmen könnte. Er warf einen Blick in den Himmel, über den schwere Wolken zogen. Kein guter Tag, um draußen zu arbeiten. Besonders für jemanden, der nicht an das Wetter in den Highlands gewöhnt war.

«Na komm, alter Kerl», sagte er zu dem Terrier und öffnete die Haustür. «Wir machen uns jetzt ein Feuer im Kamin und essen was.»

Wenig später, John hatte gerade das Feuer angefacht und seine Pizza in den Ofen geschoben, klopfte es. Verdammt, wollte der Käufer doch heute schon kommen? John stellte die Dose mit dem Hundefutter ab und ging zur Tür. Als er sie öffnete, kam ihm ein Schwall eisiger

Luft entgegen, begleitet von ein paar feuchten Schneeflocken. Dann sah er die vermummte Gestalt. Unter der Kapuze eines dicken Anoraks lugten ein paar blonde Strähnen hervor, und die blauesten Augen, die er je gesehen hatte, strahlten ihn an.

«Ich habe mich wohl verfahren. Darf ich hereinkommen? Bei dem Wetter ist die Weiterreise wohl vorerst kaum möglich», erklärte die Besucherin mit glockenheller Stimme.

«Selbstverständlich», murmelte John. «Dann sind Sie nicht die Käuferin?», fragte er, während sie sich aus der Jacke schälte.

«Käuferin? Für was?» Sie sah ihn mit gerunzelter Stirn an und fuhr sich mit den Fingern durch die blonden Locken.

«Na, für das alles hier», erklärte er, «Haus, Hof, Destillerie, und wenn Sie wollen, können Sie auch noch den Hund haben.»

Sie schüttelte lachend den Kopf. «Nein, will ich nicht.»

John besann sich auf seine gute Erziehung. «Kommen Sie erst einmal ins Wohnzimmer. Sie können sich am Kamin aufwärmen. Möchten Sie einen Tee? Ansonsten kann ich Ihnen nur eine Tiefkühlpizza anbieten. Schinken, Salami oder Champignon.»

«Champignon. Und sehr gerne einen Tee.» Sie lächelte, und John erkannte, dass sich Grübchen in ihren Wangen bildeten.

Als er mit dem Tee aus der Küche zurückkam, hatte Chilly sich schon einen Platz auf dem Schoß der Besucherin gesichert und ließ sich von ihr kraulen.

«Ich habe mich noch gar nicht vorgestellt, ich bin John McDonnell, und das», er zeigte auf den Hund, «ist Chilly.»

«Oh, wir beide haben uns schon bekannt gemacht», sagte sie grinsend. «Ich bin Josie Moore. Und ich will weder einen Hof noch einen Hund kaufen. Aber warum wollen Sie überhaupt verkaufen? Und hocken an Heiligabend hier alleine mit einem Hund, den Sie noch nicht einmal mögen?» Sie machte eine kleine Pause. «Wenn Sie mir das erzählen wollen.»

John zuckte die Schultern. «Ist kein Geheimnis. Außerdem, vielleicht kennen Sie ja jemanden, falls mein Interessent abspringt.»

Wieder lachte sie, und es klang in Johns Ohren ein bisschen spöttisch. Sie senkte den Blick und pustete in ihren Teebecher. «Vielleicht», sagte sie mit einem Zwinkern.

John lächelte. «Ich habe das hier alles von meinem Vater geerbt. Wir hatten wenig Kontakt, meine Mutter ist kurz nach meiner Geburt mit mir zurück nach London gegangen. Dort lebe ich auch heute noch und arbeite in einer großen Kanzlei. Das kann ich nicht einfach aufgeben. Wir haben so viel zu tun, dass mir nur der Weihnachtsurlaub bleibt, um den Verkauf abzuwickeln. Und der Hund würde sich in einer Großstadt auch nicht wohlfühlen. Der gehört hierher.»

«Aha», machte Josie und kraulte Chilly. Dabei flüsterte sie ihm ins Ohr: «Hast du gehört, was er gesagt hat?»

«Das ist nicht fair», sagte John, «es geht wirklich

nicht.» Er war froh, dass ihn in diesem Moment das Klingeln der altmodischen Eieruhr erlöste und er in der Küche die Pizzen aus dem Ofen holen konnte.

Sie aßen eine Weile schweigend, sprachen über das Wetter und wie lange der Sturm anhalten würde. Auf seine Frage, was sie an diesen abgelegenen Ort führte, antwortete Josie Moore ausweichend.

«Ich wollte jemanden an Heiligabend besuchen. Ein sehr wichtiger Besuch.» Sie seufzte. «Wir sollten nach diesem köstlichen Weihnachtsmahl einen Whisky trinken. Was meinen Sie?»

John wandte sich dem alten Eichenschrank zu und zeigte auf eine Reihe von staubigen Flaschen. «Das sind die Reste, die letzten Flaschen, die mein Vater abgefüllt hat. Ich muss zugeben, ich mache mir nicht viel aus Whisky, seit meiner Zeit in Frankreich bevorzuge ich Wein. Aber Sie haben recht, wir sollten mit irgendwas auf Weihnachten anstoßen.»

Er griff nach einer der Flaschen, zögerte, warf noch einen Blick auf Josie, die Chilly erneut streichelte. Sie war ihm sympathisch, sogar mehr als das, musste er zugeben. Aber das war nicht das Einzige, weshalb er zögerte. The point of no return – er hatte das Gefühl, an einem Wendepunkt zu stehen und etwas in Gang zu setzen, was er nicht mehr würde aufhalten können. Dabei war er sich nicht sicher, ob das nur mit seiner Besucherin zusammenhing oder etwas mit dem Whisky zu tun hatte.

John gab sich einen Ruck, nahm zwei Gläser, öffnete die Flasche und goss etwa zwei Fingerbreit von der

Flüssigkeit ein – die Farbe von goldenem Honig. Er gab Josie ein Glas und führte das andere zunächst an seine Nase, sog den Duft ein. Honig, Torf und noch etwas anderes, was er nicht zuordnen konnte.

«Slàinthe Mhath», sagte Josie und hob das Glas. «Auf ein gesegnetes Fest und gute Entscheidungen!»

John nickte und nahm einen Schluck. Honig, Torf und noch etwas anderes streichelten seine Geschmacksnerven, wärmten Bauch und Herz. Er schloss die Augen.

«Du weißt, dass du hier einen Schatz hast, den du nicht loslassen solltest.»

Verwundert öffnete er die Augen und sah, dass auch Josie die Augen geschlossen hatte und den Whisky noch im Mund bewegte. Aber wer hatte gesprochen? Oder war das nur in seinem Kopf geschehen?

Schließlich schluckte Josie, riss die Augen auf und sagte: «Wow, der ist fantastisch!» Und dann, nach einer kurzen Pause, in der sie ihm tief in die Augen blickte: «Wollen Sie das wirklich aufgeben?»

John nickte. «Ich gebe ja nichts auf. Da ist nichts, was ich gehabt hätte. Keine Erinnerung. Außerdem bin ich kein Whiskybrenner, sondern Jurist.»

Sie sah ihn nachdenklich an, drehte das Glas in den Fingern. «Wollen Sie das? Macht es Sie glücklich?»

John schüttelte den Kopf, drohte ihr lachend. «So nicht! Was macht Sie denn glücklich? Was führt Sie in diese abgelegene Gegend und lässt Sie den Weihnachtsabend mit einem komischen Kerl, der hier nicht hingehört, und einem alten Hund verbringen?»

«Oh, ich finde schon, dass dieser komische Kerl», sie strubbelte Chilly durchs Fell, «hier richtig ist. Und der alte Hund sowieso.»

John stimmte in ihr Lachen ein. Dann sprachen sie über Reisen, Wein, dies und das, tranken noch ein paar Gläser und lachten immer wieder miteinander. Irgendwann fiel John mitten im Satz auf, dass sowohl Josie als auch der Terrier eingeschlafen waren. Letzterer schnarchte leise und wuffte im Traum.

Nachdenklich blickte John in sein Glas. Was war es, was er wollte? Er stand auf. Ging in das Arbeitszimmer seines Vaters. Ließ seinen Blick über die Bücher und Ordner gleiten. Zog das eine oder andere Buch, ein paar der Unterlagen aus dem Regal. Bücher über Whisky, Rechnungen, Schriftwechsel, nicht das, was er suchte. Im Schreibtisch fand er schließlich eine Kladde, abgegriffen und mit zahlreichen Schnipseln, alten Kassenbons als Lesezeichen. Er wusste direkt, dass es das war. Aber als er es aufklappte, war er trotzdem schockiert. *Für meinen Sohn*, stand dort. Nicht mehr, nicht weniger. Drei Worte, die ihn ins Herz trafen.

Es folgten Beschreibungen der Umgebung, die ihn an ein Tagebuch erinnerten. Aber es war mehr. Er überflog viele Seiten, bis er zum Kern vordrang. Eine genaue Beschreibung, wie sein Vater den Whisky gebrannt hatte, wie er immer wieder die Vorgehensweise und die Rezeptur veränderte, bis er diesen besonderen Tropfen zustande brachte – sein Vermächtnis, wie er es einmal ausgedrückt hatte. John spürte, wie sich Wärme in ihm ausbreitete, es war, als ob sich Puzzleteile plötzlich zusammenfügten, es fühlte sich an wie ankommen nach einer langen, langen Reise.

«Ich habe die Rezeptur gefunden. Und wissen Sie, was? Ich werde hierbleiben. Verträge prüfen kann ich auch im Homeoffice, dafür muss ich nicht nach London. Und Chilly bleibt natürlich hier. Vielleicht wollen Sie ja auch noch ein paar Tage bleiben.»

Er stockte. Auf der Decke im Sessel schlief nur noch der Hund, der träge den Kopf hob, als John Josies Namen rief und durch alle Räume lief. Doch er fand sie nicht. Josie war verschwunden. Auf dem Fliesenboden schmolzen ein paar Schneeflocken. John riss die Tür auf. Der Schnee fiel nur noch sacht, es gab keine Spuren, die vom Haus wegführten.

«Josie?», rief er in die Kälte hinaus. Lief auf den Hof. Merkte, wie Chilly ihn anstupste. Der Hund schaute in den Himmel. John folgte seinem Blick und sah einen hellen Stern.

GEDANKEN ZUR WEIHNACHTSKRIPPE

Ulrike Ader

Wenn ich zurückblicke, hat Weihnachten für mich von Jahr zu Jahr an Bedeutung verloren. Als Kind war dieses Fest mit Staunen, Glanz und Zauber verbunden, schlicht: mit purem Glücksgefühl! Später, mit eigener Familie, flackerte dieses Feuer kurzzeitig wieder auf, indem ich gemeinsam mit meiner Tochter Susi durch deren imaginäre Festtagsbrille schaute. Sobald aber die Kinderaugen an Weihnachten fehlten, reduzierte sich das Fest für mich zunehmend auf die Jingle Bells einer konsumgesteuerten Besinnlichkeitspflicht.

Dieses Jahr versuche ich nun, die Weihnachtskrippe, die mein Vater einst geschnitzt hat, ganz bewusst wahrzunehmen und so eine Brücke zwischen gestern und heute zu schlagen. Ob es mir gelingt, damit etwas von dem weihnachtlichen Geist der damaligen Zeit für mich heraufzubeschwören?

Dafür geht's zurück in die 60er- und 70er-Jahre des letzten Jahrhunderts. Als Kind und Heranwachsende erlebte ich mit, wie Kunden über Jahre hinweg zu uns kamen, um bei meinem Vater, dem Holzbildhauer, seine selbst gefertigten Krippenfiguren zu bestellen. Im ersten Jahr wurden selbstverständlich Maria, Josef und das Jesuskind in der Krippe angeschafft. Im nächsten Jahr kamen meist Ochs und Esel zur Sammlung dazu, im Jahr darauf die Heiligen Drei Könige, schließlich die Hirten, und zuletzt rundeten Schafe, Hund und Kamel das Krippenensemble ab.

Aus dieser Zeit ist mir besonders ein Ehepaar aus dem Nachbarort in Erinnerung, das sich in viel Eigenleistung gerade ein Haus gebaut hatte und das Geld für eine Weihnachtskrippe nicht ohne Verzicht an anderer Stelle aufbringen konnte. Doch die Krippe war den beiden wichtig. So kamen sie – immer zu zweit – bereits frühzeitig im Sommer und gaben die nächste Bestellung auf, damit die neuen Figuren am Weihnachtsabend unter ihrem Baum stehen konnten.

Dieser Auftrag ließ meine Eltern und mich an den Höhen und Tiefen ihres Lebens teilhaben. So etwa an ihrer Enttäuschung, die damit verbunden war, ein schönes, großes Haus zu besitzen, es aber nicht mit Kindern beleben zu können. Andererseits entging uns auch nicht ihre Freude über jede zusätzliche Figur und darüber, dass die Krippe allmählich wuchs.

Tatsächlich hatte diese Bestellung einen symbolischen Charakter: Es war jedes Jahr ein wenig wie das Warten auf das Christkind. Wie anders ist es heute, etwas mit einem Klick bei Amazon zu bestellen und die Sache bereits am nächsten Tag geliefert zu bekommen!

Irgendwann, ich war so Mitte dreißig, stand an einem Weihnachtsfest eine Krippe meines Vaters auf meinem Gabentisch. In einer Hütte aus Holz waren die drei Hauptfiguren, Ochs und Esel, die Hirten, zwei Schafe und ein Hund drapiert. Ich freute mich sehr. Nachdem meine Brüder bereits eine Krippe für sich und ihre Familien erhalten hatten, waren meine Eltern der Meinung, nun sei ich an der Reihe. «Die Könige und das Kamel bekommst du nach und nach dazu», sagte mein Vater.

Die Zeit verging. Hin und wieder erinnerte ich an meine fehlenden Krippenfiguren. Aber es ergab sich nie. Meine Eltern wurden älter und schwächer, und das Leben zu zweit allein war nicht mehr ideal. So verkauften wir das Elternhaus, und sie zogen zu mir und meiner Familie. Unser Haus war groß genug, sodass wir auch eine Werkstatt für meinen Vater einrichten konnten. Wenn schon in hohem Alter verpflanzt, dann wenigstens mit den vertrauten Möglichkeiten, dachten wir ...

Und tatsächlich: Auf einem Auge blind und dadurch sehr gehandicapt, schnitzte mir mein Vater mit über achtzig Jahren nicht die Heiligen Drei Könige und ein Kamel, aber ein Schaf. Dieses Schaf ist nicht bemalt wie die anderen Figuren, denn das vermochte mein Vater nicht mehr. Und es ist in Ordnung. Es ist gut, dass dieses Schaf so ist, wie es ist. Denn jedes Weihnachten, wenn ich die Krippe aufbaue, ist genau dieses Schaf die wichtigste Figur für mich. Es zu schnitzen hat große Mühe gemacht, und doch steckt so unglaublich viel mehr in diesem Schaf: die Liebe zur Holzbildhauerei, der sich mein Vater voll und ganz verschrieben hatte, als er im Alter von vier Jahren zu schnitzen begann und später über dreißig Jahre lang als Bundesfachgruppenleiter ehrenamtlich für dieses Handwerk tätig war. Und in dieser Figur steckt auch die Liebe zu mir, seiner Tochter, der er unbedingt die fehlenden Krippenfiguren schnitzen wollte, wobei die Energie dann nur noch für ein Schaf gereicht hat.

Damit schließt sich der Kreis. Das Gestern begleitet mich, begleitet uns alle. Immer. Durch das aufmerksame, erinnernde Betrachten der geschnitzten Weihnachtskrippe meines Vaters ist mir bewusst geworden, dass ich genau damit das Band zu dem Weihnachten einer vergangenen Zeit knüpfe. Zu einem Weihnachten, in dem ich neben dem Drumherum auch die christliche Botschaft noch tief verspürt habe.

So erkenne ich, dass das Jesuskind ausnahmslos alle Figuren um sich herum schart, die bemalten und die ungeschmückten. Alle sind sie willkommen, keine muss alleine stehen. Das Kind verbindet die Menschen, die Tiere. Selbst die nicht anwesenden Könige sind gedanklich mit dabei. Wie tröstlich. Nichts und niemand muss perfekt sein, die Krippe nicht vollständig. So, wie wir sind in all unseren gegenwärtigen Umständen, nimmt uns das Jesuskind an.

Mit diesem Erkennen rettet der Blick auf die Krippe meines Vaters Weihnachten für mich in das Hier und Jetzt. Weihnachten, gebündelt in einem Moment des Schauens.

DAS CHRISTKIND WIRD GESUCHT

Ralf Fürböter

Hannes fährt mit «Büffel», wie er seinen Dreißig-Tonner-Diesel liebevoll nennt, Richtung Heimat. Er freut sich auf Weihnachten und seine Familie, denn er muss über die Feiertage nicht arbeiten. Die Geschenke für die Kinder liegen auf der Schlafkoje des Brummers. Zauberkasten und Malset sind darunter, die den beiden wohl das Christkind an Heiligabend bringen wird. Doch plötzlich stockt ihm der Atem. Auf dem Standstreifen der Autobahn steht ein kleiner Junge, einfach so steht er da mit ausgestrecktem Daumen.

Hannes schaltet die Warnblinkanlage an und lenkt Büffel langsam auf den Standstreifen. Schnell raus aus dem Lkw, den Kleinen geschnappt und in das Führerhaus gebracht. Schimpfend setzt er den Jungen auf den Beifahrersitz und schnallt ihn an. Dann atmet er tief durch und fragt den Kleinen ruhig nach seinem Namen.

«Ich heiße Tim.»

«Und was um Himmels willen hast du auf der Autobahn verloren, Tim?»

«Ich suche das Christkind.»

Verblüfft schaut Hannes den Jungen an.

«Meine Mama ist Krankenschwester und muss an Heiligabend arbeiten, im Krankenhaus. Tante Ella passt auf mich auf – aber die ist immer so garstig, und daher habe ich Angst, dass das Christkind nicht bei mir vorbeikommt, aber ich weiß ja nicht, wo das Christkind wohnt. Ich will doch nur Bescheid geben, es soll doch auch zu mir kommen ...»

Weil Hannes vergessen hat, den CB-Funk auszuschalten, und so alle Trucker das Gespräch mitgehört haben, melden sich Hannes' Kollegen nun per Funk bei ihm.

«Hier spricht Trucker Willi, Tim! Das Christkind wohnt in Finnland, und mit einem Rentierschlitten fliegt es durch die Luft und verteilt die Weihnachtsgeschenke an die Kinder.»

«Hier ist Trucker Paul. Tim, das stimmt nicht! Denn das ist der Weihnachtsmann! Das Christkind wohnt in der Türkei und hat einen langen Stab in der Hand und einen großen Hut auf.»

«Quatsch», tönt es da. «Hier ist Trucker Ben. Das Christkind wohnt natürlich in Jerusalem, und es ist schon sehr alt!»

«So, jetzt hört mal auf, dem Kleinen so viel dummes Zeug zu erzählen. Tim, hier spricht die Polizei, mein Name ist Melanie. Ich habe alles mitgehört. Der Hannes wird an der nächsten Raststätte halten, und wir warten da mit dem Polizeiwagen auf dich. Wir bringen dich dann nach Hause! Und an alle da draußen:

Das Christkind wohnt im Herzen der Menschen, und wenn es einmal schläft, dann macht man Dinge, die nicht gut sind, so wie du, Tim. Es hätte ganz böse ausgehen können bei dir, aber beim Trucker Hannes war das Christkind hellwach. Wenn wir dich nach Hause bringen, wecken wir beide auch das Christkind im Herzen von deiner Tante Ella. Versprochen.»

Im CB-Funk war es totenstill.

Auf einmal meldet sich eine Stimme rau und aufgekratzt: «Hier spricht Trucker Horst, ich habe was dazugelernt. Danke, Polizistin Melanie – und euch allen wünsche ich frohe Weihnachten!»

WENN JOSEF PFEIFT

Ingrid Maria Schäfer

In der kleinen bayerischen Gemeinde, in der sich diese Geschichte zugetragen hat, wurde jedes Jahr zur Weihnachtszeit ein Krippenspiel aufgeführt, das sehr beliebt war, denn es war nicht feierlich-ernst, wie solche Spiele sonst zu sein pflegten, sondern recht erheiternd mit einer flotten Handlung und peppigen Dialogen. Der verstorbene Pfarrer Salzhauser, der für seine satirische Ader berüchtigt gewesen war, hatte es selbst geschrieben und all sein Talent hineingelegt.

Die vielen Figuren des Stücks wurden von den kleinen Schülern der Gemeinde dargestellt, und bei der Rollenverteilung gab es jedes Mal einen heftigen Andrang und viel Gerangel, denn jeder wollte mitwirken und für sich und seine Familie Ehre einlegen.

Als in jenem Jahr, von dem hier erzählt wird, die Rollen verteilt werden sollten, gab es um Josef einen besonders heftigen Konkurrenzkampf. Da war einerseits der darstellerisch sehr begabte Thomas Leitner, der schon lange davon geträumt hatte, endlich «groß» genug für diese Rolle zu sein. Sämtliche Lehrer konnte er bereits perfekt imitieren. Diesmal war sein Drang nach der Rolle besonders groß, was mit Maria zu tun hatte, die von der hübschen Veronika mit den seidigen goldblonden Locken gespielt werden sollte. Immer wenn Thomas ihr zartes Gesicht und die Goldlocken sah, wurde ihm ganz weihnachtlich ums Herz, und der Gedanke, an ihrer Seite ihren Ehemann Josef spielen zu dürfen, ließ ihn froh und munter werden.

Auf der anderen Seite gab es den forschen und sehr selbstbewussten Hans-Georg Moosbauer, genannt «Görgele». Er war der Sohn des örtlichen Metzgers, der für seine prächtigen Würste weit über die Gemeindegrenzen hinaus bekannt war, und der Glanz von Vaters Würsten strahlte natürlich auch auf den Sohn. Görgele hatte eine seltene Gabe: Er konnte meisterhaft pfeifen. Er imitierte Vogelstimmen, konnte jede Melodie nachpfeifen, war treffsicher im Ton, und bei langsamen Weisen legte er in sein Pfeifen ein dramatisches Tremolo.

Als sich Pfarrer Wieshofer bei der Vergabe der Josef-Rolle etwas zögerlich zeigte, weil beide Buben gleichermaßen in Betracht kamen, spielte Görgele seinen Trumpf aus und bot an, in der Krippenszene, wenn sich alle Aufmerksamkeit auf die heilige Familie richtete, ein schönes Weihnachtslied zu pfeifen, sozusagen als Schlaflied für das Kind. Er würde es besonders ergreifend vortragen und die Aufführung damit sozusagen unsterblich machen. Pfarrer Wieshofer, der Görgeles Gabe sehr bewunderte, konnte da nicht widerstehen und gab ihm die Rolle des Josefs – sehr zum Kummer des Mitbewerbers Thomas, den es vor Enttäuschung fast zerriss und der heulend nach Hause rannte und dem ganzen Krippenspiel den Untergang wünschte.

Die Proben begannen, und es zeigte sich rasch, dass die Aufführung unter keinem guten Stern stand. Die Maria konnte den Josef – trotz seiner ergreifenden Pfeiferei – nicht ausstehen und ließ ihn darüber keine Sekunde im Zweifel. Von ihrer Mutter mit einem gesunden Feminismus ausgestattet, waren Machotypen wie Görgele für Veronika ein rotes Tuch. Viel lieber hätte das Mädchen den netten Thomas als Partner gehabt, der immer für einen lustigen Schabernack gut war und von dem sie wusste, dass er sie heimlich verehrte. Außerdem war dem Görgele seine musikalische Einlage, die ihn zum Hit der Aufführung machte, zu Kopf gestiegen, und seine Starallüren wurden immer spürbarer.

Zum ersten Mal krachte es heftig, als Maria boshaft vorschlug, Görgele möge doch, wenn er sein Weihnachtslied pfiff, das Christkind auf dem Arm tragen. Dadurch würde unterstrichen, dass dieses Lied ja auch zum Schlummer des Kleinen beitragen sollte. Görgele lehnte empört ab. Das Handhaben von Babys sei Frauensache, grollte er. Bei Männern wirke es peinlich, und es sei nicht einzusehen, warum er so etwas Blödes tun sollte.

«Damit du dich als Vater auch einmal kümmerst und nützlich machst!», zischte die feministische Maria. «Nur herumstehen und pfeifen ist nicht alles, wenn man einen Sohn hat!»

Die anwesenden Hirten und Engel, vor allem die weiblichen, nickten beifällig. Auch die Heiligen Drei Könige hielten zu Maria, was Görgele ziemlich in Rage brachte, denn er spielte mit ihnen regelmäßig Fußball und erwartete eine gewisse Loyalität.

«Wenn man die Weihnachtsgeschichte kennt», grollte er zornig, «weiß man, dass ich nicht der richtige Vater des Christkinds bin. Es ist mir vom Himmel sozusagen untergeschoben worden! Das ist ein Kuckuckskind!» Diesen Ausdruck hatte er einmal von seinem Vater aufgeschnappt. «Da genügt es doch wohl, wenn ich überhaupt ein Lied fürs Kind pfeife ...»

«Du Macho!», heulte Maria auf. «Schämst du dich nicht? Du meinst wohl, nur weil du einen Wurstkönig zum Vater hast, kannst du mein Christkind beleidigen ...»

Die Heiligen Drei Könige stimmten ihr empört zu.

Der Erzengel Gabriel rückte seinen Heiligenschein zurecht und widmete dem renitenten Vater ein sehr unweihnachtliches Schimpfwort. Der kleinste der Hirten erkundigte sich interessiert, was ein Kuckuckskind sei.

Mit wachsendem Entsetzen hatte Pfarrer Wieshofer diesen Wortwechsel verfolgt und sagte sich – nicht zum ersten Mal –, dass die kleinen Buben und Mädchen von heute längst nicht mehr das waren, was sie einst zu sein pflegten. Nur mit Mühe verhinderte er eine Keilerei, brachte die Mitspieler mit scharfen Worten unter Kontrolle und brach die Probe für den Tag ab.

Fortan ging es nicht gut. Es wurde von Probe zu Probe schlimmer. Pfarrer Wieshofer sah es mit stiller Verzweiflung. Dann – endlich, endlich –, nach der vierten Probe, griff der Himmel ein. Viele Leute sagten später, er habe es nicht mehr mit ansehen können und einen Ausweg präsentiert.

Diese Lösung war so simpel, dass nur eine himmlische Macht sie hatte finden können. Diese Macht ließ beim überheblichen Josef die beiden oberen Vorderzähne, die schon seit einiger Zeit bedenklich gewackelt hatten, ausfallen, was zur Folge hatte, dass er nicht mehr richtig pfeifen und auch nicht mehr deutlich sprechen konnte. Womit sich seine Rolle als Josef erledigt hatte. Auch die Würste seines Vaters vermochten hier nichts mehr auszurichten.

Das Schöne an dieser Lösung war, dass man niemandem eine Schuld zuweisen konnte und es kein böses Blut gab. Der Ex-Josef war nun mal im Zahnlücken-Alter, und nun hatte es ihn leider zur Unzeit getroffen. Er war stocksauer. Womit man wieder einmal sieht, wie grausam und gefühllos das Schicksal sein kann!

Die frei gewordene Rolle übernahm der überglückliche Thomas, der sich an der Seite seiner heimlich angebeteten Maria schauspielerisch selbst übertraf. Die Proben verliefen reibungslos. Die Aufführung wurde ein Riesenerfolg, nicht zuletzt durch die hingebungsvolle Darstellung des heiligen Josefs als Vater, was sehr viel Zustimmung fand.

Dass er nicht pfeifen konnte wie der stocksaure Ex-Josef – darauf pfiffen alle.

BESONDERE MOMENTE

Bärbel Osterholz-Norff

Rosemarie geht durch die Straßen ihres Dorfes, vorbei an Feldern und urigen Höfen. Jeden Tag spaziert sie los, Bewegung und Frischluft, das liebt sie. Bis vor zwei Jahren lief Hedi noch neben ihr, die sanfte schwarze Neufundländerin. Und wie immer, wenn sie an diese wunderbaren Jahre zurückdenkt, bekommt Rosi feuchte Augen. Das Herz jedoch ist noch nicht bereit für einen neuen Hund in ihrem Leben.

Während das Laub unter ihren Füßen raschelt und der Atem kleine Wölkchen bildet, denkt sie an das nahe Weihnachtsfest. Als Programmiererin im Homeoffice verdient sie gut und überlegt, womit sie ihrer Freundin Steffi eine Freude machen könnte. Vor vier Jahren verlor diese ganz plötzlich ihren Mann und lebt nun alleine auf dem kleinen Hof am Ende der Dorfstraße. Früher hörte man von dort häufig Lachen und fröhliches Werkeln. Das Paar restaurierte vieles gemeinsam. Wenn Rosi sich mit Steffi zum Abendessen verabreden würde, könnte sie ihre Freundin über ihre Weihnachtswünsche aushorchen.

So klopft sie nach einem ausgiebigen Waldspaziergang an Steffis Tür. Und da spürt sie es wieder: ihre Gabe. Die Gabe, die sie ihr ganzes Leben begleitet und sich in den seltsamsten Momenten völlig unerwartet zeigt. *Häuser sprechen mit mir.* Nicht in Worten, aber in Bildern. Sie kann dann – wie jetzt auch – sehen, was hinter der Tür einst geschah. Nun starrt Rosi ungläubig auf Steffis Haustür. Dahinter sieht sie, wie Werner mit einem spitzbübischen, fröhlichen Lächeln an die schwere Truhe geht, die in der Diele steht. Er öffnet sie. Jetzt – oh nein! – zieht er ein riesiges Bündel Geldscheine aus der Tasche und versteckt es in dem Möbel. Schnell verblasst das Bild, und Rosi klopft wie wild das Herz. Ihre Freundin Steffi hat nur wenig Geld zur Verfügung. Jeden Monat kämpft sie darum, ihr Zuhause behalten zu können, das weiß Rosi. Was also ist da gerade geschehen?

Die Tür öffnet sich, Steffi steht vor ihr mit strubbeligem Haar. «Hey, Mädel, hast du einen Geist gesehen?»

«Äh ... so ähnlich», murmelt Rosi. Ihre Gedanken schlagen Purzelbäume. Sie zögert nur kurz, dann fragt sie: «Sag mal, Steffi, du nähst doch diese tollen Decken? Kann ich mir die mal angucken? Ich brauche noch Weihnachtsgeschenke.»

«Sicher, gerne! Die liegen alle in der Truhe da vorne.»

Rosi atmet durch. Das hatte sie gehofft.

«Ich geh uns dann schon mal 'nen Pott Kaffee kochen.» Damit dreht Steffi sich um und lässt sie allein.

Wenig später hört Rosi ihre Freundin in der Küche

hantieren und saust zur Truhe, öffnet sie und zieht die Decken heraus – alle! Flauschig sind sie, rot, gelb, grün. Aber für die schönen Farben und weichen Stoffe hat sie im Moment kein Auge.

«Wo ist das Geld?», hämmert es in ihrem Kopf.

Mit den Fingern fährt sie über den Boden der Truhe. Nichts. An den Wänden entlang. Erneut über den Boden. Sie stutzt. Ein winziger Holzspan reibt an ihren Fingerkuppen. Sie schaut näher hin, er ist fast unsichtbar. Vorsichtig schiebt sie ihn zur Seite, ein kleiner Metallknopf zeigt sich. Sie drückt ihn, und da gleitet eine Schublade aus dem mächtigen Schnitzwerk unter dem Boden. Atemlos beobachtet Rosi das Schauspiel und kann ihren Augen kaum trauen. Da liegen sie: die Geldscheine! In der Lade. Tränen der Erleichterung schießen ihr in die Augen. In diesem Moment kommt Steffi mit den Kaffeebechern zurück.

«Was ... was ist hier los?» Schreckensbleich reißt sie die Augen auf.

«Ich weiß auch nicht», stottert Rosi. «Ich muss wohl irgendwas berührt haben, und da öffnete sich diese Schublade.»

Rosi hat niemandem von ihrer Gabe erzählt, außer Hedi vielleicht. «Spökenkieker» machen den Menschen Angst, und die Bilder kommen, wann sie wollen, Rosi kann darauf keinen Einfluss nehmen. Und doch konnte sie schon manchen Menschen einen hilfreichen «Tipp» geben. Besonders die alten Backsteinhäuser lieben es «zu reden».

«Wie viel Geld mag das sein? Wo kommt das alles her?», fragt Steffi.

«Schau mal, daneben liegt ein Brief.» Mit vor Aufregung zittrigen Händen reicht Rosi ihrer Freundin den gefalteten Bogen Papier. Als sich ihre Hände berühren, löst sich mit einem kleinen Schlag ihre Aufladung.

Steffi haucht: «Der riecht nach Werners Eau de Toilette, Sauvage.» Dann liest sie leise vor.

Mein lieber Schatz,

übermorgen hast Du Weihnachtsgeburtstag. Ich liebe Dich über alle Maßen, sage es aber wohl nicht oft genug. Heute bin ich nach Bremen gefahren, um Dir ein besonderes Geschenk zu kaufen. Wir haben nicht viel Geld, aber Du bist trotzdem glücklich mit mir, das erfüllt mich selbst mit einem tiefen Glücksgefühl. Ich habe für unser Glück daher zwei Lose bei der Bürgerpark-Tombola gekauft und meines direkt geöffnet. Noch immer habe ich wackelige Knie. Steffi, wir haben 10 000 Euro gewonnen! Eine Bank in der Nähe hat sie mir sofort ausbezahlt. Wie ich nach Hause gekommen bin, weiß ich nicht mehr. Ich freue mich so auf Dein wunderschönes Lächeln, wenn ich Dir dieses einmalige Geschenk an Deinem Geburtstag überreichen darf. Endlich bekommst Du Dein neues, dreifach verglastes Küchenfenster, dann zieht der Wind nicht mehr durch alle Ritzen. Und auch die kostbaren Fellstiefel, die Du im Geschäft so sehnsüchtig angeschaut hast, sollst Du bekommen. Ach, ich könnte platzen vor Freude, mein Schatz. Nun schwinge ich mich eben aufs Motorrad und fahre ins Dorf und bestelle eine Geburtstagstorte. Bis gleich, mein Engel ... bis gleich.

Für immer –
Dein Werner.

Die alte Wanduhr in der Diele tickt, unter ihr stehen zwei Frauen und liegen sich weinend in den Armen.

«Ein paar Minuten später hat dieser Lkw Werner die Vorfahrt genommen», schnieft Steffi, während Rosi sie sanft in den Armen wiegt. «Das neue Küchenfenster bekam ich ein halbes Jahr später – von der Versicherung. Da war doch dieser riesige Ast von der Eiche durchgeknallt. Glaubst du an Zufälle, Rosi?»

«Nein, niemals! Alles ist Bestimmung. Außerdem passen unsere Lieben von oben auf uns auf. Das gibt auch mir Mut und Zuversicht. Du, was ist eigentlich mit deinem Los, von dem Werner schreibt?»

Gemeinsam suchen sie weiter in der Truhe und finden schließlich das Geburtstagslos.

Leider kein Gewinn für Sie, steht da schwarz auf rosa, *aber die Pflanzen im Bürgerpark sagen Danke.*

«Das ist auch schön», murmelt Steffi, die in Gedanken bei Werner und ihren vielen gemeinsamen Besuchen im Bürgerpark ist.

Die beiden Freundinnen sitzen noch lange im warmen Kerzenschein zusammen, gleichzeitig weinen und lachen sie, essen etwas und trinken eine Flasche Wein. Ihre beiden Lieben sind im Herzen dabei und leuchten gleichzeitig hoch am Himmel als Sterne. Einer strahlt heute ganz besonders, voller Freude.

Weihnachten kann – wie ihr seht – auch einige Tage früher beginnen. Habt alle ein gesundes, magisches Fest.

FÖRDERPROGRAMM FÜR SENIOREN

Juliane Engels

Der Frühstückstisch sah sehr appetitlich gedeckt aus, mit Käse, Wurst und allerlei Kleinigkeiten. Sechs Frauen über sechzig hatten sich zu einer Weihnachtsfeier versammelt. Das erste Mal, seit ich in Rente war, nahm ich auch daran teil. Die Atmosphäre war entspannt, fröhlich, und wir genossen die Feier, aber das währte nicht lange.

Die Älteste, Cordula, blockte nach kurzer Zeit alle heiteren Gespräche ab. Sie wurden düsterer, Ärzte und alle Krankheiten Cordulas kamen auf den Tisch. Wir versuchten, andere Themen anzuschneiden. Cordula führte ihre Monologe konstant weiter, unbeirrbar und offenbar davon überzeugt, dass es für alle sehr interessant sei. Nach kurzer Zeit waren wir über sämtliche Ärzte und Krankheiten informiert, keine war dramatisch und lebensgefährlich, ihre Dokumentation aber perfekt. Dann ging es darum, wie sie sich ihre Pflege vorstellte, natürlich wollte sie bis zuletzt im eigenen Haus bleiben, obwohl sie sich nicht mit den Kindern verstand.

Am ausführlichsten behandelte sie die Beerdigungsplanung. Wie sollte sie ablaufen, welche Lieder sollten gesungen werden? Wer durfte überhaupt teilnehmen? Ich entwarf in meinem Geist einen Friedhof mit Security und Schranken, weil Cordula nicht jeden reinlassen würde. Wenn sie ein sehr hohes Alter erreichte, käme dann überhaupt noch einer oder würde es wollen?, fragte ich mich.

Einmal wagte ich es, lustig einzuwerfen: «Das ist mir egal, ich bin ein schlechter Gast bei meiner eigenen Beerdigung!» Das brachte mir nur einen strafenden, verständnislosen Blick von Cordula ein, und keine lachte!

Irgendwann schweifte ich mit meinen Gedanken ab und wünschte mich zurück zu meiner Arbeit im Kindergarten, mit fünfzig lärmenden, fröhlichen Kindern voller Lebenslust. Vielleicht war ich wie Peter Pan, nicht altersgemäß entwickelt? Gab es ein Förderprogramm für Seniorenpessimismus? Daran wollte ich nicht teilnehmen!

Der Weihnachtsfeier endete zu Cordulas Zufriedenheit, unbeachtet der immer ruhiger werdenden übrigen Gäste. Nur die Gastgeberin wirkte genauso fröhlich wie zu Beginn, strahlte uns alle an, bedankte sich, besonders bei Cordula, und verabschiedete sich von uns.

Ich war die Letzte, die beim Rausgehen noch ein paar Worte mit ihr sprach. Da nahm sie mich beiseite und sagte: «Es war doch schön, oder? Mein Hörgerät ist kaputt, und ich habe nichts verstanden!»

WEIHNACHTSELEFANT

Christian Metzner

Am Heiligen Abend des Jahres 1945 erhoffte sich der britische Oberleutnant James Cunningham eine ruhige Nachtschicht. Die spärlich beleuchtete Wache der Militärpolizei lag inmitten der dunklen, vom Krieg zerstörten Hansestadt Hamburg. Bei aller Nüchternheit war sein Dienstzimmer doch ein wenig weihnachtlich. Sein Blick fiel auf ein zierlich anmutendes Tannenbäumchen, an dem kleine rote Kerzen flackerten, der Militärsender spielte «Dreaming of a White Christmas», und im Raum lag eine behagliche Wärme.

James trank eine Tasse starken Schwarztee, in der eine Zitronenscheibe schwamm. Von einem gerahmten Bild an der weiß getünchten Wand sah ihn der britische König George VI. an, es war eines dieser Bilder, auf denen der Monarch seine Marineuniform trug. Gerade wollte James sich eine Pfeife stopfen und gemächlich der Mitternachtsstunde entgegenpaffen, als ihn laute Stimmen aus dem Vorraum aufhorchen ließen. Resigniert legte er Pfeife und Tabakbeutel zurück auf den Tisch. Er knöpfte seine Jacke zu, zurrte vor dem Spiegel die Krawatte zurecht, und mit dem Radio stellte er auch die weihnachtliche Stimmung ab. Leicht genervt überlegte er, welchen Schurken seine Männer ihm gleich präsentieren würden. Vielleicht einen Schwarzhändler, der sogar die Heilige Nacht missbrauchte, um sich auf Kosten anderer zu bereichern. Oder nur einen Kerzendieb, der seine Weihnachtsnacht ein wenig erhellen wollte. Neulich hatten sie einen Fälscher von Lebensmittelmarken festgenommen. Die Palette an Vergehen schien endlos.

Die Tür öffnete sich, und vor ihm stand eine schmächtige Gestalt, die Mütze tief ins Gesicht gezogen, den Blick nach unten gerichtet. Jemand, der sich schämt, dachte James nicht ohne Genugtuung. Routinemäßig zog er ein Formular aus der Schreibtischschublade und schraubte seinen Füllfederhalter auf. Gelangweilt fragte er seine Untergebenen, was der Mann angestellt habe. Der ältere von beiden berichtete von seltsamen Verwüstungen rund um das Stabsgebäude. Ein Orkan hätte den Platz nicht schlimmer zurichten können. Das schummrige Licht der Laternen zeige einzelne Äste, deren zerbrochene Enden bedrohlich in den Himmel ragten. Der Weihnachtsbaum, der das Stabsgebäude bei Weitem überstieg, ließe sich nur noch durch Löcher unter der zerrissenen Rinde erahnen.

James' Gleichgültigkeit schlug augenblicklich in Wut um. Der Weihnachtsbaum war der ganze Stolz der Truppe. Nahezu unmöglich war es gewesen, ihn zu ergattern, und noch schwerer, ihn durch die Trümmerwüste zum Stabsgebäude, dem Sitz des Stadtkommandanten, zu bringen. Morgen würde General Sinclair dort ein weihnachtliches Festbankett geben. Hohe Offiziere der britischen Besatzungsmacht mit Gattinnen wurden erwartet. Auch etliche einflussreiche Vertreter der verbündeten Amerikaner würden dabei sein. Die erste Friedensweihnacht nach sechs fürchterlichen Kriegsjahren sollte gebührend gefeiert werden. Alles musste perfekt sein. Für die Blamage würde dem gesamten Militär die Schuld gegeben werden. Und selbstverständlich würde die Militärpolizei zur Verantwortung gezogen. James dachte an seine tadellose militärische Laufbahn. Mühevoll hatte er sich vom einfachen Soldaten zum Offizier hochgedient. Schroff befahl er daher seinen Männern, unverzüglich zum Stabsgebäude zurückzukehren und weitere Streifen mitzunehmen. Keiner konnte wissen, was irgendwelche Halunken noch planen würden.

Die Rücklichter der Fahrzeuge waren noch zu sehen, da hob die Gestalt vor ihm ihren Kopf, nahm die Mütze ab, und lange braune Haare fielen herab. Vor ihm stand eine zierliche junge Frau, in ihrem Blick mischte sich Angst mit Entschlossenheit. Unter einem abgewetzten deutschen Militärmantel ragten viel zu große geflickte Hosen hervor. Ihre Schuhe würden bis zum Frühling kaum durchhalten. James' Blick fiel auf die rauen Schwielen an ihren Handflächen, er dachte an die Trümmerfrauen. Ihre Männer waren in den verdammten Krieg gezogen, den Deutschland so grausam angezettelt hatte. Nahezu alle waren gefallen oder in Kriegsgefangenschaft geraten. Die Frauen mussten ihre

Söhne und Töchter allein großziehen, mussten mit dem Schutt, dem fürchterlichen Elend und der bitteren Armut in den zerbombten Städten fertig werden. Fast hätte er Mitleid gezeigt.

Die Zitronenscheibe in der Tasse hatte sich mit der dunklen Bräune des Tees vollgesogen und sah unappetitlich aus. James öffnete das Fenster, und eine Brise eisiger Luft wehte in die Amtsstube. Verächtlich kippte er den Inhalt seiner Tasse in die Dunkelheit, schloss den Riegel und zog energisch die Vorhänge zu. Mit einem Wink bedeutete er der Frau, sich zu setzen, er wollte während der Vernehmung nicht zu ihr aufschauen. James nahm seine Pfeife und stopfte sie. Mit einem großen Streichholz brachte er den Tabak zum Glühen, er schmauchte und wartete.

Und dann begann sie zu erzählen: Schon seit Kriegsende sei sie, die sich Phoebe nannte, Tierpflegerin im Elefantenhaus des Tierparks. In den Nachkriegsmonaten sei das Heu knapp geworden. Selbst im Krieg hätten Elefanten manchmal einen Sack Rüben oder einen Laib altes Brot bekommen. In der zerstörten Großstadt aber bräuchten die hungernden Menschen selber jeden Bissen zum Überleben. Dem Brot könnten sie keine Zeit mehr geben, alt zu werden. Ihr Asiatischer Elefant sei völlig ausgehungert. Am Heiligen Abend wurden in alter Tradition Christbäume, die keine Besitzerinnen und Besitzer gefunden hatten, dem Zoo übergeben. Auch ihr Elefant liebte das süßliche Harz und die saftigen Tannennadeln. Dieses Jahr gab es in ganz Hamburg keine Weihnachtsbäume.

Mies gelaunt klopfte James seine Pfeife im Aschenbecher aus und überlegte, was er in den Bericht schreiben und mit der Straftäterin machen sollte: einsperren oder der deutschen Polizei übergeben?

Er stand auf und durchquerte unentschlossen das Zimmer. Im Vorbeigehen blies er die heruntergebrannten Kerzen am Tannenbäumchen aus. Dünne Rauchschwaden stiegen von den noch glühenden Dochten empor, der Geruch von Kerzenwachs verbreitete sich im Raum. Der Stadtkommandant war ein Perfektionist und würde morgen Antworten erwarten. Ein hungriger Elefant, der Appetit auf Christbäume hatte, würde kaum reichen. Vor dem Ofen blieb er stehen, zog seine alte silberne Taschenuhr aus der Jacke und ließ den Deckel aufspringen. Seine Augen verfolgten den Sekundenzeiger.

Und Phoebe erzählte weiter: Sie schilderte, wie man ihrem Elefanten vor dem Krieg die größten Verrenkungen in der Zirkusmanege abverlangt habe. Während der Bombardierungen sei er fast verrückt geworden. Kaum sei der sinnlose Krieg vorbei gewesen, hätten die Menschen ihn bei Aufräumarbeiten als Arbeitselefanten eingesetzt. Riesige Brocken zerstörter Häuser müsse er bis heute von der Straße heben, bis sein Rüssel wund werde. Schwerste Lasten bürdete man ihm zum Tragen auf.

Phoebe redete unaufhörlich weiter, ihre Worte erreichten James kaum. Schon wollte er sie abführen lassen. Erst vor drei Wochen habe ihr Elefant einem britischen Soldaten das Leben gerettet.

James klappte mit einem Ruck seine Taschenuhr zu. Er kannte den Bericht. Der Geländewagen des Soldaten war ins Schleudern geraten, umgekippt und hatte ihn unter sich begraben. Es war sein bester und zuverlässigster Mann, James hatte ihn selbst ausgebildet. Verzweifelt hatten Kameraden versucht, das Fahrzeug anzuheben. Das Wrack war jedoch viel zu schwer, zu verkeilt und die Männer völlig ratlos gewesen, als ein Arbeitselefant an die Unfallstelle kam. Mit aller Kraft stemmte sich der Elefant dem Wagen entgegen, seine tonnenschweren Hinterbeine versanken im lehmigen Boden. Die Muskeln unter der grauen ledernen Haut waren angespannt, seine blauen Augen blickten klar und wachsam. Die Minuten verrannen langsam. Der Soldat hatte überlebt.

James nickte und griff zum Telefon.

HUGO HASST WEIHNACHTEN

Eva Rosenauer

Er ignorierte dieses Fest der Liebe einfach. Für ihn war der 24. Dezember ein Tag wie jeder andere. Er schob eine Tiefkühlpizza in das Backrohr und trank zum Essen ein Bier, um nur ja keine festliche Stimmung aufkommen zu lassen so kurz vorm Fest. Später sah er fern, vermied aber Sendungen mit weihnachtlichem Inhalt.

Seit der Spuk schon Ende November mit den Adventsmärkten begonnen hatte, machte er einen großen Bogen um die Buden. Punsch trinken für den guten Zweck war nicht seins. Geschenke kaufte er auch nicht, es gab niemand, der ihm nahestand, und das Gedränge in den Kaufhäusern war ihm sowieso ein Graus. Meistens hatte ihm das Wetter dabei geholfen, Weihnachten zu übersehen. Entweder war es im Dezember zu warm, oder es regnete und war ungemütlich. Nur heuer hatte es schon zu Beginn des Advents geschneit, und Hugo hatte missmutig seine Winterstiefel hervorgeholt. Jetzt, einen Tag vor Weihnachten, lag noch immer Schnee.

Bei der Weihnachtsfeier in der Firma war er gestern wie immer der Erste gewesen, der nach Hause ging. Er hatte nichts gegen Alkohol, aber die glühweingeschwängerten Verbrüderungen waren ihm zutiefst zuwider. Er war geflüchtet, noch bevor Frau Schmid aus der Buchhaltung mit einigen Gläschen Sekt intus ihm das Du antragen konnte.

Als er am Weihnachtsmorgen aus dem Fenster sah, bemerkte er, dass es schon wieder schneite. Das wird teuer werden, sagte er sich. Er dachte an die gestiegenen Heizkosten und dass man sich nicht einmal auf die Klimaerwärmung verlassen konnte. Als er das Fenster öffnete, um kurz zu lüften, schwappte die frische Luft herein, und in seinem Kopf erschien ungewollt ein Bild aus Kindertagen: Er war mit seinem Freund draußen gewesen, um Schlitten zu fahren, und erst die einfallende Dämmerung und die Kälte hatten sie nach Hause getrieben. Dort war es gemütlich gewesen, das Holz hatte im Ofen geknackt, und wohlige Wärme hatte sich ausgebreitet. Nur nicht sentimental werden, dachte sich Hugo und schloss das Fenster schnell.

Dann machte er sich für die letzten Einkäufe auf den Weg in den Supermarkt. Dort war viel los, und zu allem Überdruss wurden die Kunden mit Weihnachtsliedern beschallt. An den Kassen bildeten sich lange Schlangen. Als Hugo es endlich geschafft hatte, seine Einkäufe zu bezahlen, wünschte ihm die Kassiererin mit einem Lächeln «Fröhliche Weihnachten». Er murmelte etwas Unverständliches vor sich hin und war froh, das

Gebäude verlassen zu können. Zu Hause räumte er seine Einkäufe aus, machte sich einen Kaffee und rauchte eine Zigarette. Der Tag würde noch lang werden, dachte er mit Unbehagen. In der Zeitung standen die üblichen rührseligen Geschichten wie jedes Jahr.

Am Nachmittag läutete es an seiner Tür. Zuerst wollte er nicht öffnen, aber dann überwog die Neugier. Der Nachbarsjunge stand vor ihm, hielt eine Laterne mit dem Friedenslicht aus Bethlehem in der einen Hand und einen Keksteller in der anderen. Im Namen seiner Mutter wünschte er frohe Weihnachten. Hugo suchte umständlich nach einer Kerze und etwas Kleingeld. Er wusste, was von ihm erwartet wurde, bedankte sich und stellte den Teller mit den Keksen und die Laterne auf den Küchentisch.

Er trank noch einen Kaffee und aß ein paar Kekse, sie waren wirklich gut, nicht zu vergleichen mit denen, die man im Supermarkt kaufen konnte. Er blickte in die Flamme der Kerze, und auf einmal überkam ihn eine große Ruhe. Er musste an die leuchtenden Augen des Nachbarsjungen denken und erinnerte sich zurück an seine eigene Kindheit, als Weihnachten noch ein Fest für ihn gewesen war. An Mutter und Vater, die ihm mit ihren damals bescheidenen Geschenken eine Freude bereiteten, den Christbaum, der so besonders leuchtete, alles, was er bisher in seinem langen Erwachsenenleben verdrängt hatte.

Er wusste nicht, wie lange er so dagesessen und in die Flamme geblickt hatte. Aber da es schon dämmerte, waren sicher Stunden vergangen.

Eines aber wusste er sicher: Es war Zeit, Frieden zu schließen mit Weihnachten. Zeit, seinen Erinnerungen Raum zu geben.

WEIHNACHTSGANS MIT KÜNSTLICHER INTELLIGENZ

Martina Tischlinger

Erwartungsvoll wackelte die Engelsschar mit den Flügeln. Der Nussknacker bleckte die Zähne, und auch der Weihnachtselch wurde langsam ungeduldig. Mir fiel dennoch nichts ein. Ratlos blätterte ich den Stapel Weihnachtskarten durch. Brachte ich denn wirklich nur den Nullachtfünfzehn-Weihnachtsspruch zustande, den ich Jahr für Jahr schrieb? Es war zum Haareraufen. Da halfen mir auch Bing Crosby, der mir «White Christmas» ins Ohr säuselte, und die heiße Schokolade mit Zimt und Kardamom nicht weiter. Das Weihnachtsfeeling wollte einfach nicht aus meinen Fingern fließen.

«Was machst du denn da?», fragte meine Tochter Lisa entsetzt, als würde ich Lebkuchen mit Senf glasieren, und schaute mir dabei über die Schulter. «Das ist nicht dein Ernst, oder? Wer schickt denn heute seine Weihnachtsgrüße noch mit der Post?»

Na, ich. «Ich finde Kartenschreiben eben sinnlich.»

«Das macht man doch digital!»

Ja, ja, ich war nicht von gestern. Natürlich kannte ich diese lustigen Filmchen und Bilder, die per Mausklick und Displaywischen an hundert Personen gleichzeitig verschickt werden konnten. Aber das war mir zu unpersönlich. Außerdem hatten Oma Anneliese und Großtante Marie noch nicht einmal ein Handy.

«Unnötiger Papiermüll», meckerte Lisa weiter.

Da hatte sie natürlich recht. Aber musste ich wirklich jede Kleinigkeit elektronisch erledigen, nur weil es bequem war? Meine Kollegin Tessa hatte im vergangenen Jahr ihren Weihnachtsbaum online bestellt – geschmückt! Und da er nicht wie versprochen vor dem vierten Advent geliefert worden war, hatte sie sich beim Kundenservice per Mail beschwert und prompt am Tag vor Heiligabend zwei Christbäume vor der Haustür stehen gehabt.

Doch ich kam ins Grübeln. Vielleicht war das mit dem Computer gar keine so schlechte Idee. Diese künstliche Intelligenz spukte mir durch den Kopf, über die derzeit alle sprachen, und die Romane, die Hausaufgaben der Kinder, Sonntagspredigten und Doktorarbeiten schreiben konnte. Warum nicht auch meine Weihnachtspostkartengrüße? Und warum eigentlich ließ ich sie nicht auch an meinen Weihnachtsbraten ran? Meine drei Kinder hatten ihre Ernährung umgestellt – und die ihrer Eltern gleich mit. Was eine gewisse Herausforderung am Herd darstellte, da unsere kulinarischen Vorlieben doch stark auseinanderdrifteten.

Mutig meldete ich mich bei einem dieser KI-Rezeptgeneratoren an und tippte «Weihnachtsgans vegan» ins Suchfeld. Vorsorglich fütterte ich das künstliche Gehirn mit reichlich «exotischen» Ingredienzien, wie gesagt, in dieser Hinsicht waren wir anspruchsvoll. Kaum einen Wimpernschlag später erhielt ich das Ergebnis. Was für ein raffiniert-gewagtes Rezept die KI aus meinen eingegebenen Zutaten gezaubert hatte! Ich war beeindruckt. Die fleischlose Gans mit überraschendem Geschmackserlebnis war gebongt. Und noch nie hatten wir mit mehr Spannung einem Weihnachtsschmaus entgegengefiebert.

Ganz ehrlich: Der Gänsebraten ohne Vogel brauchte sich hinter keinem Tannenwedel zu verstecken. Durchaus interessant auf der Zunge waren die aus Kürbis geschnitzten Keulen, nur die mit englischem Weingummi gespickte Gänsebrust aus Tofu war nicht ganz unser Fall. Den aus Sellerie gebastelten Fake-Gänsekorpus hatte ich auf Anregung des virtuellen Gourmetkochs mit Hummus, Austernpilzen, Marshmallows, Rosenkohl, Backerbsen, Essiggürkchen, Spargelspitzen, Marzipankartoffeln, Cocktailkirschen und Popcorn gefüllt ins Rohr geschoben. Für jeden war ein spezielles Schmankerl dabei. Die Dominosteine in der Soße schmeckte man allerdings leider nicht heraus.

Meine Weihnachtspostkarten hatte ich, da ich dem KI-Braten in dieser Hinsicht nicht ganz traute, dann doch lieber mit Tinte und meiner zähen Intelligenz geschrieben und den Tannenbaum wie immer beim Baumverkäufer draußen im Wald geholt. Und so werde ich das auch in Zukunft halten – ein paar altmodische Fossile wie mich muss es doch noch geben dürfen. Ich wiederum nenne mich eine Weihnachtsromantikerin.

DER MANN, DER WEIHNACHTEN RETTETE

Katja Sommer

Weihnachten war vorüber, die letzten Tage des Jahres standen an. Und rückblickend gesehen, war es ein schönes Fest, das wir drei, mein Mann, Lukas und ich, wohl nie vergessen werden.

Hier in Hamburg gibt es eine Radiosendung mit der Rubrik «Meine Hamburgerin oder mein Hamburger des Tages». Und unser Hamburger des 24. Dezember heißt definitiv Lukas.

Lukas kam wie geplant am 23. Dezember mit seinem neuen Hund Bella von München zu uns hochgefahren, um mit Bernd und mir wie in alten Zeiten Heiligabend zu verbringen.

Bei uns wird der Christbaum traditionell erst am Heiligen Abend von den anwesenden Kindern mit ihrem Papa geschmückt. Diese Prozedur beginnt nach dem gemütlichen Frühstück und muss spätestens bis zum Mittagessen abgeschlossen sein, damit erst gar kein Stress aufkommt.

Da Bernd und ich Lukas seit Monaten nicht gesehen

hatten, zog sich das Frühstück in die Länge. Auch war vor dem Schmücken eine Runde mit dem Hund angesagt, weshalb es später Vormittag wurde. Die Kiste mit dem Baumschmuck hatte ich bereits vom Speicher ins Wohnzimmer transportiert, aber den schweren Ständer musste Bernd noch herunterholen. Ich hörte ihn auf dem Speicher herumgehen und dachte: Was macht er dort oben so lange? Der Ständer steht dort, wo er immer steht.

Nach einiger Zeit kam Bernd runter und fragte mich: «Sag, hast du den Ständer schon runtergebracht?»

«Nein.»

«Aber ich finde ihn nicht.»

«Das kann nicht sein. Er hat seinen festen Platz auf dem Speicher. Ist sogar noch im Originalkarton. Wir haben doch nichts da oben umgeräumt.»

Klar, dass ich selbst noch einmal alles absuchte. Nichts! Ich ließ das letzte Weihnachten Revue passieren. Ganz langsam kam die Erinnerung wieder. War letztes Jahr wirklich Wasser aus dem Weihnachtsbaumständer gelaufen, oder hatte Bernd zu viel Flüssigkeit in den Behälter geschüttet? Gründlich, wie Bernd ist, hatte er stündlich kontrolliert, ob das Gefäß dicht war, dafür hatte er sich sogar auf den Boden gelegt. Ein herrliches Bild! Irgendwann hatte ich sicherheitshalber einen großen Blumenuntersetzer geholt, damit auf keinen Fall Wasser in den Teppich lief.

Und ganz allmählich dämmerte es offensichtlich auch meinem lieben Göttergatten. Direkt nach Epiphanias hatte er den Tannenbaumständer entsorgt, weil er in der Tat undicht gewesen war. Als ich damals riet, gleich nach den Feiertagen einen neuen zu holen, damit wir es auf keinen Fall vergessen würden, hatte er lediglich geantwortet: «Ach was, so etwas vergesse ich doch nicht!»

Bernd wurde nun immer ruhiger und sehr nachdenklich. Die Situation war ihm sichtlich unangenehm, weil es sich hier eindeutig um seinen Zuständigkeitsbereich handelte. Zudem fiel Weihnachten auf einen Sonntag. Da erübrigte es sich, «noch schnell mal» in den Baumarkt zu fahren.

Derweil lag unser Baum gut sichtbar und angespitzt auf der Veranda und wartete darauf, ins Wohnzimmer und in seinen Ständer zu kommen.

Schließlich meinte Bernd: «Wir sind doch flexibel. Wir feiern erst einmal ohne Baum. Am Mittwoch, wenn die Geschäfte wieder geöffnet haben, kaufe ich eine Halterung, wir schmücken den Baum, und er bleibt bis Epiphanias stehen.»

Lukas schaute ihn entsetzt an. «Papa, du weißt schon, dass Weihnachten am Mittwoch vorbei ist?!»

«Na ja, aber so schlimm ist das doch nicht, es geht schließlich nicht um den Baum, sondern ums Zusammensein.»

«Klar, ich fahre schlappe neunhundert Kilometer, weil wir traditionell Weihnachten feiern wollen – und dann gibt es keinen Baum, nur weil dieses Gestell fehlt!»

«Es tut mir aufrichtig leid, mein Junge. Ich habe es total vergessen.»

«Können wir nicht vielleicht den Adventskranz dorthin stellen, wo sonst immer der Baum steht?», schlug ich als Alternative vor.

Beide Männer schauten mich an. Gesagt, getan. Und so rückten wir den Beistelltisch an die Stelle des Weihnachtsbaums, vorsichtig legte ich den Adventskranz darauf.

«Na ja, Mama, schon mal besser als nichts. Aber bei genauem Hinsehen erinnert das Ganze auf dem weißen Teppich jetzt eher an einen Altar als an einen Christbaum.»

«Ich habe die Lösung», sagte Bernd. «Wir räumen die Geschenke unter den Adventskranz. Das sieht dann schon weitaus festlicher aus.»

«Ohne euch zu nahe zu treten: Das ist jetzt eine echte Bescherung! Loriotwürdig das Ganze! Zum Kaputtlachen, wenn es nicht so bitter wäre!»

Damit zog sich Lukas in die Küche zurück. Bernd und ich schauten uns an. Meinem Mann war die Sache oberpeinlich.

«Ich kümmere mich erst einmal um das Essen», sagte ich und ging ebenfalls in die Küche. Dort saß Lukas auf seinem Platz, streichelte mechanisch den Hund und schaute auf sein Handy. Irgendwann war er nur noch mit dem Handy beschäftigt, hatte offensichtlich keine Lust, sich zu unterhalten. Also herrschte Stille – nur leider keine weihnachtliche. Jeder bemühte sich, nicht zu schimpfen oder gar in schlechte Laune zu verfallen.

«Sag mal, Papa», meldete sich Lukas nach einer Weile, «würden wir beide den Baum schmücken, wenn ich jetzt noch irgendwie an einen Christbaumständer käme?»

«Es ist doch Sonntag.»

«Ich weiß, aber ich habe im Internet bei den Kleinanzeigen so ein Gestell gefunden wie unseres. Das kann ich bis halb eins abholen. Danach sind die Leute verreist.»

«Mensch, Lukas, Kleinanzeigen im Internet. Tolle Idee!», sagte Bernd. «Wieso bin ich nicht selbst darauf gekommen?»

«Das wundert mich allerdings auch, Papa.»

«Aber der Christbaumständer muss genau so sein wie unser alter, schwer genug, mit Fußpedal- und Einseiltechnik und dem entsprechenden Durchmesser.»

«Ich würde sagen, er sieht genauso aus wie unser alter. Auch der Durchmesser passt.»

«Aber neu ist der nicht mehr.»

«*Papa!* Es geht gerade nicht um einen neuen Ständer, sondern darum, dass ich von München hochgefahren bin und dann hier einfach kein Christbaum steht, wir also keinen schönen, traditionellen Heiligabend feiern werden. Das finde ich traurig! Schau dir das Foto an. Die Halterung sieht doch gut aus, soll einmal benutzt worden sein, steht im Angebot.»

«Und warum verkaufen die den jetzt? Was kostet der überhaupt, ist das Angebot überteuert? Und den Originalkarton haben die nicht mehr?»

«*Papa!* Wir brauchen einen Christbaumständer und keinen Originalkarton! Selbst wenn das Angebot überteuert wäre an diesem Tag – ich versuche gerade, unser Weihnachtsfest zu retten!»

«Verstehe. Und wo ist das, wo du den Ständer abholen müsstest? In Lübeck? Hm. Das ginge ja noch.»

«Na klar ginge das, ich bin immerhin schon weit genug gefahren. Jetzt fahre ich auch noch diese Strecke, wenn uns das hilft.»

«Dann mach dich schnellstens auf den Weg, damit du es noch rechtzeitig schaffst, bevor die verreisen», versuchte ich, die Diskussion zu beenden.

«Ich komme mit, um mir den Ständer dort noch einmal genau anzuschauen», erwiderte Bernd.

«Jetzt ist aber mal gut, Papa! Ich kann das durchaus selbst beurteilen, glaube mir. Ich fahre allein und nehme nur Bella mit.»

Die Fahrzeit betrug gut eine Dreiviertelstunde. Und die Zeit wurde langsam knapp. Als Lukas gut neunzig Minuten später mit einem Christbaumständer ins Haus kam, schauten wir uns das Exemplar genau an. Es sah gut erhalten aus. Bernd kommentierte, dass der Ständer schwarz sei und nicht grün wie unsere alte Halterung. Aber das, so sagten Lukas und ich, spiele nun wirklich keine Rolle. Bernd nickte langsam.

Am Ende hatten wir einen wunderschönen und entspannten Abend, an dem wir viel über unsere entsetzten Gesichter am Vormittag lachten. Dieses Weihnachten wird uns in Erinnerung bleiben und in die jährliche Erzähltradition der Familie eingehen nach dem Motto: Weißt du noch, als Papa einmal vergaß, rechtzeitig einen Christbaumständer zu besorgen?

Als wir am Abend am Esstisch saßen und zum geschmückten Tannenbaum (fest in der Halterung stehend!) schauten, fiel mir die Radiosendung ein. Ich sagte zu Lukas: «Du bist definitiv mein Hamburger des Tages, auch wenn du aus München kommst.»

Und Bernd antwortete: «Oh, Lukas ist viel, viel mehr.» Er hob sein Glas, verneigte sich leicht gegen Lukas und sagte stolz: «Das ist der Mann, der Weihnachten rettete.»

DIE BESONDERE ZUTAT

Rolf Schumann

Es war zum Verzweifeln. Seit Jahren backten meine Frau und ich gemeinsam mit den Kindern nach einem alten Rezept Weihnachtsplätzchen. Die Familie war zufrieden, aber irgendetwas fehlte. Sie wollten einfach nicht so gut schmecken, wie ich sie aus meiner Kindheit in Erinnerung hatte.

Früher hatte Inge, die Nachbarin meiner Eltern, Plätzchen für ihre ganze Familie gebacken. Sie band ihre Küchenschürze um, suchte im Radio einen Sender, der Weihnachtslieder spielte, und schob dann Blech um Blech in den alten, noch mit Holz und Kohle beheizten Ofen. Der hatte keine Temperatureinstellung, und wenn man nicht aufpasste, ähnelte das Ergebnis dem Heizmaterial. Doch Inge war erfahren, und zum Glück wurden auch wir von ihr beschenkt. Wir bekamen einige dieser kleinen Wunderwerke, Schichtplätzchen mit einer Art Schokoladencreme, die nach Mandeln und Vanille schmeckten – und zum Glück nicht nach Zimt. Zimt mag ich allenfalls zu Milchreis.

Schon damals fiel auf, dass es nicht einfach war, dieses köstliche Gebäck nachzumachen. Verständlicherweise hätte ich gern mehr davon gehabt. Daher ließ sich meine Mutter das Rezept geben und tat mir den Gefallen, im Advent ein Blech davon zu backen. Voller Vorfreude half ich, doch das Ergebnis war ernüchternd. Wir erhielten einen süßen Teig, der nicht schlecht schmeckte, aber nur eine vage Ähnlichkeit mit dem Original hatte.

«Sieh her!», sagte sie und hielt mir das Rezept unter die Nase. «Wir haben alles genauso gemacht, wie es auf dem Zettel steht!» Dann schlug sie vor, das nächste Mal Zimt zu verwenden.

«Vielleicht wird es mit der Cremefüllung besser?», lenkte ich erschrocken ab.

Meine Mutter seufzte und stellte auch diesen Teil des Gebäcks genau wie vorgeschrieben her. Doch anstelle einer zarten Creme erhielten wir einen Brei, dessen Konsistenz an Handwaschpaste erinnerte, während der Geschmack einem billigen Schokoriegel glich. Ich sagte nichts mehr. Meine Mutter schmeckte den Unterschied selbst und ärgerte sich genauso wie ich. Wir gaben unseren Ehrgeiz auf. Und schon im nächsten Jahr hatten wir uns wieder am Weihnachtsgebäck von nebenan erfreut.

Jahre später, längst verheiratet und mit zwei Kindern im backfähigen Alter gesegnet, begann ich mit der Familie, dem Geheimnis der perfekten Plätzchen erneut auf den Grund zu gehen. Wir fingen mit dem klassischen Rezept an. Wie bei meiner Mutter erhielten wir ein akzeptables Resultat, das nicht an den ursprünglichen Geschmack heranreichte. Wenn die Kinder kosteten, hielten sie kurz inne, dann begannen ihre Augen zu leuchten, und sie nahmen sich noch eins. Ihnen reichten diese Plätzchen, wie sie waren. Mir aber ließ der Unterschied zur Vollendung von einst keine Ruhe. Ich brachte einen kleinen Teller zu den Nachbarn und fragte nach ihrem Urteil.

«Gut!», antworteten sie einstimmig.

«Und es fehlt wirklich nichts?», insistierte ich. Sie wiegten nachdenklich die Köpfe. «Vielleicht ein wenig Zimt?»

In den darauffolgenden Jahren variierten wir die Zutaten. Von der einen nahmen wir etwas mehr, von der anderen etwas weniger. Aber sosehr wir uns auch bemühten, der Erfolg wollte sich nicht einstellen. Meine Frau ist eine gute Köchin, aber sie kannte nun mal den Geschmack des Originals nicht. Somit fehlte ihr der Vergleich.

Schlimmer noch war es mit der Füllung. Da sie nicht annähernd an das heranreichte, was ich in Erinnerung hatte, veränderte ich die Zutaten und ihre Mengen so stark, dass das Ergebnis entweder ungenießbar war oder gerade noch als Brotaufstrich verwendet werden konnte. Das betrübte mich besonders, denn somit konnte ich keine leckeren Schichtplätzchen herstellen.

Als uns meine Cousine besuchte, gab ich auch ihr zu kosten. «Oh!», rief sie und zog die Augenbrauen hoch. «Die sind aber gut! Kann ich das Rezept haben?»

«Nur wenn du mir sagst, was noch fehlt», erpresste ich sie.

«Nichts!», antwortete sie spontan. «Die kann man nicht besser machen.» Dann hielt sie einen kurzen Moment inne. «Obwohl, ein klein wenig Zimt könnte nicht schaden.»

Ich gab ihr das Rezept nur ungern.

Bald danach sah ich im Fernsehen, wie bei einem Test die Probanden ein Colagetränk ganz unterschiedlich bewerteten, weil ihnen beim Trinken verschiedene Bilder gezeigt wurden. In den Gläsern befand sich immer dieselbe Sorte. Doch bei angenehmen Bildern vergaben die Tester bessere Noten. Verhielt es sich mit dem Geschmack der Plätzchen genauso? Waren unsere Ausstechformen hässlich? Unsere Herzen, Sterne und Tannenbäume hatten die Kinder um Elch, Hund und Katze erweitert. Die waren nicht sonderlich appetitanregend, und den zuletzt erstandenen Ausstecher in Form eines Fußes sortierte ich sofort aus.

Es half nichts. Die Plätzchen wurden im Laufe der Jahre besser. Alle lobten sie, und auch mir begannen sie zu schmecken, aber das gewisse Etwas fehlte. Wer konnte mir denn noch dabei helfen, es herauszufinden? Wir haben im Ort einen hervorragenden Konditor. Im Sommer gibt es bei ihm köstliches Eis, im Winter hervorragende Schokolade und ganzjährig traumhafte Kuchen und Torten, die unsere Sonntage versüßen. Mit dem Rezept und einer Kostprobe ging ich zu ihm. Konzentriert las er die Anleitung und nickte wohlwollend, nachdem er sich ein Plätzchen in den Mund geschoben hatte.

«Und?» Ich sah ihn erwartungsvoll an.

«Nicht schlecht», antwortete er kauend. «Hast du es schon mal mit einer Prise Zimt versucht?»

Wieder stand ein Backtag an, und auch diesmal würden die Plätzchen nicht so gelingen wie erhofft. Unzufrieden schimpfte ich die ganze Zeit wenig besinnlich vor mich hin. Dieses Genörgel ging meiner Frau auf die Nerven.

«Hör endlich auf zu meckern!», fuhr sie mich an. «Schließlich gibt es Wichtigeres im Leben!»

«Das verstehe ich nicht», antwortete ich wahrheitsgemäß.

Meine Frau rollte mit den Augen, wartete aber mit einem eigenen Vorschlag auf. «Lebt die Nachbarin deiner Eltern noch?», fragte sie. «Wenn ja, ruf sie an! Von ihr müsstest du das Geheimnis doch erfahren können!»

Tatsächlich lebte Inge immer noch in derselben Wohnung. Sie war wohlauf. Am Telefon schilderte ich mein Problem.

«Du hättest dich ruhig eher mal melden können!», warf sie mir vor. «Seit Werner gestorben ist, bin ich ganz allein. Komm vorbei, und wir backen gemeinsam.»

Gesagt, getan. Auch die Kinder wollten mitkommen, und so fuhr die ganze Familie in die alte Heimat.

Inge hatte schon alles vorbereitet. Sie schob uns sofort in die Küche. Die Wärme eines vorgeheizten Backofens und der Duft von Zutaten empfingen uns. Im Hintergrund liefen Weihnachtslieder. Inge zeigte ihr Rezept. Es war identisch mit unserem. Dann legte sie los. Wie bei allen erfahrenen Hausfrauen ging es nicht so genau zu. Sie wählte die Menge der Zutaten nicht exakt nach der Anleitung, sondern eher nach Gefühl. Aber im Großen und Ganzen wich sie nicht erheblich von den Vorgaben ab. Meine Frau und die Kinder beobachteten sie genau. Auch sie erwarteten etwas ganz Besonderes. Aber alles wurde verknetet wie bei uns zu Hause. Dann kam der Teig für eine Stunde in den Kühlschrank.

Um die Wartezeit zu überbrücken, setzten wir uns an den Kaffeetisch.

«Und?», fragte Inge. «Hast du irgendeinen Unterschied bemerkt? Habe ich irgendetwas anders gemacht als ihr?»

«Nein, wir machen es genauso. Aber alle sagen, es würde Zimt fehlen.»

«Du liebe Güte!» Die korpulente kleine Frau schlug die Hände überm Kopf zusammen. «Zimt passt überhaupt nicht in dieses Rezept! Ich gehe doch auch nicht im Karnevalskostüm zum Abschlussball meiner Enkelin.»

Der Teig wurde ausgerollt, die Formen wurden ausgestochen, aufs Backblech gelegt und in den Ofen geschoben. Nach fünf Minuten wurde das Blech wieder herausgenommen und zum Auskühlen ans offene Fenster gestellt. Wir standen gebannt im Halbkreis um die duftenden Plätzchen. In der kalten Winterluft kam es uns wie eine Ewigkeit vor, bis wir kosten konnten. Ich spürte auch bei meiner Frau und den Kindern die Spannung. Dann bissen wir alle gleichzeitig in unsere Kekse.

«Mmmh!», erklang es einstimmig. Waren die gut!

Wie konnte das sein? Was war beim Backen anders gewesen? Die Temperatur?

Während ich noch grübelte und jedes Familienmitglied ein weiteres Plätzchen kostete, meinte unsere Tochter kauend: «Mein Lieblingslied.»

Im Hintergrund lief «Leise rieselt der Schnee». Die ganze Zeit über hatte Inge Weihnachtsmusik laufen lassen. Sollte es etwa daran gelegen haben?

«So», unterbrach Inge meinen Gedankengang, «jetzt machen wir die Schichtplätzchen.»

Der Höhepunkt stand bevor. Welche Zutaten würden in welcher Menge für die Cremefüllung verwendet werden? All die Mühe und Qual, all die Enttäuschungen der letzten Jahre waren tief in unseren Erinnerungen eingebrannt. Gleich würde das Rätsel gelöst werden. Spannender konnte nur ein Krimi sein, in dem jemand für diese Plätzchen über Leichen ging.

Inge öffnete den Küchenschrank und griff hinein. Als sie die Hand wieder herauszog, hielt sie darin ein ganz gewöhnliches Glas Nuss-Nougat-Creme.

Was denn? Das war alles? Wir sahen sie verdattert an.

«Warum guckt ihr so kariert?», fragte Inge erstaunt. Ich war nicht in der Lage zu antworten. «Ach», fuhr sie fort, «habt ihr etwa versucht, die Füllung nach Rezept herzustellen?» Sie machte eine wegwerfende Handbewegung. «Das hat keinen Zweck.»

Als wir kurz darauf bei uns zu Hause die Vorbereitungen für das Plätzchenbacken trafen, meinte ich beiläufig, es könne nicht schaden, während der Arbeit etwas Weihnachtsmusik zu hören.

Die Kinder bestanden darauf, dass auch aktuelle Lieder gespielt wurden, wenn sie dabei waren. Ich willigte gern ein, doch als ich Chris Rea mit «Driving Home for Christmas» startete, stöhnte unser Sohn.

«Papa, du hattest doch versprochen, keine klassischen Weihnachtslieder zu spielen!»

Meine Frau und ich sahen uns an. Waren wir schon so alt geworden?

Wir backten die Plätzchen genau wie immer. Als das erste Blech fertig war und ich es ans offene Fenster stellte, wurden die Kinder unruhig. Diesmal schien ihnen bereits der Duft Vorfreude zu bereiten. Meine Frau musste das Blech bewachen, damit sie sich nicht verbrannten. Kaum hatten wir gekostet, war klar, dass die Plätzchen anders schmeckten als sonst. Sie waren so gut wie noch nie, und zum ersten Mal war ich zufrieden.

Aber nicht nur mir ging es so. Wie in jedem Jahr füllten wir einen Teil der Plätzchen in Keksdosen mit Weihnachtsmotiven und schickten sie der Verwandtschaft als Adventsgruß. Die Rückmeldungen ließen nicht lange auf sich warten.

«Wir haben sie gleich nach dem Auspacken gekostet. Die Plätzchen sind in diesem Jahr besonders gut gelungen! Was habt ihr am Rezept geändert?», meldete sich Tante Hilde einen Tag später.

«Nicht viel», entgegnete ich am Telefon, «wir haben nur eine Prise Weihnachtsmusik hineingetan.»

Tante Hilde lachte. «Witzbold!»

Ich beließ es dabei, denn ich konnte verständlicherweise niemandem erklären, dass es nur an der Musik gelegen haben könne. Wenn ich von dieser Zeit an sagte: «Ohne Weihnachtsmusik gelingen sie nicht!», wurde das als gutmütiger Scherz betrachtet.

Als ich meinem Vater vom Einfluss der Musik berichtete, kratzte er sich am Hinterkopf: «Oh, sollte es tatsächlich daran gelegen haben?» Er schmunzelte.

«Was meinst du?»

«Seit ich beim Schmücken des Baumes Lieder vom Dresdner Kreuzchor laufen lasse, findet deine Mutter ihn schön.»

Früher hatte der Baum den Ansprüchen meiner Mutter nie genügt. Nun, das schien sich erledigt zu haben. Und ich kannte jetzt den Grund dafür.

Seit dieser Zeit läuft zu allen weihnachtlichen Vorgängen bei uns im Haus Weihnachtsmusik, sei es beim Verpacken der Geschenke oder beim Braten der Gans. Die Beschenkten freuen sich mehr, und die Gans gelingt seitdem wunderbar.

Übrigens habe ich während des Schreibens der Geschichte ... Na, das versteht sich von selbst.

ZAUBERHAFTE FEE

Ursula Steinert

Kurz vor Weihnachten hatten wir uns entschlossen, mit unserem Sohn Stefan nach Altenberg zu fahren, um mit ihm dort den bekannten Märchenwald zu erleben. Dicker Schnee war gefallen, und man konnte ihn fast lautlos unter unseren Füßen knirschen hören. Ein Eichhörnchen sprang durch die Bäume, und von den Ästen fiel sanft Schnee herab.

Stefan konnte es gar nicht mehr abwarten, dem schönen Schneewittchen, Hänsel und Gretel oder gar der bösen Hexe zu begegnen. Nun, er wurde nicht enttäuscht. Ein Staunen lag auf seinem Gesicht, und seine Kinderaugen wurden noch größer, als sie bereits waren. Der Märchenwald schien verwunschen, und man musste auf der Hut sein, um sich in ihm nicht zu verlaufen – etwa so wie Hänsel und Gretel. Der Wind streifte durch die Bäume und spielte geräuschvoll mit den schneebedeckten Ästen.

Plötzlich winkte unserem Kleinen dort, zwischen den vielen Sträuchern, von einem hohen Turm eine bekannte Märchenfigur zu. «Rapunzel, Rapunzel», rief er aufgeregt, «lass dein Haar herunter!»

Das ließ sich Rapunzel natürlich nicht zweimal sagen. Flugs ließ sie ihre langen, wallenden Haare zu ihm in die Tiefe gleiten, und am liebsten hätte unser Knirps nach ihnen gegriffen, um sich zu der Schönen hinaufzuschwingen.

Hinter einem dichten Busch, ganz verloren, entdeckte Stefan plötzlich einen gläsernen Sarg. Da lag sie nun, völlig regungslos, vergiftet durch einen Apfel – Schneewittchen. Ihre Haut war so weiß wie Schnee, ihre Lippen so rot wie Blut, und ihre Haare waren so schwarz wie Ebenholz.

«Natürlich wird Schneewittchen wieder aufwachen; das weiß doch jedes Kind», gab unser Sohn bekannt und machte dabei ein wichtiges Gesicht.

Schließlich stand der Kleine vor einer dichten Dornenhecke. Fast hätte er sich an den langen Dornen verletzt, als er versuchte, die Zweige ein wenig auseinanderzubiegen. Das wunderschöne Mädchen dort konnte doch nur Dornröschen sein. Sie lächelte ein wenig im Schlaf und träumte sicher von ihrem Prinzen, der sie alsbald wachküssen würde. Ach, könnte er selbst doch nur der Prinz sein. Wie gern würde er miterleben, wenn Dornröschen ihre Augen aufschlug und aus ihrem hundertjährigen Schlaf erwachte. Unser Sohn wünschte sich nichts sehnlicher, als in den vielen Märchen mitspielen zu dürfen.

«Hihi.» Das Lachen hörte sich nach der bösen Hexe von Hänsel und Gretel an. Sie wollte Stefan nun mit ihrem krummen Zeigefinger in ihr Häuschen locken. Die Tür stand ja bereits offen. Aber unser Sohn fiel nicht auf sie herein. Ja, er zeigte ihr sogar einen Vogel – na, na!

Plötzlich blieb eine zauberhafte, wunderschöne Frau in einem weißen Gewand vor ihm stehen und lächelte ihm freundlich zu. Der Wind spielte mit den langen blonden Haaren dieser Fee, und in ihren großen blauen Augen konnte man sich spiegeln, so schien es. Doch dann huschte sie plötzlich zwischen den vielen Bäumen davon und ward nicht mehr gesehen.

Leider aber hat jedes Märchen einmal ein Ende, und so verließen wir schließlich mit großen Schritten den geheimnisvollen Märchenwald. Stefan hatte jedoch von nun an nur noch einen Wunsch: Er wollte zu Weihnachten nichts sehnlicher als eine schöne Fee – sonst nichts, betonte er. Wir hatten große Mühe, ihm zu erklären, dass man eine Fee nicht kaufen oder sie gar verschenken konnte. So richtig freuen konnte er sich daher über seine vielen Weihnachtsgeschenke am Heiligabend nicht. Immer wieder dachte er an die schöne Fee, die ihm im Märchenwald begegnet war. Und schließlich flossen sogar heiße Tränen.

Aus unserem kleinen Knirps ist inzwischen ein stattlicher junger Mann geworden. Eines Tages stellte er uns eine junge Frau vor. Ihre langen blonden Haare umspielten ihr Gesicht, und in ihren großen blauen Augen konnte man sich spiegeln, so schien es. Ihr Vorname war Fee.

Es war wohl bei beiden Liebe auf den ersten Blick. Und so ging für Stefan ein Weihnachtswunsch aus längst vergangenen Tagen dann doch noch in Erfüllung. Märchen gibt es eben nicht nur in Büchern, Romanen oder Filmen. Einige von ihnen werden auf wundersame Weise dann doch noch wahr. Und weil für Stefan eine Fee nicht genug war, kam alsbald eine weitere kleine Fee zur Welt, dann eine zweite und schließlich noch eine dritte.

Vielleicht ist ja noch eine vierte kleine Fee geplant ... Man darf gespannt sein.

WARTEN
AUF FRÜHERE ZEITEN

Erika Dietrich-Kämpf

Heute, am ersten Advent, hat sie ihre geblümte Bluse an, sitzt auf dem Bett und sagt bei meinem Eintreten sogleich: «Ich warte auf den Bus.»

«Auf welchen Bus, Mutter?», frage ich erstaunt.

«Auf den Bus, der mich zurück ins Dorf fährt!»

«Ach, Mutter, dein Dorf aus der Kindheit ist zweitausend Kilometer entfernt, da kann man nicht einfach so hinfahren. Das muss geplant werden. Komm, zieh deine Bluse aus, wir hängen sie zurück in den Schrank. Zieh deinen warmen Pullover wieder an. Es ist Dezember.»

In der nächsten Woche trägt sie Wollmütze und Stiefel und sagt, als ich die Tür öffne: «Hast du jetzt die Reise in der Tasche? Meine Leute warten auf mich im Dorf!»

«Ach, Mutter, es gibt keine Leute mehr im Dorf, die du kennst. Aber ja, ich werde alles organisieren. Komm, zünden wir die zweite Kerze an. Willst du etwas singen?» Aber sie verstummt und schüttelt den Kopf.

Am dritten Advent sitzt sie auf einem gepackten Koffer, Wollfäden hängen heraus. Als ich den Koffer öffne, rollen unterschiedliche Knöpfe heraus, bunte Wollknäuel, Strick- und Häkelnadeln, alles wild durcheinander.

«Das nehme ich alles mit», verkündet Mutter gehetzt. «Meine Mädchen brauchen Socken und Strümpfe, die Not ist groß, so kurz nach dem Krieg.»

«Ach, Mutter, deine Töchter sind doch schon erwachsene Frauen, haben selbst graue Haare. Schau mal in den Spiegel, siehst du, wie alt ich schon bin?»

«Du bist meine Kleine, die da im Spiegel ist nicht meine Tochter.»

Am vierten Advent hat Mutter die zerschlissene Kittelschürze um, die Wanderstiefel an den Füßen und einen Schal um den Hals gebunden. Zaghaft fragt sie: «Meinst du, wenn wir im Zug fahren, kann ich all das Gebäck für meine liebe Mutter und Mariechen-Tante mitnehmen? Es ist alles schon eingepackt.»

Ich gehe zum Küchentisch, wickle die fest verschnürten Päckchen auf, das Zeitungspapier raschelt. Eine Orange, ein Apfel, fast zerschmolzene Butter, ein Päckchen Vanillezucker, ein rohes Ei packe ich aus. Tränen rinnen mir die Wangen hinunter.

«Ach, Mutter, sollen wir das alles mitnehmen für deine Liebsten, das ganze Gebackene? Wie viel Mühe du dir gemacht hast.»

Sie nickt heftig und bejaht. Ich versuche, alles irgendwo heimlich zu verstauen.

Am Heiligen Abend hole ich Mutter ab. Sie ist im

rosa Schlafhemd im Bad und versucht, sich die Zähne zu putzen. Sie weiß jedoch nicht, ob die Zahnpasta auf die Zahnbürste gehört oder doch umgekehrt.

«Weißt du, was, Mutter? Heute gehen wir einfach zu Fuß los.»

«Aber ins Dorf», ruft sie vehement.

«Genau, komm, wir ziehen uns dick an, es schneit draußen.»

Wir lassen uns Zeit, gehen Arm in Arm durch die Straßen der Stadt.

«Hörst du, die Glocken läuten schon, Mutter!»

«Ja, das ist die Kirche aus meiner alten Heimat. Ich erkenne den hellen Klang. Mein Vater wird oben auf dem Turm stehen und die große Glocke läuten. Das hat er immer an großen Festtagen getan.»

«Und das Christkind mit dem edlen Porzellangesicht wird in der Krippe liegen, so wie immer bei euch im Dorf», erzähle ich munter weiter.

«Au ja, dem bringen wir etwas mit!» Verschmitzt holt Mutter ein zerdrücktes Wollknäuel aus ihrer Manteltasche heraus. Wann sie sich das wohl eingesteckt hat?

Ich lache. «Schön, dass du an alles denkst, Mutter!» Und sie strahlt mich an.

Im Gottesdienst sitze ich neben ihr und staune. Sie ist ganz die Alte und glücklich wie ein Kind. Alle Lieder kann sie plötzlich auswendig, und aus voller Kehle singen wir beide mit.

OH! TANNENBAUM

Thomas Flüh

Advent und Weihnachten – beides ist wohl die symbolträchtigste Zeit überhaupt. In jeder Familie gibt es Rituale, die scheinbar aufs Genaueste einzuhalten sind, will man Dissonanzen oder gar Streitigkeiten vermeiden. Kennen wir alle. Ein diesbezüglicher Klassiker ist die Wahl und die Ausgestaltung des Weihnachtsbaumes. Anhand dreier Begebenheiten aus eigener Erfahrung sei dies hier belegt.

Als junger Heranwachsender, schon mit eigener kleiner Studentenbude, war es ein freudiges Muss, das Weihnachtsfest daheim im Elternhaus zu feiern. Geschwister mit eigener Familie kamen am ersten oder zweiten Weihnachtstag dazu. (Ich finde ja noch immer, dass die Einladung für den ersten oder den zweiten Feiertag einem gewissem «Zuneigungsranking» unterliegt – aber das nur am Rande, und vielleicht irre ich mich auch.)

Man trat also, je nach Terminlage erst am Vormittag des Heiligabends, die Heimreise an. Im Autoradio lief damals wie heute «Driving Home for Christmas», und man war in freudiger Erwartung eines heimelig gewohnten Festes mit allem Drum und Dran. Umso mehr schmerzte es, den aus Gründen der Rationalisierung viel zu klein geratenen Weihnachtsbaum zu erblicken. Im Gegensatz zu dem gewohnten deckenhohen war dies ein sogenanntes nachhaltiges Topfexemplar mit Wurzelwerk. Kaum sechzig Zentimeter hoch und zu allem Überfluss noch mit einer rot blinkenden Lichterkette aus Fernost versehen. Natürlich hatten meine doch betagten Eltern recht damit, sich die Arbeit und den Aufwand zu erleichtern, und man hätte den Getopften sogar später in den Garten pflanzen können (wir alle wissen, dass der Anwachswunsch allzu selten in Erfüllung geht). Für mich aber war Weihnachten in diesen mickrigen Dimensionen gelaufen.

Heute richte ich das Fest schon lange selber aus, bin fast in dem Alter meiner Eltern damals, und auch meine Töchter kommen von weit entfernt gelegenen Studienorten nach Hause. Den Fehler mit der Abkehr von der erwarteten Größe des Baumes mache ich nicht – dachte ich! Doch kam es im letzten Jahr beinahe zum Eklat, als ich eine neue stromsparende Variante der Baumbeleuchtung einführen wollte. Deren größter Fehler bestand darin, rot gefärbte Kerzennachbildungen statt der üblichen weißen aufzuweisen, und auf einmal war auch der Baum zu mickrig. Um das Fest zu retten, nötigte mich die Familie, erstens wieder mehr Rotation in den Stromzähler zu bringen und ferner noch am Heiligabend ein besseres Exemplar eines Baumes zu kaufen. Angesichts des widrigen Umstands, so kurz vorm Fest noch eine prächtige Tanne zu finden, schleppte ich erneut eine Mangelversion an. So hatten wir im letzten Jahr also erstmalig zwei Weihnachtsbäume niedriger Güte.

Zur Heilung und Wiederherstellung des wie auch immer gearteten, aber stets heimelig-positiv gewünschten Auftretens eines Weihnachtsgefühls soll nun meine letzte Baumgeschichte beitragen.

Vor ein paar Jahren ging es meiner Schwiegermutter nicht so gut. Sie musste die Adventszeit im Krankenhaus verbringen und sollte an Heiligabend wieder nach Hause können. Sie würde den Tag mit ihrem Ehemann allein verbringen. Wir Kinder sollten am ersten Weihnachtstag dazukommen. Mein Schwiegervater, der mit den Vorbereitungen auf ein gelungenes Familienfest bisher kaum bis gar nicht beauftragt gewesen war, wollte diesen Part zur Schonung seiner noch angeschlagenen Gattin übernehmen. Speis und Trank stellten für ihn fürwahr keine Herausforderung dar, allein das Schmücken des Baumes gestaltete sich in dem Jahr, sagen wir, besonders.

Mein Schwiegervater, so sei erwähnt, war vom Stande der Alles-Aufbewahrer, und in seinem Haus war es üblich, den Baumschmuck der jeweiligen Mode anzupassen, wohlgemerkt ohne den der Vorjahre zu verwerfen. So kam es, dass sich über die Jahre ein Schmuckfundus angesammelt hatte, der ausgereicht hätte, eine mittlere Neubausiedlung auszustatten.

Als dann die Patientin Heiligabend nach Hause kam, war ein ausgezeichnetes Weihnachtsessen vorbereitet, die in liebevoller Handarbeit des einst noch kinderlosen Liebespaares gemeinsam gebastelte alte Krippe aufgestellt und der Baum an seinem stets bewährten Standort bereits fix und fertig geschmückt. Mein Schwiegervater hatte all seine Liebe und Dankbarkeit für und über das Genesen und die Rückkehr seiner Frau in das Schmücken des Baumes gepackt. Und seine Liebe und die Freude darüber waren groß! Riesengroß!

Hätte er statt der sonst üblichen Nordmanntanne eine billigere Fichte genommen, nein, hätte er einen lila lackierten vertrockneten Haselnussstrauch genommen, es wäre ohne Belang gewesen. Vom Grün der Nadeln oder dem ansprechenden Verlauf der Astverzweigung war eh nichts mehr zu erkennen. Nicht im Ansatz. In der Zimmerecke stand ein bis zur Decke reichender riesiger Haufen Weihnachtsschmuck. Alles, was die zahlreichen Kartons aus dem Keller hergegeben hatten, hatte seinen Platz gefunden. Gebügeltes Bleilametta aus den Sechzigern genauso wie die heutige Kunststoffvariante. Lichterketten mit Stromverbrauch eines alten Ölradiators ebenso wie neue LED-Versionen. Allein eine einzige mächtige Christbaumspitze thronte auf dem Berg, was jedoch ausschließlich dem Umstand geschuldet war, dass die Natur meist einspitzige Bäume vorhält.

Meine Schwiegermutter war schlichtweg überwältigt, und sie berichtete später, dass sich die beiden in dem letzten frei gebliebenen Quadratmeter des so seltsam klein gewordenen Wohnzimmers innig und lang anhaltend umarmten!

Und was soll man dazu sagen?

Ist das nicht der eigentliche und stets beschworene Geist, oder neudeutsch Spirit, der Weihnacht?

Sich Liebe zu zeigen, auf welche Art auch immer?!

DIE DREI WÜNSCHE

Gundi Herget

Ich glaube nicht an Engel.

Aber eines sehr frühen Morgens kurz vor Weihnachten, ich kam gerade in die Küche, saß einer da. An meinem Esstisch. Leuchtend, schön, riesige weiße Flügel.

«Guten Morgen», sagte er mit einer überraschend kräftigen, dunklen Stimme.

«Guten Morgen», antwortete ich, setzte Kaffee auf und wunderte mich, dass ich mich kein bisschen wunderte.

«Wer bist denn du?», fragte ich.

«Dein Engel.»

«Und was machst du hier?»

«Ich überprüfe, ob deine Wünsche schon erfüllt wurden.»

Ach so, ja, wegen Weihnachten. «Ich brauche nichts», sagte ich. «Ich habe schon alles.»

«Ich meine keine Weihnachtswünsche», entgegnete der Engel. «Die drei Wünsche, die jedem Menschen gewährt werden.»

«Ach, *die* drei Wünsche», witzelte ich. «Ich dachte, das machen die Feen.»

Er ließ ein Schnauben hören. «Feen gibt es nicht.»

«Aber Engel schon, ja?»

«Das siehst du doch.»

«Und jetzt bist du gekommen, um mir drei Wünsche zu erfüllen?»

Er machte ein empörtes Gesicht. War wohl die falsche Frage gewesen. «Das habe ich längst!», rief er und schlug kurz und kräftig mit den Flügeln, dass es nur so rauschte. Eine Feder schwebte durch die Luft und landete auf dem Tisch, leuchtend weiß auf dunklem Holz.

«Wie, das hast du längst?» Der Kaffee war fertig. «Willst du auch?», fragte ich.

Der Engel schüttelte den Kopf.

Ich goss mir eine Tasse ein, trug sie zum Küchentisch und setzte mich zum Engel. «Ich habe gar nichts gemerkt», erklärte ich. «Ich meine, von der Erfüllung meiner Wünsche.»

Der Engel lächelte milde. «Ich denke, ich habe sie dennoch erfüllt.» Nachdenklich legte er den Kopf schief und betrachtete mich. «Bei dir bin ich mir sogar ganz sicher!»

Na, das konnte er leicht behaupten! Außerdem, wenn das stimmte ...

«Warum bist du dann hier?»

Anscheinend war das nun endlich einmal eine passende Frage. Denn der Engel nickte zufrieden. «Einmal im Leben besuchen wir euch Menschen. Es hat sich gezeigt, dass kurz vor Weihnachten die beste Zeit dafür ist. Dann fällt es den meisten von euch leichter, unser Erscheinen zu akzeptieren.»

«Und warum besucht ihr uns?»

«Um zu überprüfen, ob die drei Wünsche schon erfüllt wurden.»

«Und wenn nicht?»

«Holen wir das nach!»

«Immer?»

«Immer!»

«Und bei mir?»

«Ganz sicher erfüllt.»

«So? Und woher weißt du das?»

Er lächelte wieder so milde, geradezu huldvoll. «Das kann ich spüren.»

Plötzlich ärgerte ich mich. «Das glaube ich nicht!»

Er zog eine Augenbraue hoch.

Ich nahm einen Schluck Kaffee und überlegte. «Eigentlich glaube ich nicht einmal an Engel.»

«So, so», sagte er langsam. «Wie alt bist du jetzt?»

«Achtundsechzig», antwortete ich.

«Und glaubst immer noch nicht an Engel?»

«Nur Kinder glauben an Engel», erwiderte ich. «Also, manche Kinder.»

Er seufzte. «Ach ja! Das ist so eine Sache mit euch Menschen!»

Ich nahm noch einen Schluck Kaffee. Der Engel stand auf und ging zu mir hinüber. Seine Schritte machten kein Geräusch, seine Flügel aber rauschten leise bei der kleinsten Bewegung. Als er sich neben mich auf die Holzbank setzte, spürte ich einen winzigen Windhauch.

«Was hast du dir gewünscht?», sagte er. «Überleg einmal!»

Ich überlegte. Gar nicht so einfach. «Eigentlich ...», begann ich zögernd und erinnerte mich plötzlich an einen besonders schönen Tag. «Eigentlich wollte ich einfach nur glücklich sein. Ab und zu jedenfalls.»

Der Engel nickte eifrig. «Und? Warst du's? Ab und zu jedenfalls?»

Ich nickte. «Oft sogar.»

Jetzt guckte er so herausfordernd zufrieden, dass ich mich schon wieder ärgerte. «Das willst du gewesen sein?»

«Nur beim ersten Mal», sagte er. «Danach wusstest du ja, wie es geht.»

«Hm», machte ich. «Und das war's schon?»

Er verdrehte die Augen. «Das war der erste Wunsch. Was war dein zweiter? Überleg noch mal!»

Ich überlegte noch einmal. «Eigentlich ...», sagte ich zögernd und dachte plötzlich an die Menschen in meinem Leben. «Eigentlich wollte ich einfach dazu beitragen, dass die anderen auch glücklich sind.»

«Und? Ist es dir gelungen?»

Unvermittelt erinnerte ich mich an ein besonders schönes Weihnachtsfest und an noch eins und noch eins. Ich nickte wieder. «Manchmal auf jeden Fall. Und damit hattest du auch wieder zu tun?»

«Beim ersten Mal schon. Danach ...»

«... wusste ich ja, wie es geht», beendete ich den Satz für ihn. «Und der dritte Wunsch?»

«Na!», rief er. «Überleg doch noch mal.»

Als ich ein drittes Mal überlegte, musste ich plötzlich an eine besonders schwere Zeit denken. Voller Krankheit, Tod und Trauer. «Ich glaube, ich wollte den Sinn des Lebens verstehen.»

«Und, hast du?»

Ich dachte daran, was nach der besonders schweren Zeit gekommen war. An Trost, den ich erfahren hatte. Wie Kraft, Freude und Hoffnung langsam zurückgekommen waren. Wieder nickte ich. «Manchmal schon.»

Ich griff nach der Kaffeetasse und nahm noch einen Schluck.

«Lass mich raten», sagte ich. «Beim ersten Mal warst du das, und danach wusste ich ja, wie es geht?»

Er strahlte.

«Puh», sagte ich. «Manchmal habe ich das aber wieder vergessen.»

«So seid ihr, ihr Menschen», sagte der Engel. «Das macht nichts. Solange ihr euch nur ab und zu wieder erinnert.»

Er lehnte sich zu mir. «Ich würde sagen, du warst ein leichter Fall. Die Obersten werden zufrieden sein mit meiner Arbeit.»

«Die Obersten?» Ich musste lachen. «Sag bloß, du hast Chefs?»

«So etwas Ähnliches», erklärte er knapp und erhob sich.

«Und jetzt?»

«Fliege ich zurück.»

Plötzlich wollte ich, dass der Engel bleibt. «Sehe ich dich wieder?», fragte ich ihn.

Er schüttelte den Kopf. «Wie ich schon sagte, wir kommen nur einmal.»

«Und wenn ich jetzt noch einen vierten Wunsch frei hätte, könnte ich mir dann wünschen, dich wiederzusehen?»

Er grinste sehr unengelhaft. «Hast du aber nicht.» Dann beugte er sich nah an mein Gesicht. Ich spürte eine leise Berührung. Er hatte mir einen Kuss auf die Wange gegeben, ganz leicht, ein Engelshauch. «Alles Gute», hörte ich ihn in mein Ohr flüstern. «Viel Freude noch mit deinen Wünschen.»

Dann war er verschwunden.

Was für ein merkwürdiger Traum, dachte ich, als ich morgens beim Kaffee in der Küche saß und schlaftrunken die feine weiße Feder auf dem Küchentisch betrachtete.

IHR KINDERLEIN, KOMMET …

Astrid Wirtz

Dinge gibt's, die gibt es gar nicht – oder vielleicht doch!

«Alle Jahre wieder …» Mia springt singend die Treppenstufen hinunter, jede Stufe einzeln. Seit die Weihnachtszeit näher rückt, macht sie dies jeden Tag. Sehr zum Ärger mancher Nachbarn. Mia wohnt mit ihren Eltern und ihrem jüngeren Bruder in einem Sechsfamilienhaus im dritten Stock. Es sind also viele Stufen, und es ist ein langer Weg bis zur Haustür.

Auf der zweiten Etage, sie ist gerade bei der zweiten Strophe des Liedes angekommen, öffnet sich eine Wohnungstür. Herr Bitter brüllt sie an. Er ist Frührentner und immer schlechter Laune, er weiß nichts mit sich anzufangen und sucht deshalb stets neue Gründe, sich aufzuregen. Zurzeit gibt ihm Mia ganz viele dafür.

«Musst du immer wie ein Elefant durch das Treppenhaus poltern, ich hasse Weihnachtslieder!» Schon ist seine Tür wieder zugeknallt, und es hallt im ganzen Treppenhaus nach. So viel zur Ruhe im Haus.

«Aber es ist bald Weihnachten, und da singt man

nun mal Weihnachtslieder! Und ich mag Weihnachten, es ist die schönste Zeit im Jahr!», brüllt Mia die geschlossene Tür des Herrn Bitter an.

Doch dann dringen bei dem Nachbarn von Herrn Bitter laute Stimmen durch die Wohnungstür. Eine Frau und ein Mann schimpfen miteinander, Porzellan geht zu Bruch, und Türen werden geknallt. Das Ehepaar Winter. Sie streiten sich schon wieder. Mia schüttelt den Kopf. Entweder haben sie sich nichts zu sagen und leben nebeneinanderher, oder sie bekommen sich in die Haare und werden laut. «Frohe Weihnachten», denkt Mia und setzt ihren Weg nach unten fort.

Dort trifft sie auf Frau Sauber, die gerade ihren Türrahmen poliert: «Hallo, Mia, bitte vergiss nicht, dir die Schuhe gründlich auf der Fußmatte abzustreifen, wenn du ins Haus kommst, und klopfe deinen Mantel vorher aus!»

«Ja, mach ich, Frau Sauber. Mögen Sie eigentlich Weihnachten?», spricht Mia aus, was ihr schon lange auf der Zunge liegt.

«Weihnachten, Weihnachten, erinnere mich bloß nicht daran, das ist immer nur Arbeit. Ich muss die Wohnung putzen, die Geschenke besorgen, das Essen vorbereiten und die Weihnachtsdeko aus dem Keller holen. Dann alles schmücken, danach muss ich wieder alles abschmücken und wieder die Wohnung putzen, außerdem die Reste vom Weihnachtsfest essen. Hör mir bloß auf mit Weihnachten, ich bin froh, wenn die Zeit vorbei ist.»

Prompt öffnet sich die Nachbarstür, und die kleine, grauhaarige, auf einem Besen gestützte Frau Rosen kommt aus der Wohnungstür. Sie bemerkt Mia und Frau Sauber nicht, sondern fegt den Dreck aus ihrer Wohnung einfach in den Flur. Es staubt auf, als der Schmutz sich im Treppenhaus verteilt. Mia hustet.

«Hey, Frau Rosen, Sie machen alles wieder dreckig, können Sie nicht aufpassen?», erbost sich Frau Sauber.

Ehe sie darauf antworten kann, fragt Mia die alte Frau, wie sie Weihnachten findet.

«Ach, Weihnachten war immer schön, mit den Kindern, aber jetzt sind sie groß, rufen mich nur kurz an Heiligabend an», sagt sie mit traurigen Augen, schlurft zurück in ihre Wohnung und lässt den Dreck liegen.

«Wie kann man sich nur so gehenlassen? Die ist doch bestimmt nicht älter als siebzig, schlurft aber herum, als ob sie schon über hundert wäre!», sagt Frau Sauber und schüttelt den Kopf. Dann nimmt sie ihren Besen und fegt den Schmutz zusammen.

Die Haustür öffnet sich, und der neue Mieter, ein rüstiger Rentner mit Hund, kommt beschwingt hinein. Er wohnt im dritten Stock neben Mia. Er läuft die ersten Stufen hoch, nickt Frau Sauber lächelnd zu und drückt Mia seinen Zeigefinger auf die Nase. Der Hund folgt ihm bei Fuß. Beide hinterlassen Abdrücke auf den Stufen.

Frau Sauber schimpft, und Herr Fröhlich ruft: «Warten Sie damit, mir hinterherzuwischen. Wir kommen gleich wieder runter, ich habe nur etwas vergessen.»

«Tz!», stößt Frau Sauber nur aus, aber auch ein kleines Lächeln zuckt in ihren Mundwinkeln. Mia hüpft die letzten Stufen hinunter und singt dabei die letzte Strophe von «Alle Jahre wieder». Herr Fröhlich mag bestimmt Weihnachten, denkt sie, und da kommt ihr eine Idee.

In den nächsten Tagen lässt sie sich kaum blicken und ist aus ihrem Zimmer nicht herauszubekommen, sie singt ein Weihnachtslied nach dem anderen, bastelt, malt und schreibt. Am ersten Dezember schleicht sie sich ganz früh morgens aus der Wohnung und hängt an jede Wohnungstür eine kleine Überraschung. Dies macht sie jetzt jeden Morgen, mal ist es ein gebastelter Stern, dann wieder ein gemalter Engel, oder es sind Zeilen, verschnörkelt geschrieben, von ihrem Lieblingsweihnachtslied. Außerdem stellt sie immer die aufgezogene Spieluhr mit dem Weihnachtslied «Stille Nacht» auf die Heizung, wenn es unter ihr wieder laut wird und das Ehepaar Winter sich streitet. Durch die alten Heizungsrohre wird das Lied weitergetragen, und die Winters werden leiser. Nach einiger Zeit streiten sie sich gar nicht mehr so oft, und einmal hat Mia sie Hand in Hand aus dem Haus gehen sehen. Die Frau Sauber grüßt Mia herzlicher und ermahnt sie nicht immerzu, sich die Schuhe abzutreten. Herr Bitter lächelt nun öfter und springt sogar mit Mia die Stufen hinunter. Frau Rosen summt im Treppenhaus Weihnachtslieder und geht öfter mit Herrn Fröhlich und seinem Hund spazieren. Sie schlurft nicht mehr so herum und kleidet sich schöner.

Alle Hausbewohner freuen sich auf die tägliche Überraschung und sind den ganzen Tag über besserer Laune, und Mia freut sich auch jedes Mal darüber, die Geschenke verteilen zu können.

Als Mia und ihre Familie an Heiligabend gerade die Weihnachtsgeschenke auspacken, klingelt es an der Wohnungstür. Mia und ihre Eltern schauen sich verwundert an, sie haben keinen Besuch erwartet. Es klingelt noch einmal, und nun steht Mias Mutter auf und geht zu Tür. Plötzlich erklingt ein mehrstimmiger Chor mit dem Lied «Ihr Kinderlein, kommet», Mia und ihr Bruder springen auf, und ihr Vater folgt den beiden. Vor der Tür stehen, nur von Kerzenlicht erhellt, alle Hausbewohner und singen. Sie haben kleine Geschenke für die Familie dabei und wünschen eine frohe Weihnacht.

Dinge gibt's, die gibt es gar nicht – oder vielleicht doch!

WENN EIN RAUSCHGOLDENGEL FLIEGEN LERNT

Dieter Siebald

Dachböden sind in der Regel wahre Schatzkammern aus der Vergangenheit!

Kalt war es draußen geworden, der Raureif hatte die Natur ummantelt, es wurde langsam weihnachtlich. Der Heiligabend rückte immer näher, und unser Tannenbaum stand noch ungeschmückt in der guten Stube. Dieses Jahr wollten wir ihn besonders schön gestalten, meine Eltern, meine Geschwister, meine Oma und ich. In den Jahren davor hatten wir ihn mit goldenen und silbernen Kugeln behängt und ihm eine mundgeblasene Glasspitze als Abschluss aufgesetzt. Meiner Familie kam die Idee, dieses Jahr den Rauschgoldengel auf den Baum zu setzen, der Engel mit der Spieluhr kam von der Oma, sie hatte ihn von einer Kaffeefahrt aus Nürnberg mitgebracht.

Es gab nur ein Problem: Seit Jahren war er auf dem Dachboden verschwunden, und keiner hatte sich je die Mühe gemacht, ihn zu suchen.

Mit einer Taschenlampe bewaffnet, betrat ich, der Jüngste, also die Schatzkammer der Vergangenheit. Dieses Abenteuer war ganz nach meinem Geschmack. Staubwolken umwehten mich, und die Spinnweben nahmen mich gefangen. Ganz hinten, an der Stirnwand neben dem Schornstein, fand ich schließlich die Kiste mit dem Engel. Erfreut über meinen Fund, brachte ich den Rauschgoldengel ins Wohnzimmer und versuchte, die Spieluhr zum Leben zu erwecken, leider vergebens, sie war eingerostet. Durch ein paar Tropfen Öl machte ich die Federn und die Walze wieder gängig, es gelang mir sogar, Töne aus dem Spielwerk zu entlocken, aber wie ein Weihnachtslied hörte sich dies nicht an. Betrübt stellte ich den Engel mit der Spieluhr auf den Tisch.

Plötzlich war ein lautes Knacken und Rasseln im Gehäuse der Uhr zu vernehmen, die Achse war gebrochen, und dann schoss der Rauschgoldengel wie ein silberner Komet kopfüber hinauf und mitten hinein in die Glasvitrine unseres Wohnzimmerschrankes.

Mit Getöse verabschiedeten sich die Sammeltassen meiner Oma, der Engel nahm auch die Likörschalen, die beim Kaffeeklatsch Verwendung fanden, mit in die Tiefe.

Ach du Donner! Erschrocken blickte ich auf das Unheil. Was würde Oma dazu bloß sagen? Der Rauschgoldengel war ein Geschenk von ihr, den sie auf dem Christkindlesmarkt in Nürnberg gekauft hatte? Und erst die Sammeltassen!

Schnell klaubte ich die Einzelteile des Engels zusammen, verpackte sie und verstaute die Kiste wieder ganz hinten auf dem Dachboden. Gleichzeitig entsorgte ich die Rauschgoldengel-Hinterlassenschaft in der Mülltonne.

Wutentbrannt stürmte anderntags Oma in die Küche. «Meine Sammeltassen, die Likörschalen, wo sind sie? Und was ist mit der Glasvitrine geschehen?»

«Das war der Rauschgoldengel, der aus Nürnberg», sagte ich. «Er wollte fliegen lernen!»

Patsch, hatte ich eine Watschen eingefangen, und das Taschengeld wurde für ein Jahr gestrichen! Es wurde stattdessen zum Kauf von neuen Sammeltassen, Likörschalen und die Reparatur der Vitrine eingesetzt.

Auf dem Tannenbaum steckte nun doch wieder die mundgeblasene Glasspitze. Hätte ich nicht so beharrlich nach dem Rauschgoldengel gesucht, dann hätte sie da von Anfang an gesessen und ich noch mein Taschengeld und keine roten Backen.

Ich wünsche allen ein stressfreies, frohes Weihnachtsfest und einen schönen Weihnachtsbaum.

DER NIKOLAUS UND DAS ENGELCHEN

Sonja Sternitzke

Ich streike!» Nikolaus stapft mit dem Fuß auf. «Ich bin müde und alt. Ich habe keine Lust mehr.»

Engelchen hält sich erschrocken die Hand vor den Mund. «Aber das geht nicht. Wenn du nicht weitermachst, an wen sollen die kleinen Menschenkinder denn glauben?»

«Ich muss auch mal an mich denken. Außerdem hat selbst die deutsche Kanzlerin das Handtuch geworfen. Und dieser Prinz in England hat sich nach Amerika abgesetzt. Sogar der Papst ...!»

Engelchen schneidet ihm das Wort ab, wiegt den Kopf hin und her und denkt nach. «Alles gut und schön, lieber Nikolaus, trotzdem habe ich noch nie von einer Rente für deinesgleichen gehört.»

«Dann ist es eben das erste Mal, dass ein Nikolaus in Rente geht.» Er lässt nicht locker.

«Und wer soll den Kindern die Geschenke bringen?»

«Ich suche einen Nachfolger.»

«Und wo willst du das kundtun?»

«Im *Himmlischen Boten.* Und in der *Sternenpost.* Und die Rentiere könnten ein Banner mit einer Internetadresse über den Himmel ziehen: ‹www.nachfolger-für-nikolaus-gesucht.de›.»

«Bist du dir wirklich sicher, dass das eine gute Idee ist? Du bist doch etwas Besonderes ...»

Bodo wacht schweißgebadet in seinem Bett auf. Was hat er da gerade geträumt? Ein Nikolaus, der streikt und in Rente gehen will? Er wirft einen Seitenblick auf Marianne, die leise atmend an seiner Seite liegt. Dann schwingt er die Beine aus dem Bett, stellt den Wecker aus und geht auf Zehenspitzen ins Bad.

Er weiß ganz genau, wieso er ausgerechnet vom Nikolaus träumt. Die Weihnachtsagentur, für die er neben seinem Job als Busfahrer den Nikolaus in der Adventszeit unterstützen soll, hat ihn gebeten, heute zur Feier des Turnvereins in die Schulstraße zu gehen.

Bodo schließt die Badtür hinter sich und betrachtet sich im Spiegel. Sein grauer Bart ist in den vergangenen Monaten ordentlich gewachsen. Er hat sich damit angefreundet; nur seiner Enkelin Lea ist er nach wie vor fremd, wenn er sie in die Arme nehmen will. Dabei hat er Lea doch ganz genau erklärt, dass er sich den Bart nur wachsen lässt, damit er dem Nikolaus bei seinen zahlreichen Aufgaben besonders gut helfen kann! Aber so richtig hat er sie nicht überzeugen können. Er macht sich fertig für die Arbeit, geht noch einmal ins Schlafzimmer, küsst die schlafende Marianne sacht auf die Nasenspitze und verlässt das Haus.

Die Kirchturmuhr schlägt fünf Uhr nachmittags, als er den großen Bus abstellt und die Tür seines kleinen Punto aufschließt. Er muss sich beeilen, und kaum ist er zu Hause, schlüpft er in die schwarze Hose und zieht den roten Mantel mit der weißen Passe an Ärmeln und Kapuze über die dicke Strickjacke. Die Geschenke packt er in den großen Jutesack und macht sich auf zum Turnverein.

Leise rieselt der Schnee, als er den schmalen Gehweg am Wiesengrund einschlägt. Das Grün, das in Sommer und Herbst noch eine herrlich blühende Wildblumenwiese gewesen ist, überzuckern nun die ersten Flocken dieses Winters. Bodo setzt sich einen Augenblick auf die Bank an der Kirchwiese. Er erinnert sich an seine Kindheitsjahre, schließt die Augen und streckt die Zungenspitze aus dem Mund. Erst nur ein kleines Stück, dann immer weiter, bis er die Flocken fangen kann. Seine Mundwinkel ziehen sich nach oben. Hinter geschlossenen Lidern fährt er gedanklich mit der kleinen Holzeisenbahn zwischen Tischbeinen und unter dem großen Sessel entlang. Seine Nase erschnuppert den leckeren Bratapfel, den seine Mutter jedes Jahr in der Adventszeit gebacken hat. Und in seinen Ohren klingelt das Glöckchen mit dem Versprechen, dass das Weihnachtszimmer bald geöffnet wird. Bodo lächelt selig.

Auf einmal schreckt er auf. Er hat die Zeit völlig vergessen! Was für ein Helfer ist er denn, der die Arbeit verschläft? Er schultert den Jutesack und rafft den roten Mantel. In den schwarzen Stiefeln mit der dicken weißen Krempe stürzt er los. Bald bekommt er Seitenstiche vom schnellen Lauf, und als wenn nicht alles schon eilig genug wäre, rutscht er auf der Treppe am Bach aus und sitzt in einer Mischung aus frischem Schnee und Herbstlaub.

«Au. Au, au, au ...», jammert er. Sein Fußgelenk schmerzt.

Sofort eilen Menschen herbei. Bodo sieht es ihnen an, dass sie sich ein Grienen nicht verkneifen können. Es muss aber auch besonders aussehen, wie er so daliegt, im roten Mantel. Ein Mann hält ihm die Hand hin, damit er aufstehen kann.

«Es tut zu weh! Ich kann nicht ...!» Bodo grummelt fürchterlich.

«So ein Pech! Ich rufe einen Krankenwagen.» Ein anderer Spaziergänger hat bereits sein Telefon in der Hand.

«Nein, ja ...»

«Ja, was denn nun?», fragt die Frau des Helfers und schuckelt dabei den Kinderwagen.

«Die Kinder warten doch auf mich im Turnverein Schulstraße.»

Die Umstehenden blicken ihn ratlos an.

«Warten Sie, wie wäre es, wenn ich Ihnen aushelfe, und Sie fahren mit dem Krankenwagen ins Hospital? Der Knöchel wird doch schon ganz dick!», wendet der Helfer ein.

«Ja, wenn Sie das wirklich ...» Bodo ist es, als würde doch noch alles gut werden.

«Natürlich. Geben Sie mir den Sack und den Mantel, und meiner Frau schreiben Sie Ihre Telefonnummer auf.»

Bodo stützt sich schmerzverzerrt auf das Geländer und nickt. «Danke.»

Der junge Mann nickt, zieht den roten Mantel über, schultert den Geschenkesack und ist bereits auf und davon.

Zwei Stunden später bringt ein Taxi den verletzten Nikolaus aus dem Krankenhaus nach Hause. Immer noch traurig erzählt er seiner Frau gerade von der ungewöhnlichen Geschichte, als sein Telefon klingelt.

«Ja?»

«Bodo Peters?»

«Am Apparat.»

«Ich bin Sie. Also der Vertreter vom Nikolaus. Ich wollte Ihnen nur sagen, es ist alles gutgegangen. Ich war zwar etwas spät, aber die Kinder waren freudig aufgeregt. Sie haben nur etwas vermisst!»

«Was haben sie vermisst?»

«Den Bart. Den Bart vom Nikolaus.»

Bodo wird es heiß und kalt. Der Bart! «Und ...?»

Der junge Mann lächelt durchs Telefon und erklärt fröhlich: «Ich habe ihnen gesagt, dass ich streike. Dass heutzutage jeder selbst entscheiden darf, ob er einen Bart tragen will oder nicht ... Auch der Nikolaus!»

Bodo denkt an den Traum, den er in der vergangenen Nacht gehabt hat, und fragt: «Und wie fanden die Kinder das?»

«In Ordnung ... nur das Engelchen hat ungläubig die Hände zusammengeschlagen.»

PRAKTISCH – UND KEINESFALLS LAST MINUTE

Frieder Schardt

Ich lese heute, am 20.12.2023, in der Tagespresse unter der Überschrift *Weihnachtswettlauf: Wie Supermärkte um Kunden buhlen,* was deren Kunden auch in diesem Jahr trotz vieler Krisen zu schätzen wissen: Festessen und Geschenke auf den letzten Drücker – und das alles unter einem Dach.

Davon konnten wir im Osten vor der Wende nur träumen. Damals musste man ein brauchbares Geschenk kaufen und zugreifen, wenn dieses gerade vorrätig war, denn keiner wusste, ob es dafür eine zweite Chance geben würde.

Dabei erinnere ich mich an meine Oma, die Mutter meiner Mutti, unser späteres «Urchen». (Nie hätten wir Oma Martha zu ihr gesagt, wie wir es heutzutage tun.) Auch sie kaufte das ganze Jahr über vor allem praktische Geschenke, immer dann, wenn es sie gab. Oft auch etwas, was nur «unter dem Ladentisch» zu haben war. Das war die sogenannte «Bück-dich-Ware», weil sich die Verkäuferin oder der Verkäufer bücken musste, um ebendiesen Artikel aus seinem Versteck unter dem Ladentisch hervorzuzaubern, und vorher schon wusste, für welchen treuen Kunden oder welche Kundin diese Bück-dich-Ware reserviert werden sollte. Das Problem dabei: Diesen «Deal» durfte die zufällig im Laden anwesende Laufkundschaft um keinen Preis mitbekommen. Gut beraten war man da, bereits mit Blick durchs Schaufenster zu erkennen, wann das Geschäft leer war, um so ohne unerwünschte Lauscher den Wunsch vortragen zu können. Auf der anderen Seite konnte es einem auch passieren, dass man nichts ahnend den Laden betrat und – wegen der Anwesenheit weiterer Kundschaft – ohne Kommentar eine «Tarnverpackung» mit dem ersehnten Teil über den Ladentisch gereicht bekam, da sich das Haus an eine schon vor langer Zeit geäußerte Anfrage erinnerte. Das fühlte sich dann schon mal wie eine Bescherung an.

Recht erfolgversprechend war es auch, wenn man gar die Anlieferzeit diverser Waren kannte oder zufällig zur richtigen Zeit am richtigen Ort war. Meine Oma hatte da so einen siebten Sinn. Sie kam dann freudestrahlend angerannt und ließ uns wissen, dass sie gerade im «Schokoladenhaus» wieder etwas ergattert habe. Dieses süße Geheimnis lüftete sich natürlich erst zur Bescherung am Heiligabend, beispielsweise in Form eines Tellapfels, eines in Scheiben geschnittenen Apfels aus Schokolade.

Für dieses von uns allen erwartete Ereignis wurde spätestens am 24. Dezember der Wohnzimmer-Esstisch in der großelterlichen Wohnung auf beiden Seiten ausgezogen und so zum großen Gabentisch umfunktioniert. Da wir schon vorher in der Küche das Putenklein mit selbst gemachten Nudeln verspeist hatten, wurde er nicht als Esstisch benötigt. Für einen jeden unserer vierköpfigen Familie war so auf ihm eine große Ecke mit Geschenken reserviert.

Doch bevor wir gesungen hatten, von mir als damals etwa Zehnjährigem auf dem Harmonium begleitet, konnten wir unsere Geschenke bestenfalls aus den Augenwinkeln begutachten. Danach war bei allen die Freude groß. Natürlich fanden sich neben Süßigkeiten (aus dem «Schokoladenhaus») vor allem ganz praktische Dinge für mich wie Strümpfe, Unterwäsche oder Mütze, Schal und Handschuhe.

Ich entsinne mich auch noch ganz genau, dass meine sechs Jahre ältere Schwester im Teenie-Alter von der Oma immer etwas für ihre Aussteuer bekam. Denn es war früher für eine angehende Braut und Ehefrau so gut wie eine Pflicht, eine gewisse Anzahl von Bettwäsche (jeweils zwölf [!] Hand- und Geschirrtücher, Tischdecken) mit in die Ehe zu bringen.

Weihnachtsgeschenke von unseren Großeltern – eben praktisch, aber auch zukunftsorientiert. Und das alles in einer vor allem für uns Kinder besonderen Umgebung, denn deren Wohnzimmer, also die gute Stube, wurde das ganze Jahr über nur dreimal genutzt: zu Heiligabend und zum jeweiligen Geburtstag der beiden. Doch ich durfte auch manchmal zwischendurch für wenige Minuten zum Aufziehen der Wanduhr hineingehen. Im Winter war es dort immer fürchterlich kalt. Damit zur Bescherung am Heiligabend jedoch die Raumtemperatur einigermaßen erträglich war, musste schon mindestens zwei Tage zuvor der kleine Kachelofen gleich neben der Zimmertür kräftig mit Holz und Briketts eingefeuert werden. Dennoch, eine richtige «Wohlfühltemperatur» wurde nicht erreicht, und an den beiden einfach verglasten Fenstern war es gar noch frischer. Mehr noch: Dieser Raum hatte nicht einmal eine Steckdose, und deshalb mussten wir einen Adapter zwischen Glühbirne und Fassung der Deckenlampe schrauben, um zwei 500-Watt-Lampen anzuschließen, denn wir wollten anständig fotografieren können. Diese Fototechnik, zwar noch ohne elektrischen Blitz, war für uns aber schon ein echter Fortschritt gegenüber dem früheren Blitzbeutel, der an einem Besenstiel aufgehängt worden war und in dessen Folge wir auf den Fotos immer sehr erschrockene Gesichter gehabt hatten. Man hatte ja nie so genau gewusst, in welchem Moment dieser zündete oder gar kurz vorm Explodieren war. Das mal so nebenbei.

Das Geschenkekaufen der Großeltern mütterlicherseits oblag also der Oma. Und weil wir wussten, dass sie das ganze Jahr über zugange war, füllte sich ihr Geschenkefach im Schlafzimmerschrank schon lange vor Weihnachten nach und nach. Natürlich reizte es uns, den Opa geschickt auszufragen, was wir denn zu Weihnachten bekommen würden. Und siehe da, manchmal gelang es uns sogar, etwas zu erfahren. Das durfte aber die Oma nicht wissen, sonst ... Sie führte ein strenges Regiment.

Heute, nach über sechzig Jahren, staune ich noch immer über die Quantität und Qualität der zwar praktischen, aber nicht minder geschmackvollen Geschenke, die wir endlich am späteren Abend in einem großen Wäschekorb aus geflochtener Weide an Weihnachten von der Lutherstraße aus durch die weihnachtlich geschmückten und manchmal auch verschneiten Straßen nach Hause auf die Schneeberger Straße trugen. Das konnte im Schnee sehr romantisch und abenteuerlich sein, zumal wir oft ganz allein unterwegs waren und so die Straße gleich mal als Fußweg nutzten. Den schweren Geschenkekorb trugen wir zwei Kinder natürlich tapfer mit.

Zu Hause angekommen, war der Heiligabend für uns zu Ende, denn außer meiner Mutter mussten wir am nächsten Morgen bereits um halb fünf in der Kirche sein, mein Vater als Bratscher, meine Schwester als Engel und ich als Kurrendesänger. Auch heute gibt es diese Christmette mit ihrer sehr speziellen musikalischen Weissagung noch in dieser Form, allerdings singen nun Erwachsene. Schade.

Gegen Viertel nach sechs Uhr konnte ich dann voller Spannung zusammen mit meinen Eltern und meiner Schwester die Kirche in Richtung Elternhaus verlassen, denn nach einem Frühstück mit dem ersten selbst gebackenen Christstollen wurde auch endlich bei uns zu Hause beschert.

Nun gab es endlich die ersehnten Spielsachen für mich. Interessanterweise erinnere ich mich in erster Linie an die, die mein Vater selbst gebastelt hatte. Erstaunlicherweise verfügte er als gelernter Buchhalter über ein ausgeprägtes handwerkliches Geschick. Dabei stand ihm nur Handwerkzeug im wahrsten Sinne des Wortes und dazu eine eher bescheiden wirkende Werkbank in einem dunklen und muffigen Keller oder der hölzerne Küchentisch zur Verfügung. Vor meinem geistigen Auge sehe ich heute noch ein Drei-Mast-Segelschiff, ein elektrisch betriebenes Riesenrad, eine kleine Modelleisenbahn, die auf dem Fußboden ihre Runden drehte: Die Lokomotive war zum Aufziehen, das Gelände unter anderem mit einer Zwergenhöhle versehen. Damals standen aber auch Stabilbaukästen (einzelne gelochte Bauteile zum Verschrauben) oder auch Stecksteinbaukästen (rötliche bzw. weiße Miniziegel aus gebranntem Lehm, ähnlich den heutigen Lego-Bausteinen) bei uns Jungs ganz oben auf dem Wunschzettel.

Einmal gab es an einem dieser Weihnachtsmorgen eine sehr merkwürdige Bescherung: Meine große Schwester wusste damals, dass sie immer zu Weihnachten und zu ihrem Geburtstag von unseren Eltern auch eine Sammeltasse mit Untertasse und Kuchenteller bekam, bis sie die magischen zwölf Teile jeweils zusammenhatte. Bei einem derartigen Service glich keine Tasse der anderen, ebenso wenig die Teller. Es war ein Sammelsurium im positiven Sinne. So muss es für sie schockierend gewesen sein, als meine Eltern mit einem weihnachtlich verpackten Geschenk zur Tür hereinkamen, über den Teppichrand stolperten und das Päckchen mit deutlichem Geschepper zu Boden fallen ließen.

Auweia, die schöne Tasse, dachten wir Kinder. Doch meine Eltern hatten sich bloß einen Scherz erlaubt und zerbrochenes Geschirr verpackt. Natürlich lag zur Freude meiner Schwester zudem noch die erwartete Sammeltasse bruchsicher eingewickelt und unversehrt unterm Weihnachtsbaum. Als wir Jahre später in ihrer Wohnung Geburtstage feierten, war das inzwischen vollzählige Sammeltassen-Service immer präsent. Und es sah wirklich dekorativ aus. Eben – ein praktisches Geschenk und keineswegs last minute. Was sonst.

DIE GESCHICHTE VOM VERLORENEN EHERING

Martina Schnetlage

Ich schaute auf die nackte Stelle an meinem Ringfinger. Dort hatte seit Jahren ein goldener Ehering mit der Gravur *Johannes Bernhard 5.9.2005* gesteckt. Doch im letzten Jahr in der Adventszeit war er spurlos verschwunden. Er war einfach nicht mehr aufzufinden, überall hatte ich gesucht, jede einzelne Schublade hatte ich durchwühlt, zu guter Letzt hatte ich selbst den Staubsaugerbeutel und den Mülleimer durchforstet, was wirklich eine ziemlich eklige Angelegenheit gewesen war. Auch mein liebevoller Mann und unsere beiden wunderbaren Töchter, Maria (fünf Jahre) und Anna (zwei Jahre), halfen bei der Suche. Aber der Ring blieb verschwunden. Johannes wollte mir bereits einen neuen Ring kaufen. Doch selbst wenn der Ersatz gleich aussehen würde, wüsste ich immer, dass dieser Ring nicht bei der standesamtlichen und kirchlichen Hochzeit auf meinem Finger gesessen hatte. Nein, ein neuer Ring würde sich falsch anfühlen. Resigniert fluchte ich am Ende: «Dann habe ich halt keinen Ring mehr. Unsere Liebe ist stark genug auch ohne Ehering.»

So verging die Zeit, nun war es fast ein Jahr her, und die Hoffnung auf ein Wiederfinden war schon lange erloschen. Die Weihnachtszeit nahte. Diese fängt bei mir immer ein paar Tage vor dem ersten Advent an, denn dann hole ich eine Vielzahl von Weihnachtsutensilien aus ihrem Sommerschlaflager. Ich liebe es, das Haus jahreszeitengerecht zu schmücken. Die Weihnachtsdeko übertrumpft bei Weitem die aller anderen Jahreszeiten. Eine geschmückte beleuchtete Tannengirlande ziert dann das Treppengeländer. Sterne in groß und klein, Rentiere, Weihnachtsmänner, zahlreiche Weihnachtsdeko-Accessoires schmücken die Fenster, Zimmer und den Flur. Als Abschluss mache ich mich stets an das Adventsgesteck mit frischem Tannengrün. Dieses nimmt schön arrangiert auf dem großen Holztisch in der Küche Platz.

Auch ein Adventstannenbaum mit einem besonderen emotionalen Stellenwert gehört zu alldem dazu und nimmt im Treppenhaus einen Ehrenplatz ein. Er ist handgefertigt und grün lackiert. Dazu gehört ein rotes mit einem goldenen Stern besticktes Säcklein. Darin befinden sich vierundzwanzig verschiedene Baumschmuckteile, alle aus Holz gefertigt und bunt bemalt. An jedem Morgen im Advent dürfen unsere Töchter in dieses Säcklein greifen. Die jeweilige Adventszahl auf der Rückseite des Baumschmucks verrät, an welcher Stelle das gezogene Teil den Baum schmücken darf. Es funktioniert wie ein umgekehrter Adventskalender, und am Heiligabend ist der Baum schließlich komplett geschmückt.

Der Adventsbaum hat ursprünglich Johannes' Nachbarsfamilie gehört, bei der er als Kind Babysitter war. Das Besondere daran: Mit seiner Laubsäge hat er den Baum mit gefertigt. Zu unserer freudigen Überraschung haben wir den Baum später als Geschenk zu unserer kirchlichen Hochzeit erhalten. Was mich wieder einmal, mit Wehmut, an meinen verlorenen Ehering erinnerte.

Aber zurück zu meiner Geschichte: Am zehnten Adventstag, an dem meine Töchter das Schaukelpferd an den Adventsbaum gesteckt hatten, wollten wir mit zwei befreundeten Familien Plätzchen backen. Backen in der Weihnachtszeit, mit vielen Kindern, ist besonders schön. Jedes Jahr wird mindestens einmal dazu mein Lieblingsplätzchenrezept «Ausstecherle» gewählt.

Mit etwas Vorfreude aufs gemeinsame Backen schaltete ich unseren CD-Player an und legte die CD mit den Weihnachtsliedern ein. Weihnachtslieder gehörten schon seit meiner Kindheit zur Weihnachtsbäckerei dazu. In einer Stunde würden sie kommen, und der Teig musste eine halbe Stunde ruhen. Ich griff eilig nach dem alten dicken Backbuch und schlug die Rezeptseite auf. Und was ich da sah, zauberte mir ein besonderes Lächeln auf mein Gesicht. Ich konnte es kaum glauben. Hatte ich wirklich so lange nicht mehr Ausstecherle gebacken?

Eingebettet im Backbuch lag dort auf der Seite meiner Lieblingsplätzchen mein sehnlichst vermisster Ehering.

Ja, natürlich! Bei der Zubereitung des Knetteigs hatte ich ihn wie alle meine Fingerringe abgenommen! Daran hatte ich nun wirklich nicht gedacht.

Ich war überglücklich, endlich hatte ich ihn wieder. Über dieses vorweihnachtliche Geschenk freute ich mich sehr.

HEIMKEHR

Heike Suzanne Hartmann-Heesch

Einige Wochen lang bekam ich Besuch. Anfangs täglich, später seltener, und immer pünktlich zu der Zeit, zu der ich mich anschickte, schlafen zu gehen.

Wie aus dem Nichts stand sie am Abend des ersten Dezembers in der anderen Ecke des Zimmers und beobachtete mich, während ich mir den Pyjama anzog. Sobald ich das Rollo herabgelassen und mich auf die Bettkante gesetzt hatte, kam sie zögernd näher; keine Sekunde ließ sie mich aus den Augen, als fürchtete sie, ich könne sie wegschicken. Ich gebe zu, ich hatte anfangs durchaus versucht, genau dies zu tun, mit Gedanken wie «Es war ein langer Tag, ich bin müde». Aber sie ließ sich dadurch nicht beirren; vielleicht verstand sie aber auch meine Gedanken nicht. Ganz still nur stand sie da und beäugte mich argwöhnisch, immer auf der Hut, sofort wieder verschwinden zu können.

In den ersten Tagen hielt sie noch einen gewissen Abstand zu mir und der Bettkante, auch sprach sie kein Wort. Am fünften Tag traute sie sich näher. Sie setzte sich im Schneidersitz zu meinen Füßen, die Ellenbogen auf ihre Oberschenkel gestützt, ihr Gesicht auf die kleinen Fäuste gelegt. Das spärlich hereinscheinende Licht der Straßenlaterne gab nun mir die Gelegenheit, sie genauer zu betrachten: Sie war zierlich, fast dürr, noch keine fünf Jahre alt, vermutete ich. Sie hatte flachsblondes Haar, und sie sah sehr blass aus. Noch immer hatte sie kein Wort gesprochen, und ich fragte nicht, was sie eigentlich wolle.

Verwundert stellte ich fest, wie schnell ich mich an ihre Anwesenheit gewöhnte, obwohl mir das Alleinsein abends von jeher so wichtig gewesen war: Die wenigen Minuten am ausklingenden Tag, in denen ich noch einmal die Ereignisse des Tages Revue passieren lassen konnte.

Am Abend des sechsten Tages brachte sie mir ein Geschenk mit. Sie hielt eine kleine Figur in ihrer ausgestreckten Hand. Es dauerte einen Moment, bis ich erkannte, dass es sich dabei um einen Engel handelte; und ich zögerte wohl einen Augenblick zu lange, denn sie zog ihre Hand wieder zurück und verschwand. Ich fühlte mich schuldig, aber auch verletzt, ich konnte den Schmerz über ihr Verschwinden körperlich spüren.

Am nächsten Morgen fand ich den Engel auf meinem Schreibtisch stehen.

Und zwei vergilbte alte Schwarzweißfotos lagen auch dort. Ein Foto zeigte mich als Kleinkind auf dem Arm meiner Mutter am Strand; windig muss es wohl gewesen sein, denn wir trugen dicke Anoraks und seltsam altmodische Kopftücher. Auf dem anderen ist mein Vater ziemlich verwackelt im Hintergrund zu erkennen. Und wieder spürte ich denselben Schmerz wie am Abend zuvor. Ernst sah ich auf diesen Bildern aus, kein bisschen kindlich. Ich lächelte nicht, und meine Augen wirkten sehr viel dunkler, als sie heute sind. Einzig mein Gesicht schien weich, ganz weich, so gegensätzlich zu den ernsten Augen.

Den ganzen Tag lang wartete ich darauf, dass es Abend werden würde. Aber mein Besuch kam nicht. Auch nicht am nächsten und übernächsten Abend. Ich wollte schon fast glauben, ich hätte mir die abendlichen Besuche nur eingebildet, wären da nicht die Fotos und die Engelfigur gewesen. Ich fror.

Am nächsten Tag fing es an zu schneien. Ungewöhnlich viel Schnee blieb liegen, mitten in der Großstadt, und einem Impuls folgend, kaufte ich auf dem Markt einen Adventskranz, viel zu groß für meinen Tisch im Wohnzimmer, aber Kränze mit kleinerem Durchmesser gab es nicht mehr zu kaufen, nirgends, der erste Advent war längst vorüber, also musste ich nehmen, was noch zu haben war; und ich hängte den Kranz mitten ins Zimmer unter die Decke. Vier große Stumpenkerzen drapierte ich auf ihm. Das gefiel mir, trotzdem hatte ich das Gefühl, dass etwas fehlte, und ohne groß zu überlegen, pikste ich vorsichtig kleine Löcher in die linken oberen Ecken der Schwarzweißfotos, fädelte dünnes Schleifenband hindurch und hängte sie unter die erste der angezündeten Kerzen. Das fühlte sich stimmig an.

Danach ging ich in den Keller. Ich wusste, es gab dort die eine Kiste, in die ich bei meinem überstürzten

Auszug aus dem Hause meiner Kindheit wahllos drei Krimskrams-Schubladen einer Kommode hineingekippt hatte, solche Schubladen, die man wohl in jeder Wohnung findet, in die Fotos oder Briefe wandern, die nie in ein Album geklebt oder beantwortet worden waren oder die man zunächst aus den Augen haben möchte und später vergisst, solche Schubladen, die auszusortieren man sich regelmäßig vornimmt und es doch nie tut, die immer voller werden, aber nie ganz voll sind, und die man allerhöchstens bei einem Umzug dann doch einmal ausmistet.

Meine Schubladen nicht. Meine wanderten wahllos umgekippt in die Kiste, weil ich während meines hastigen Auszugs damals in meinen zwei Koffern mit Kleidung und den Bücherkartons keinen Platz mehr gefunden hatte. Und dort lassen konnte ich sie nicht, ich wusste damals, ich würde niemals später Gelegenheit haben, sie zu holen, weil ich nicht «Auf Wiedersehen» gesagt hatte zu dem Haus, zu dem Leben, zu der Ordnung, zu der Zeit. Kleidung und Bücher hatte ich später wieder ausgepackt, diese Kiste nie. Aber auf den Sperrmüll gebracht hatte ich sie auch niemals, jeden Umzug hatte sie mitgemacht, ungeöffnet, von einem Keller in den nächsten war sie gewandert, zwanzig Jahre lang. Bis zu diesem frühen Dezemberabend.

Es war längst dunkel draußen, als ich die Kiste im Wohnzimmer auf den Fußboden stellte. Sie war größer als in meiner Erinnerung, und mir war beileibe nicht klar, was ich eigentlich damit vorhatte. Ich hatte nie auch nur das mindeste Verlangen verspürt, sie heraufzuholen und hineinzuschauen, hatte in den letzten Jahren nicht einmal an die Kiste gedacht.

«Ich aber», hörte ich eine Stimme wispern. Ich drehte mich um, und, natürlich, da saß sie. Auf dem Fußboden, direkt neben der Kiste, wieder saß sie im Schneidersitz, die Ellenbogen auf die Oberschenkel gestützt, ihr Gesicht auf den kleinen Fäusten. «Ich aber», wiederholte sie ihre Worte. Noch bevor mir überhaupt bewusst wurde, dass sie zum ersten Mal mit mir gesprochen hatte, beugte sie sich über die Kiste, öffnete den Deckel und zog einen Stapel weiterer Fotos heraus. Betrachtete jedes einzelne aufmerksam. Liebevoll. Streichelte manchmal vorsichtig über eines der Bilder, eine Geste so voll Zärtlichkeit, dass ich glaubte, mein Herz zerspränge.

In der folgenden Nacht – wie in allen weiteren Nächten – begegnete sie mir in meinen Träumen. Es waren schwere Träume, in denen sie mich mitnahm in vergessene Tage. Immer war ich Zuschauer in den Träumen, Betrachter aus der Retrospektive, sie war die Akteurin, mehr und anders, als ich es wohl je gewesen bin. Und an jedem nächsten Morgen hingen ein paar mehr Fotos unter meinem Adventskranz.

Sie besuchte mich noch ein paarmal, und jedes Mal schien sie ein bisschen größer geworden zu sein und ihr Rücken gerader. Nie verlor sie ihren ernsten Gesichtsausdruck, aber ihre Augen leuchteten an jedem Abend ein wenig mehr. Sie sprach nicht noch einmal mit mir, aber immer nahm sie das eine oder andere Foto aus der Kiste. Sie schien meine Anwesenheit manchmal nicht einmal zu bemerken, genauso wenig wie meine Abwesenheit, wenn ich versuchte, in den Schlaf zu finden. Ich fürchtete mich vor den Träumen, vor der Zeit, in der sie mich zwang, mir und meinen Gefühlen zu begegnen; und ich fürchtete mich vor dem Schmerz, der mich morgens bei jedem Foto durchfuhr, das neu an meinem Kranz hing.

Am Abend des 24. Dezember fühlte ich mich leer. Mürbe. Durchlässig. Und doch offener als wohl je zuvor. Als sie kam, war sie wieder genauso klein wie am ersten Abend. Diesmal setzte sie sich nicht ins Wohnzimmer zur Kiste, sondern kam direkt zu mir ans Bett. Sie blickte mich mit verquollenen Augen an, sie hatte geweint. Als ich das feststellte, spürte ich Bitterkeit in mir hochsteigen.

«Das sind meine Tränen», flüsterte ich.

«Mir ist kalt», flüsterte sie zurück, «halt mich bitte.» Ich schluckte. Rang mit mir. Dann hörte ich auf, mich zu wehren.

Klopfte leicht mit der Hand auf das Bett. Sie kam. Kuschelte sich an mich. Das jedoch war mehr an Nähe, als ich ertragen konnte. Also schob ich sie behutsam ein Stück weg von mir, dabei drehte sie sich auf die linke Seite. Ich deckte sie zu. Dann legte ich mich selbst hin, auf die rechte Seite, und zog mir meinen Teil der Bettdecke hoch bis zum Kopf. So lagen wir da, Rücken an Rücken. Ganz kurz noch konnte ich ihre ruhigen und gleichmäßigen Atemzüge vernehmen, und mein letzter Gedanke galt dem Adventskranz. Ihr Weihnachtsgeschenk für mich. Für jedes vergessen gemachte Jahr ein Bild. Dann schlief ich zum ersten Mal seit Langem sofort ein, und kein Traum verfolgte mich.

Am nächsten Morgen war sie fort. Und mit ihr der kleine Engel auf dem Schreibtisch.

Aber ich war nach Hause gekommen.

ERSTE WEIHNACHT IM FRIEDEN

Karin Lippelt

Ich war dreieinhalb Jahre alt, der Zweite Weltkrieg war gerade vorbei, die Bomben fielen nicht mehr, und wir mussten nicht mehr in den Luftschutzkeller rennen. Die Menschen atmeten auf. Die meisten hatten nichts, viele Städter besaßen noch weniger als nichts, nämlich nur das, was sie am Körper trugen. Viele Häuser lagen in Schutt und Asche, so wie wir es heute im Fernsehen in den Bildern von der Ukraine sehen. Es gab nichts zu kaufen, die Reichsmark war nichts mehr wert. Zu den wichtigsten Talenten in dieser Zeit gehörte es, zu organisieren und zu improvisieren, sowie handwerkliches Geschick. Jeder war auf seine Weise ein Überlebenskünstler.

Meine Mutter hatte gerade gegen Bezahlung zwei Kragen an Herrenoberhemden erneuert. Dafür wurde das untere Rückenteil durch ein weißes Stück Nessel – ein dünner Baumwollstoff – ersetzt. Aus dem so gewonnenen Originalstoff wurde der Ersatzkragen gefertigt, damit war das Hemd wieder wie neu. Dann zog sich meine Mutter ihre Strickjacke an und nahm mich mit, um die fertigen Hemden auszuliefern.

Wir wurden bei der Dame ins Wohnzimmer gebeten. Dort saß auf der Sofalehne eine Puppe in einem wunderschönen Rüschenkleid, an der ich mich nicht sattsehen konnte. Meine Mutter bekam für ihre Arbeit 125 Gramm Butter (ein Viertelpfund, wie man damals üblicherweise sagte). Ich bekam noch eine Handvoll Kirschen – für mich etwas ganz Besonderes.

Von diesem Augenblick an wünschte ich mir nichts sehnlicher als einen Puppenwagen und eine Puppe. Doch ein solcher Wunsch war für die damalige Zeit utopisch, selbst zu Weihnachten. Nun, es war erst Sommer, und meine Mutter musste sich meinen Wunsch wieder und wieder anhören und mich trösten, weil sie mir keine Aussicht darauf machte, dass er erfüllt würde. Meistens sagte sie: «Mein kleiner Liebling, du weißt doch, der Weihnachtsmann hat immer sehr viel zu tun, er muss allen Kindern etwas schenken, ich weiß nicht, ob es ihm gelingen wird, deinen Wunsch zu erfüllen. Die Geschäfte sind leer, weil jahrelang Krieg war. Wo soll der Weihnachtsmann denn einkaufen?» Daraufhin habe ich meine Mutter wohl immer sehr traurig angeschaut, wie sie mir später oft erzählte.

Meine Eltern hatten keine Vorstellung, wie sie mir diesen Wunsch erfüllen sollten. Im Kreis der Erwachsenen wurde mit Brüdern und Schwägerinnen darüber diskutiert, ob es eine Möglichkeit gäbe, aber zunächst hatte keiner eine zündende Idee.

Eines Tages hatte mein Onkel Alfred, der gelernter

Dekorateur war und die Schaufenster der ersten wiedereröffneten Wäsche- und Modegeschäfte dekorierte, einen brillanten Einfall. Er fertigte aus einer Schaufensterbabypuppe ein Kopfmodell an. Dann organisierte er Gips und goss es aus. Es gelang prima, und auch die Bemalung des Gesichtes gelang hervorragend. Doch für eine Puppe benötigte er zu dem Kopf noch Rumpf, Arme und Beine. Und so beschloss er, Holzwolle und Sägespäne zu besorgen, das war nicht einfach – weil in den Jahren jeder brennbare Krümel gegen die Kälte verheizt wurde. Tante Helene, seine Frau, färbte weißen Bettlakenstoff mit Zwiebelschale beige ein, nähte daraus Rumpf, Arme und Beine und füllte die einzelnen Teile mit der Holzwolle.

Nun fehlte nur noch ein Puppenwagen. Den anzufertigen, war Aufgabe meines Vaters. Er hatte bereits in den Sommermonaten Ausschau nach Brettern und anderen Holzresten gehalten. Aus dem gesammelten Material zauberte er nun eine Holzkiste mit vier Rädern, einem steifen Lenkgriff und einer Himmelstange. Den Puppenwagen strich er dunkelgrün, die Räder und die Lenkstange rot. Meine Mama nähte aus irgendwelchen Stoffresten Kissen und Himmel, ein buntes, mit Rüschen verziertes Puppenkleidchen ebenfalls.

Heiligabend saß die ganze Sippe bei meinen Großeltern in der mäßig geheizten Stube. Ich war das einzige Enkelkind, Cousins und Cousinen hatte ich zu diesem Zeitpunkt noch nicht. Oma und Opa waren die Einzigen, die nicht ausgebombt waren. Als «Weihnachtsbaum» hatten sie einen Besenstiel mit etlichen Löchern versehen und kleine Tannenzweige hineingesteckt, die man irgendwo «organisiert» hatte, was selbst ich als kleines Kind sehr merkwürdig fand. Der «Baum» wurde mangels eines Weihnachtsbaumständers in einen Zinkeimer gestellt und mit Backsteinen verkeilt, damit er feststand. Geschmückt wurde er mit Lametta, das aus früherem Zigarettenpapier geschnitten war, sowie mehreren verschiedenfarbigen Kerzenstummeln. Jeder von uns sah gedankenverloren den kleinen Flammen zu, bis sie verlöschten.

Oma sagte in die Stille hinein: «Wir besitzen zwar fast nichts, haben aber doch so viel, weil wir alle noch zusammen sind. Der Krieg hat uns keinen genommen.»

Dann schaltete sie das Licht wieder an. Ich schaute mich in der Runde um, bis ich in einer Ecke des Zimmers etwas unter einem großen Tuch versteckt sah. Ich lugte darunter und ließ meinen zerrupften Bären fallen: Da stand ein Puppenwagen! Mein sehnlichster Wunsch war in Erfüllung gegangen. Ich war so glücklich – auch über die Gemeinschaftsproduktion meiner Lieben.

Übrigens: Onkel Alfred stellte in den folgenden beiden Jahren in einem angemieteten Kellerraum noch ungefähr dreißig Puppenköpfe her und «verkaufte» sie. Seine Bezahlung bestand aus Brot, Kartoffeln, Fett, Eiern, Mehl und anderen Lebensmitteln. Ein Stückchen Fleisch oder Fisch waren nur sehr selten zu ergattern.

WEIHNACHTEN, MIEZE UND EIN KLEINER CHRISTBAUM

Alexander Koch

Die Weihnachtszeit ist für uns alle auch eine Zeit, in der man sich an das Christfest in der Kindheit erinnert. Wir wohnten in einem Haus mit Garten in einem kleinen Ort, und als ich noch sehr jung war, beteiligte sich mein Opa daran, die Christbäume aus dem Gemeindewald vor dem Rathaus zu verkaufen. Als Kind im Kindergartenalter war für mich fast alles interessant und aufregend. So machte ich mich auf, trappelte die kurze Straße mit nur vier Wohnhäusern hinunter, bis ich den Stand mit den Christbäumen erreichte. Ich wollte Opa beim Weihnachtsbaumverkaufen zusehen.

Die Leute waren eifrig damit beschäftigt, den schönsten Baum für sich zu ergattern. Vielleicht kam dabei auch mal der ein oder andere Ellenbogen zum Einsatz. Freilich wurden dort noch keine Edeltannen und Nobelfichten verkauft, wie man sie heute immer mehr findet. Die Bäume, die dort verkauft wurden, sahen noch nicht aus wie aus dem Bilderbuch, sondern waren ein bisschen unregelmäßig und wild gewachsen. Ein ganz kleiner Christbaum war auch darunter. Opa nahm das Bäumchen, das sicherlich kaum größer war, als ich damals gewesen sein dürfte, und schenkte es mir. Meine Freude war groß, denn ich hatte ganz und gar nicht damit gerechnet. Mühsam und stolz brachte ich den Baum nach Hause, indem ich ihn einfach hinter mir herzog. Meine Eltern waren auch nicht wenig verwundert. Der Baum wurde in meinem Kinderzimmer auf einem Tisch aufgebaut und geschmückt. Meinen eigenen Christbaum im Kinderzimmer zu haben, das war schon etwas Wundervolles!

Einige Tage vorher hatte ich von meinen Eltern einen Adventskalender mit Schokolade darin geschenkt bekommen. Die Adventszeit war in meiner Kindheit eine der schönsten Zeiten des Jahres. Und als der erste Adventssonntag kam, erlaubten meine Eltern mir, das erste Türchen zu öffnen. Was für eine Freude! Adventstag folgte auf Adventstag, und an jedem Morgen durfte ich ein weiteres Türchen öffnen, die Schokolade herausnehmen und genießen. Irgendwann wurde klar, dass wir etwas zu voreilig gewesen waren. Denn ein Adventskalender hat bekanntermaßen vierundzwanzig Türchen. Das größte am Heiligen Abend. Der erste Adventssonntag, an dem ich das erste Türchen geöffnet hatte, war allerdings wie in fast jedem Jahr bereits Ende November gewesen. Und so ging die Rechnung nicht auf. Als wir den Irrtum bemerkt hatten, musste ich für einige Tage aussetzen. Als Kind fällt einem das nicht leicht. Schon gar nicht, wenn man Schokolade so gerne isst wie ich.

Der Nikolaustag war auch immer sehr schön. Unser Ort hatte einen Nikolaus, ganz traditionell mit Bischofsmütze und Stab samt Knecht Ruprecht, und er war bei uns Kindern selbstverständlich sehr beliebt. Er brachte für jedes Kind als Geschenk einen kleinen Beutel mit Orangen, Lebkuchen und anderen Leckereien. Vor Ruprecht allerdings fürchteten wir uns ein kleines bisschen, so grausig, wie der aussah.

Der Zauber der Weihnacht hielt in jedem Jahr dann endgültig mit dem frisch nach Nadeln duftenden Christbaum Einzug. Durch die Terrassentür wurde er kurz vor dem Heiligen Abend Jahr für Jahr in die schöne Stube geholt. Irgendwann gesellte sich eine jüngere Schwester zu mir, und wir beide freuten uns sehr über den Baum. Die Zeit war gekommen, den großen Christbaum in der Wohnzimmerecke aufzubauen und zu schmücken. Mein Vater machte ihn im Christbaumständer fest und versetzte manchmal sogar Äste an kahlere Stellen, dafür bohrte er vorher ein Loch und steckte das Grün dann dort hinein. Daher sah der Christbaum so schön wie nur irgend möglich aus. Wir Kinder durften beim Schmücken helfen. Meine Mutter backte in der Küche noch die letzten Weihnachtsplätzchen, und es roch wundervoll bis zu uns herüber in die Stube.

Damals war Weihnachten auch die schönste Zeit für unsere Mieze. Als Katze war ihr klar, dass der Baum nur für sie hereingebracht und mit festlichen Kugeln geschmückt wurde, um sozusagen ihren geliebten Garten bei kalten Temperaturen ins Haus zu holen. Besonders das glänzende Lametta hatte es ihr angetan, und sie spielte mit ihren geschickten Pfoten mit Lamettabündeln, die sie vom Boden aus erreichen konnte. Dabei ist «ihrem» schön geschmückten Baum nichts passiert. Im Gegenteil, sie hielt ihn mindestens so in Ehren wie wir.

Als der Morgen des Heiligen Abends gekommen war, wurde es Zeit, die Krippe aufzubauen, die die Form eines kleinen Häuschens hatte. Sie wurde mit frischem, grünem Moos aus dem Garten ausgelegt, die Krippenfiguren, die sogar aus Bethlehem stammten, bauten wir darin auf. Besonders sorgsam natürlich das Heilige Paar mit dem Jesuskind. Für Mieze war es allerdings nicht die Krippe, die Jesu Geburt darstellt, sondern ein kleines Haus mit weichem Moos, das für sie und nur für sie hier stand, damit sie es sich darin gemütlich machen konnte ... Und so schlich sie rückwärts wie auf Samtpfoten ganz vorsichtig in die Krippe, etwa so, wie ein Auto rückwärts in die Garage einparkt. Die Krippenfiguren hat sie dabei natürlich mit ihrem Hintern umgestoßen und weggeschoben, denn sie waren ihr im Weg. Zufrieden schnurrend, lag sie dann wie eine Katzenkönigin im Moos. Man sah fast nur noch ihren Kopf und ihre Pfoten. Das Hinterteil befand sich ganz behaglich im Haus der Krippe.

Verblüfft rief ich aus: «Mieze, was machst du denn da?»

Ihre Antwort gab sie auf Katzenart, indem sie kurz die Augen zudrückte und noch lauter schnurrte. Auch das wie der perfekt laufende Motor eines Autos.

Zur Bescherung am Abend musste Mieze die Krippe allerdings wieder verlassen. Da legte sie sich auf ihren Platz in Sichtweite des Baums. Wir stellten die Figuren in der Krippe liebevoll wieder auf. Schließlich braucht es am Heiligen Abend schon noch Maria, Josef und vor allem das Jesuskind, denn sie stehen zu Weihnachten im Mittelpunkt.

Damals gab es am Christbaum übrigens noch echte Kerzen, die nur ganz kurz an diesem besonderen Abend angezündet wurden, wenn wir unter dem Baum die Weihnachtslieder sangen und es zur Bescherung Geschenke gab. Heute werden die Christbäume natürlich mit elektrischen Lichterketten beleuchtet, was deutlich sicherer ist.

Mieze fand unseren Gesang unterm Weihnachtsbaum wohl etwas unheimlich, wenn auch faszinierend. Denn während des Jahres sangen wir eher selten im Haus. An Heiligabend und am Weihnachtstag stimmte die Familie dann plötzlich Weihnachtslieder an. «Alle Jahre wieder», «Leise rieselt der Schnee», «Stille Nacht» und all die anderen Lieder erklangen im Haus. Mieze saß dann ganz still, die Pfoten weit ausgestreckt. Mit großen Augen und andächtig gespitzten Ohren lauschte sie den Melodien, die oft sentimental, manchmal etwas melancholisch, dann wieder jubelnd klangen. Was sie in diesen Minuten wohl dachte? Eines ist sicher: Weihnachten war auch Miezes liebstes Fest. Und unseres sowieso.

BAUCHTANZ UND SIRTAKI AM HEILIGEN ABEND

Marlies Kalbhenn

Wie feiert ein kinderloses Ehepaar eigentlich Heiligabend?» Diese Frage wurde meinem Mann und mir häufig gestellt. Und oft hörten wir bereits in der Frage das Bedauern heraus. Gerade das Weihnachtsfest sei ein Fest der Familie. Und Familie sei man doch erst, wenn man Kinder habe. Oder?

Das «Fest der Geburt des Herrn» – ohne Kinder? Ohne glänzende Kinderaugen, wenn «am Weihnachtsbaume die Lichter brennen ...»? Kein «Eia popeia, was raschelt im Stroh?», kein «Ihr Kinderlein, kommet, oh kommet doch all», bevor die Geschenke ausgepackt werden dürfen?

Mein Mann gab auf die kurze Frage dann meist die ebenso kurze Antwort: «Gar nicht!»

Ich jedoch hörte nicht nur ein Bedauern, sondern auch einen leisen Vorwurf aus der Frage heraus, und ich beeilte mich zu erklären, dass wir selbst zwar keine Familie seien, aber beide Familien hätten, mein Mann eine noch viel größere als ich. Und ich zählte die inzwischen nicht mehr an zehn Fingern abzuzählende Nachkommenschaft unserer insgesamt zehn Geschwister auf und fügte hinzu, dass das Los entscheiden müsse, bei wem wir im jeweiligen Jahr Heiligabend verbringen würden, um bloß keinen Streit heraufzubeschwören.

Zugegeben, das war geschwindelt. In der Regel war es nämlich so, dass wir die Weihnachtsfeste abwechselnd bei unseren Eltern in Oberhessen und Ostwestfalen verbrachten, damit die Geschwisterfamilien ohne schlechtes Gewissen unter sich feiern konnten, wussten sie doch zumindest eines ihrer Elternpaare versorgt.

Es gab sie, selten zwar, aber immerhin: die Weihnachtsfeste, die wir allein, das heißt zu zweit verbrachten und die wir so feierten, wie es mein Mann auf seine knappe, trockene Art entgegnete: «Gar nicht.» Wobei, so ganz stimmte das nicht.

Nach dem Besuch der Christvesper zündeten wir zu Hause eine Kerze an, wenn auch nicht an einem Baum, hatten wir uns doch schon wochenlang an Weihnachtsbäumen unter anderem auf Weihnachtsmärkten und zuletzt an den beiden haushohen Tannen in unserer Kirche sattgesehen.

Zu Hause reichte uns also ein Tannenzweig samt Kerze oder ein Adventskranz mit immerhin vier Kerzen, die wir am Heiligen Abend anzündeten. In ihrem Schein aßen und tranken wir gut, lasen die Weihnachtspost zum ersten oder wiederholten Mal, packten die Weihnachtspäckchen von Familienangehörigen, Freundinnen und Freunden aus und beschenkten uns selbst mit der einen oder anderen «Kleinigkeit». Spätestens dann war ich reif fürs Sofa oder, besser noch, fürs Bett. Denn die Adventszeit ist im Einzelhandel, und dazu zählt der Buchhandel, die arbeitsreichste Zeit im Jahr. Und der Vormittag des Heiligen Abends setzt der ganzen Geschäftigkeit die Krone auf, sofern er nicht auf einen Sonntag fällt.

Es war Mitte der 1980er-Jahre, als mein Mann von einem «Weihnachtsmuffel», wie er sich selbst mitunter genannt hatte, zu einem «Weihnachtsmenschen» wurde, der mich schnell mit seiner Begeisterung ansteckte. Ausgelöst wurde diese Wandlung durch die Entwicklung unserer Stadt.

Espelkamp, eine seit ihrer Gründung 1949 multikulturelle «junge Stadt im Wald», wurde in den 1980er-Jahren noch multikultureller, noch bunter. Flüchtlinge und Vertriebene aus den ehemaligen deutschen Ostgebieten hatten dort, wo bis 1945, versteckt im Wald, nichts als eine große Munitionsfabrik gewesen war, eine neue Heimat gefunden. Zu ihnen hatten sich in den Wirtschaftswunderjahren Gastarbeiter und Gastarbeiterinnen gesellt: aus Griechenland, Italien, Jugoslawien und später vor allem aus der Türkei. Ihnen folgten nun in den 80ern in großer Zahl die sogenannten Spätaussiedler oder Russlanddeutschen, dazu Deutsche, die nach dem Krieg in Paraguay und Uruguay gestrandet oder gelandet waren und aus unterschiedlichen Gründen nun zurückkamen, außerdem Flüchtlinge und Asylsuchende aus aller Welt. Besonders in Bezug auf die Letztgenannten prägte sich mir eine Zeitungsschlagzeile aus diesen Jahren ein. Sie lautete: «Das Boot ist voll!»

Anfang Dezember, es mag 1985 gewesen sein, hatten wir in unserer Kirchengemeinde, in der mein Mann und ich seit Langem ehrenamtlich tätig waren, die Idee, am Heiligen Abend Menschen einzuladen, die keine Möglichkeit hatten, diesen Abend in ihren Familien oder zusammen mit Freunden zu verbringen. Den letzten Anstoß gab der Einzug von Asylsuchenden in einen seit Kurzem leerstehenden Wohnblock in unmittelbarer Nähe unseres Gemeindehauses.

Dass niemand besser für diese Aufgabe geeignet sei als ein kinderloses Ehepaar, darüber war man sich sofort einig. Da wir unsere Eltern in diesem Jahr bei unseren Geschwistern wussten, stimmten wir gern zu. Und nun war es vor allem mein Mann, der sich mit großer Hingabe in die Vorbereitungen stürzte, sich um das Technische kümmerte und höchstselbst eine stattliche Nordmanntanne besorgte und aufstellte.

Diesen ersten im Gemeindehaus gefeierten Heiligabend, dem noch weitere folgten, werde ich nicht vergessen. Sechzig Menschen, die unterschiedlicher nicht sein konnten, verbrachten rund sechs Stunden miteinander: redend oder radebrechend. Und wenn der Mund nicht reichte, um sich verständlich zu machen, wurden die Hände zu Hilfe genommen. Es wurde geweint und gelacht, gegessen und getrunken, gesungen – und zu vorgerückter Stunde sogar getanzt. Auf einer großen Weltkarte, die mein Mann aufgehängt hatte, markierten die Gäste die Länder oder Städte, aus denen sie gekommen waren: aus Äthiopien und Angola, aus Pakistan und dem Irak, aus Syrien und dem Libanon, aus Paraguay und Uruguay, aus Polen und aus der Sowjetunion, aus Griechenland und Jugoslawien und last but not least aus Deutschland Ost und Deutschland West, aus der damals noch existenten DDR und der BRD. Evangelische, katholische und orthodoxe Christen feierten zusammen mit Muslimen und Menschen, die keiner Glaubensgemeinschaft, keiner Konfession, keiner Religion angehörten.

Denke ich an diesen Abend zurück, fällt mir unweigerlich der Dichter Gotthold Ephraim Lessing ein oder besser gesagt sein Theaterstück «Nathan der Weise», in dessen Mittelpunkt die Ringparabel steht – dieses Lehrstück schlechthin in Bezug auf Mitmenschlichkeit, Nächstenliebe und Toleranz.

Einer der mit uns Feiernden hatte einen Kassettenrekorder mitgebracht, andere steuerten eigene Musik bei. In der Halle zwischen Kirchsaal und Gemeinderaum wurde am Schluss dieses unvergleichlichen Abends getanzt, wobei das Repertoire vom orientalischen Bauchtanz bis zum griechischen Sirtaki reichte. Und jeder und jede machte mit, ob Kleinkind oder Greisin. Selbst wer nicht tanzen konnte oder wollte, wiegte sich im Takt, wippte mit den Füßen oder klatschte in die Hände.

Ich bin übrigens der festen Überzeugung, dass sich an diesem wunderbaren Abend für Momente der Himmel auftat und die Engel einstimmten in unseren Jubel. Zur

Ehre Gottes spielten sie, wie es ein berühmter Theologe einmal gesagt hatte, ein paar Takte Johann Sebastian Bach und danach zur eigenen Freude Wolfgang Amadeus Mozart. Möglich, dass es an diesem Abend Klänge aus der «Entführung aus dem Serail» waren, die aus Himmelshallen an mein Ohr drangen. Sollten diese Klänge allerdings, wie mein Mann behauptet, wirklich nur aus dem Kassettenrekorder gekommen sein, ändert das für mich überhaupt nichts ...

Bleibt mir nur noch zu erwähnen, dass wir damals fast alles richtig gemacht haben. Fast! Denn unser westfälischer Kartoffelsalat, der mit der vielen Mayonnaise, lag einigen Gästen zu schwer im Magen, wie mein Mann und ich feststellen mussten, als wir, nachdem alle gegangen und die Lichter am Baum gelöscht waren, aufräumten und die Sanitärräume reinigten.

Lernfähig, wie wir waren und hoffentlich immer noch sind, stellten wir im darauffolgenden Jahr ein Heiligabend-Buffet zusammen, das ebenso bunt und ebenso multikulti war wie unsere Gästeschar.

DER PLÄTZCHENRAUB

Ute Volkert

Angela war das dienstälteste Weihnachtsenglein im Schloss. Sie war die Erste, die je ein Kind beschenkt hatte. Doch nun war sie alt und vergesslich geworden. Einmal legte sie ein fertig verpacktes Geschenk für ein Kind in den Besenschrank und suchte an Weihnachten in der Geschenkekammer danach. Ein anderes Mal mischte sie Salz statt Zucker unter den Backteig, sodass die Weihnachtsplätzchen ungenießbar waren. Den Kochlöffel hängte sie zum Kaminbesteck, und die frisch gewaschene Wäsche räumte sie in den Aschekasten. Die anderen Englein übten große Nachsicht mit Angela, denn schließlich würden sie selbst auch einmal alt werden. Nun trug es sich zu, dass fast jede Nacht etliche von den Lebkuchen und Weihnachtsplätzchen verschwanden. Hatten sie abends zuvor noch zum Auskühlen auf den Tellerchen gelegen, waren einige davon am Morgen leer. Die Englein schauten in den Plätzchendosen nach. Doch auch dort fand sich das fehlende Gebäck nicht wieder. Sogleich fiel der Verdacht auf Angela.

«Wo hast du die Plätzchen hingeräumt?», fragten sie das alte Weihnachtsenglein, aber das behauptete felsenfest, es habe die Plätzchen nicht angerührt.

Sie suchten das ganze Weihnachtsschloss vom Dachboden bis zum Keller ab, aber die Plätzchen blieben verschwunden. Es kostete die Weihnachtsenglein viel Mühe, noch mehr zu backen, denn sie hatten schon genug Arbeit damit, die Geschenke zu besorgen. So blieb ihnen keine Zeit, abends im Ballsaal mit diesen Geschenken für die Kinder zu spielen. Da wurden die Englein sehr wütend auf Angela. Als am nächsten Morgen wieder Plätzchen fehlten, waren sie so zornig, dass sie sich beim Christkind beschwerten.

«Angela stiehlt jede Nacht Plätzchen und Lebkuchen», murrten sie. «Wir haben vor lauter Backen gar keine Zeit mehr, um die Geschenke für die Kinder zu besorgen.»

Doch das Christkind gab sich mit bloßen Verdächtigungen nicht zufrieden. «Woher wisst ihr, dass Angela die Plätzchen gestohlen hat?», fragte es.

«Wer soll es sonst gewesen sein?», entgegnete ein Weihnachtsenglein.

«Sie vergisst ständig etwas und verlegt irgendwelche Sachen an die unmöglichsten Stellen», petzte ein anderes.

«Wir haben lange genug Rücksicht auf Angela genommen. Aber sie macht mehr Arbeit, als dass sie uns hilft», schimpfte ein drittes Englein.

Da weinte Angela bittere Tränen. Sie konnte doch nichts dafür, dass sie alt und vergesslich wurde. Aber sie war sich ganz sicher, dass sie nichts gestohlen hatte. «Ich habe die Plätzchen nicht genommen», schwor sie schluchzend.

Das Christkind hatte das alte Weihnachtsenglein sehr lieb, und es tat ihm leid, dass Angela so traurig war. «Hier wird niemand ohne Beweise verurteilt», entschied es streng. «Erst wenn ihr Angela beim Plätzchendiebstahl erwischt, will ich euch glauben.»

«Nichts leichter als das», meinten die Weihnachtsenglein.

Sie zogen sich in die Bibliothek des Schlosses zurück und verriegelten von innen die Tür. «Wir werden uns heute Abend einen starken Kaffee kochen, damit wir hellwach bleiben. Und dann werden wir Angela die ganze Nacht nicht aus den Augen lassen», beschlossen sie. «Das Christkind wird seinen Beweis bekommen. Um Angelas Hals hängen wir heimlich ein Glöckchen, sobald sie eingeschlafen ist. Sollten uns dann in der Nacht doch einmal die Äuglein vor Müdigkeit zufallen, werden wir auf jeden Fall wach, wenn das Glöckchen erklingt.»

In der nächsten Nacht legten sich die Weihnachtsenglein auf die Lauer. Doch die alte Angela schnarchte vor sich hin und verließ die ganze Nacht nicht ihr Bettchen.

Als die Weihnachtsenglein am nächsten Morgen in die Schlossküche kamen, erwartete sie jedoch eine böse Überraschung. Wieder fehlten von mehreren Tellerchen Plätzchen. Aber Angela konnte es nicht gewesen sein. Sie hatte die ganze Nacht friedlich in ihrem Bettchen geschlafen.

«Es fehlen schon wieder Plätzchen und Lebkuchen», klagten sie dem Christkind.

«Und? Habt ihr Angela beim Plätzchenstehlen erwischt?», fragte das Christkind.

Verlegen senkten die Weihnachtsenglein den Blick und schüttelten ihre Köpflein.

Schließlich flüsterte eines mit leiser Stimme: «Wir haben sie die ganze Nacht bewacht, aber sie ist nicht aus ihrem Bettchen aufgestanden.»

«Ihr wisst, was ihr zu tun habt?», befahl das Christkind streng.

Ein Weihnachtsengel nach dem anderen entschuldigte sich bei Angela. Nachdem auch das letzte Englein um Verzeihung gebeten hatte, meinte es: «Nun wissen wir immer noch nicht, wer die Plätzchen genommen hat.»

«Von uns hat vorige Nacht niemand den Schlafsaal verlassen», stellte ein Englein fest.

«Die Fenster und Türen habe ich gestern Abend verriegelt. Es konnte niemand ins Weihnachtsschloss gelangen», gab das Christkind zu bedenken.

«Vielleicht waren es die Weihnachtsmäuse», vermutete ein Englein.

«Lasst uns heute Abend Fallen aufstellen, und das Christkind soll wieder alle Fenster und Türen verriegeln», schlug ein anderes vor. Die anderen stimmten dem Plan zu.

Am nächsten Morgen wurden die Weihnachtsenglein durch ein Wimmern in der Schlossküche geweckt. Da sahen sie den Weihnachtsmann, dessen Hand in einer Mausefalle gefangen war. Schnell befreiten sie ihn. Angela holte den Erste-Hilfe-Kasten und verband die schmerzende Wunde.

«Du bist also unser Plätzchendieb», stellte das Christkind fest, als der Weihnachtsmann niedergeschlagen vor ihm saß. «Bist du mal wieder durch den Schornstein ins Schloss gekommen?»

Der Weihnachtsmann nickte schuldbewusst. «Eure Plätzchen dufteten so wundervoll», wandte er sich an die Weihnachtsenglein. «Da konnte ich nicht widerstehen und habe eins gegessen. Das schmeckte so gut, dass ich nicht mehr aufhören konnte.»

«Wenn du weiter so viele Plätzchen isst, wirst du dick und passt an Weihnachten nicht mehr durch die Schornsteine und kannst unsere Geschenke nicht mehr an die Kinder verteilen», belehrte ihn das Christkind. «Du legst dich jetzt ins Bett, damit deine Hand bis Weihnachten heilt und du wieder deinen Schlitten lenken und die Zügel der Rentiere halten kannst. Und wage es nicht, vor Weihnachten noch einmal Gebäck zu stehlen!»

Der Weihnachtsmann versprach, erst an Weihnachten wieder zum Schloss zu kommen. Er ließ sich vom Christkind vor das Schlossportal führen. Dort schwenkte es seinen goldenen Schlüssel. Sogleich kam der Schlitten des Weihnachtsmannes, gezogen von den Rentieren, durch die Lüfte geflogen.

«Einmal in den Himmel», befahl das Christkind und knotete die Zügel am Schlitten fest. Und nachdem der Weihnachtsmann aufgestiegen war, flog der Schlitten davon.

Im Weihnachtsschloss kehrte wieder Frieden ein. Die Weihnachtsenglein waren besonders nachsichtig mit Angela. Und wenn sie mal wieder etwas verlegt hatte, halfen sie ihr beim Suchen. Angela aber backte ein großes Blech der köstlichsten Plätzchen. Als sie ausgekühlt waren, füllte das alte Weihnachtsenglein sie in eine Weihnachtsdose und schrieb darauf: *Für den Weihnachtsmann.* Dann legte es die Dose in die Geschenkekammer. Es war die letzte Gabe, die der Weihnachtsmann am Heiligen Abend verteilen sollte.

An Heiligabend, die Verteilung der Geschenke war nahezu vorbei, griff der Weihnachtsmann ein letztes Mal in seinen Sack und zog eine Dose heraus. Überrascht las er seinen Namen. Er war so aufgeregt, dass er es kaum abwarten konnte, endlich im Himmel zu sein. Dort öffnete er hastig die Dose und ließ sich genüsslich ein Plätzchen munden. Jetzt konnte er naschen, so viel er wollte, denn alle Geschenke waren verteilt, und bis zum nächsten Jahr würde er ganz bestimmt wieder durch den Schornstein passen. Ob er auch dem lieben Gott ein Plätzchen zum Probieren abgegeben hat, hat Angela aber nie erfahren.

DIE WEIHNACHTSBAUMSPITZE ODER WANN IST RICHTIG WEIHNACHTEN?

Frank Dannenfeld

Draußen lag hoch der Schnee. Die Zweige der Bäume hingen unter der Last herab. Und es schneite und schneite. Große, weiche Flocken schwebten langsam zu Boden, und was noch nicht vom Schnee bedeckt war, würde es bestimmt bald sein. In den Fenstern eines kleinen Hauses leuchteten verschiedene Bilder. Ein Nikolaus im Wohnzimmerfenster, ein Rentier im Küchenfenster und ein Schneemann im Fenster des Kinderzimmers. Im Haus war ein Vater gerade damit beschäftigt, den Weihnachtsbaumschmuck aus dem Abstellraum zu holen. Es war ein großer, brauner Karton, der schon etwas gebraucht aussah.

Der Vater stellte ihn auf den Tisch im Wohnzimmer, wo sein kleiner Sohn schon aufgeregt darauf wartete, den Tannenbaum endlich schmücken zu dürfen. Sie hatten ihn bereits gemeinsam ausgesucht und aufgestellt. Es war ein sehr schöner Baum, der bis unter die Zimmerdecke reichte. Ein richtiger Weihnachtsbaum war er jedoch noch nicht, denn er hatte weder Lichter noch Kugeln, und eine Spitze fehlte ihm auch noch.

Der Vater öffnete den Karton. Ganz oben lag in einer Schachtel mit Fenster die große silberne Weihnachtsbaumspitze aus hauchdünnem Glas. Sie glänzte so sehr, dass man sich darin spiegeln konnte. Der Vater legte sie beiseite.

«Die kommt als Letztes dran», sagte er.

Dann nahm er die elektrische Lichterkette heraus und brachte sie von oben nach unten an den Zweigen an. Er steckte den Stecker ein, wunderbar, alle zwanzig Lämpchen leuchteten in verschiedenen Farben. Es sah sehr schön aus. Nun sollten die anderen Dinge an den Baum gehängt werden. Er nahm seinen Sohn auf den Arm und gab ihm zwei kleine rote Herzen mit den Anfangsbuchstaben ihrer Namen darauf. Vorsichtig hängte der kleine Junge sie an die obersten Zweige. Dann kamen die Strohsterne an die Reihe, die Vater und Sohn gemeinsam gebastelt hatten. Danach die Papiersterne aus dem Kindergarten. Und zum Schluss die vielen bunten Kugeln. An die kleinen Zweige hängte der Junge die kleinen Kugeln und an die großen Zweige die großen Kugeln. Der Vater brachte noch etwas Lametta an den Spitzen der Zweige an, bevor er sein Taschenmesser nahm und etwas von der Spitze des Tannenbaums abschnitzte, weil sonst die silberne Weihnachtsbaumspitze nicht darauf gepasst hätte.

«Papa, darf ich die Spitze auf den Baum stecken?», fragte der kleine Junge.

«Na klar», antwortete der Vater. Er nahm die Spitze

aus der Schachtel, gab sie seinem Sohn in die Hände und hob ihn hoch.

Und dann geschah es.

Die Spitze stieß an die Decke des Wohnzimmers und fiel dem Jungen aus den Händen – direkt auf einen großen Zweig des Baums. Von diesem wurde sie, wie von einem Katapult, in die Mitte des Zimmers geschossen, wo sie auf den harten Boden fiel. Mit einem lauten Knall zerplatzte sie in Tausende winzig kleine Scherben. Wäre es nicht so traurig gewesen, hätte es beinahe schön ausgesehen, wie diese winzigen Glasscherben am Boden glitzerten.

«Ups», sagte der Vater, nachdem die beiden dem Schauspiel fasziniert zugeschaut hatten. «Jetzt werden wir aber viel Glück haben, denn Scherben bringen Glück.» Er stellte seinen Sohn auf die Couch und sagte: «Ich hole den Staubsauger. Warte hier, damit du dich nicht an den Scherben verletzt.»

Mit Tränen in den Augen sah der kleine Junge zu, wie der Vater die Scherben aufsaugte. Und als er fertig war, fragte der Junge: «Fällt jetzt Weihnachten aus?»

«Nein», antwortete der Vater. «Weihnachten ist doch nicht, wenn eine Spitze auf dem Weihnachtsbaum steckt. Richtig Weihnachten ist, wenn man einem Menschen sagt, dass man ihn liebhat.»

«Dann ist ja bei uns fast jeden Tag Weihnachten», strahlte der kleine Junge.

«Das stimmt», antwortete der Vater. «Und ich habe dich lieb, auch wenn dir die Weihnachtsbaumspitze aus der Hand gefallen ist. Und jetzt fahren wir in die Stadt und schauen, ob wir, einen Tag vor Heiligabend, eine neue Weihnachtsbaumspitze bekommen.»

Die beiden zogen sich warm an, stapften durch den Schnee zum Auto und fuhren in die Stadt. Der kleine Junge freute sich, und der Schreck über die zerbrochene Spitze war schon fast vergessen. Die Einkaufsstraße war weihnachtlich beleuchtet, und es schneite immer noch. Überall roch es nach Glühwein und gebrannten Mandeln. In dem großen Kaufhaus sah alles sehr festlich aus. Die Menschen eilten an den Regalen vorbei, um noch rasch die letzten Geschenke zu besorgen.

An einem kleinen Tisch blieben Vater und Sohn stehen. Hier lag der übrig gebliebene Weihnachtsschmuck. Scheinbar alles Dinge, die niemand mehr kaufen wollte. Vorsichtig durchsuchten sie die Sachen. Es gab Kugeln in allen erdenklichen Farben, Glitzerketten, Figuren, aber es war keine Weihnachtsbaumspitze zu sehen. Auch festliche Tischdecken gab es, die von unachtsamen Leuten aus ihren Verpackungen gerissen worden waren. Der Vater legte sie beiseite. Und da, da schien etwas zu liegen, unter der Decke. Eine goldene Spitze mit silbernen Sternen. Sie glänzte so sehr, dass man sich darin spiegeln konnte.

«Da, eine Spitze!», rief der kleine Junge freudig.

Der Vater sah sie sich ganz genau an, denn die Schachtel war schon sehr verbeult.

«Ist sie heil?», fragte der Junge.

«Ich denke, schon. Komm, wir gehen zur Kasse.»

Überglücklich brachten sie die Spitze zum Auto. Bevor sie nach Hause fuhren, holten sie noch rasch die

Oma des kleinen Jungen ab, die in der Nähe arbeitete und jetzt Feierabend hatte. Auf dem Heimweg erzählte der Junge ihr, was geschehen war, als sie den Baum geschmückt hatten, wie die Spitze zerbrach und dass sie nun eine neue hätten.

«Na, dann kann Weihnachten nun ja stattfinden», sagte die Oma.

«Weihnachten hätte sowieso stattgefunden», entgegnete der kleine Junge.

«Meinst du wirklich?», fragte die Oma.

«Ja, denn Weihnachten ist nicht dann, wenn eine Spitze auf dem Baum steckt, sondern wenn man sich sagt, dass man sich liebhat.»

Der Vater sah in den Rückspiegel zu seinem Sohn und lächelte. «Da hast du recht», sagte die Oma.

Zu Hause fragte der Sohn seinen Vater: «Steckst du die Spitze auf den Baum?»

«Ja, das kann ich machen», antwortete der Vater und brachte vorsichtig den Schmuck an.

Nun war aus dem Tannenbaum doch noch ein richtiger Weihnachtsbaum geworden!

Als der kleine Junge am nächsten Tag seine Geschenke auspackte, sagte er zu seinem Vater: «Wie schön, dass wir gestern noch eine Weihnachtsbaumspitze bekommen haben. Und danke, dass du nicht geschimpft hast. Ich hab dich lieb.»

«Ich habe dich auch lieb, und wenn diese Spitze irgendwann kaputtgeht, fahren wir wieder los und holen eine neue», antwortete der Vater.

«Dann ist jetzt richtig Weihnachten, weil wir uns

gesagt haben, dass wir uns liebhaben», sagte der Junge und packte weiter seine Geschenke aus.

Ja, jetzt ist richtig Weihnachten, dachte der Vater und sah zu, wie der kleine Junge sich über seine Geschenke freute.

Heute ist der Vater alt und der kleine Junge schon erwachsen. Den Tannenbaum suchen sie immer noch gemeinsam aus. Den braunen Karton mit dem Weihnachtsschmuck gibt es ebenfalls noch immer, und obendrauf liegt die goldglänzende Weihnachtsbaumspitze mit den silbernen Sternen. Auch die kleinen Herzen mit den Buchstaben sind noch vorhanden. Und immer noch sagen sie sich, dass sie sich liebhaben, damit jedes Jahr wirklich Weihnachten ist.

Und wenn du jetzt feststellst, dass bei dir zu Hause zwar jedes Jahr eine Spitze auf dem Baum steckt, aber schon lange Zeit nicht wirklich Weihnachten war, dann hast du dieses Jahr die Möglichkeit, das zu ändern. Denn nun weißt du ja, was du machen musst, damit auch bei dir *richtig Weihnachten* ist.

INHALT

HINWEIS FÜR DIE LESERINNEN UND LESER

Vielleicht haben die hier veröffentlichten Geschichten Sie angeregt, selbst eine Weihnachtsgeschichte zu schreiben. Wenn Sie sich, liebe Leserinnen und Leser, mit einem Beitrag beteiligen möchten, schicken Sie Ihre Geschichte bitte ausschließlich an folgende Anschrift:

Barbara Mürmann
Postfach 60 55 64
22250 Hamburg
oder per E-Mail: weihnachtsgeschichten@winbot.de

Ihre Geschichte sollte bitte noch unveröffentlicht, nicht länger als 5 Manuskriptseiten (pro Seite 30 Zeilen à 60 Anschläge) und bis spätestens Ende März 2025 eingetroffen sein. Bitte geben Sie Ihren Kontakt an, wenn möglich auch mit einer E-Mail-Adresse, damit wir Sie erreichen können.

Von den vielen eingesandten Geschichten hat die eine oder andere durchaus die Chance, wenn nicht in diesem, dann in einem der nächsten Bände der *Weihnachtsgeschichten am Kamin* veröffentlicht zu werden.

***

Wir freuen uns über eingereichte Manuskripte, können jedoch weder für sie haften noch sie zurücksenden oder in jedem Fall Korrespondenz darüber führen. Die Einsendung der Manuskripte erfolgt unverbindlich; eine Veröffentlichung kann nicht garantiert werden.

Vielen Dank!